高等院校应用型人才培养"十四五"规划旅游管理类系列教材

会展旅游实务

主　编◎魏晓颖
副主编◎秦艳梅　陈程　麻广波　张士新

Huizhan Lüyou Shiwu

华中科技大学出版社
http://press.hust.edu.cn
中国·武汉

内 容 提 要

本书以"会展旅游"为选题,结合课程思政改革,融入课程思政环节,根据会展策划与管理专业教学内容和会展企业对人才的需求,以任务为培养导向、项目教学为主要方法,充分利用理论知识和典型案例分析编写而成。全书共九个项目,包括会展旅游概论、会议旅游、展览旅游、节事旅游、奖励旅游、会展旅游过程管理、会展旅游的危机管理和纠纷处理、会展旅游策划、会展旅游评估等内容。本书可作为高等院校旅游、会展专业的授课教材,也可作为会展旅游从业者的岗位培训用书,旨在提高学生和从业者的专业素质,更好地服务于我国旅游事业。

图书在版编目(CIP)数据

会展旅游实务 / 魏晓颖主编. — 武汉:华中科技大学出版社,2024.3
ISBN 978-7-5772-0596-0

Ⅰ.①会⋯ Ⅱ.①魏⋯ Ⅲ.①会展旅游 Ⅳ.①F590.75

中国国家版本馆CIP数据核字(2024)第049262号

会展旅游实务
Huizhan Lüyou Shiwu

魏晓颖 主编

策划编辑:胡弘扬 项 薇
责任编辑:胡弘扬 阮晓琼
封面设计:原色设计
责任校对:张会军
责任监印:周治超

出版发行:华中科技大学出版社(中国·武汉)　电话:(027)81321913
　　　　　武汉市东湖新技术开发区华工科技园　邮编:430223
录　　排:孙雅丽
印　　刷:武汉市籍缘印刷厂
开　　本:787mm×1092mm　1/16
印　　张:13.25
字　　数:300千字
版　　次:2024年3月第1版第1次印刷
定　　价:49.80元

本书若有印装质量问题,请向出版社营销中心调换
全国免费服务热线:400-6679-118　　竭诚为您服务
版权所有　侵权必究

出版说明
Introduction

党的十九届五中全会确立了到2035年建成文化强国的远景目标,明确提出发展文化事业和文化产业。"十四五"期间,我国将继续推进文旅融合、实施创新发展,不断推动文化和旅游发展迈上新台阶。国家于2019年和2021年先后颁布的《国家职业教育改革实施方案》《关于深化本科教育教学改革 全面提高人才培养质量的意见》《本科层次职业教育专业设置管理办法(试行)》,强调进一步推动高等教育应用型人才培养模式改革,对接产业需求,服务经济社会发展。

基于此,建设高水平的旅游管理类专业应用型人才培养教材,将助力旅游高等教育结构优化,促进旅游类应用型人才的能力培养与素质提升,进而为中国旅游业在"十四五"期间深化文旅融合、持续迈向高质量发展提供有力支撑。

华中科技大学出版社一向以服务高校教学、科研为己任,重视高品质专业教材出版,"十三五"期间,在教育部高等学校旅游管理类专业教学指导委员会和全国高校旅游应用型本科院校联盟的大力支持和指导下,在全国范围内特邀中组部国家"万人计划"教学名师、近百所应用型院校旅游管理专业学科带头人、一线骨干"双师双能型"教师,以及旅游行业企业界精英等担任顾问和编者,组织编纂出版"高等院校应用型人才培养'十三五'规划旅游管理类系列教材"。该系列教材自出版发行以来,被全国近百所开设旅游管理类专业的院校选用,并多次再版。

为积极响应"十四五"期间我国文旅行业发展及旅游高等教育发展的新趋势,"高等院校应用型人才培养'十四五'规划旅游管理类系列教材"项目应运而生。本项目依据文旅行业最新发展和学术研究最新进展,立足旅游管理应用型人才培养特征进行整体规划,将高水平的"十三五"规划教材修订、丰富、再版,同时开发出一批教学紧缺、业界急需的教材。本项目在以下三个方面做出了创新:

一是紧扣旅游学科特色,创新教材编写理念。本套教材基于旅游高等教育发展新形势,结合新版旅游管理专业人才培养方案,遵循应用型人才培养的内在逻辑,在编写团队、编写

内容与编写体例上充分彰显旅游管理应用型专业的学科优势,全面提升旅游管理专业学生的实践能力与创新能力。

二是遵循理实并重原则,构建多元化知识结构。在产教融合思想的指导下,坚持以案例为引领,同步案例与知识链接贯穿全书,增设学习目标、实训项目、本章小结、关键概念、案例解析、实训操练和相关链接等个性化模块。

三是依托资源服务平台,打造新形态立体教材。华中科技大学出版社紧抓"互联网+"时代教育需求,自主研发并上线的华中出版资源服务平台,可为本套系教材作立体化教学配套服务,既为教师教学提供便捷,提供教学计划书、教学课件、习题库、案例库、参考答案、教学视频等系列配套教学资源,又为教学管理提供便捷,构建课程开发、习题管理、学生评论、班级管理等于一体的教学生态链,真正打造了线上线下、课堂课外的新形态立体化互动教材。

本项目编委会力求通过出版一套兼具理论与实践、传承与创新、基础与前沿的精品教材,为我国加快实现旅游高等教育内涵式发展、建成世界旅游强国贡献一份力量,并诚挚邀请更多致力于中国旅游高等教育的专家学者加入我们!

华中科技大学出版社

前言
Preface

党的二十大报告提出要"构建优质高效的服务业新体系,推动现代服务业同先进制造业、现代农业深度融合"。会展业作为现代服务业的重要组成部分,是现代区域经济的"助推器",也是衡量区域开放度、经济活力和发展潜力的重要标志之一。

本书以习近平新时代中国特色社会主义思想为指导,全面贯彻落实党的二十大精神,结合课程思政改革,融入课程思政环节,根据会展策划与管理专业教学内容和会展企业对人才的需求,以任务为培养导向、项目教学为主要方法,充分利用理论知识和典型案例分析,突出学生的策划、设计等核心能力培养和应用技能的锻炼。

会展旅游是集商务活动、会议展示、观光游览、对外宣传四位于一体的新兴产业,加强会展旅游经营管理模式的创新,加速会展旅游项目策划与服务管理专业人才培养,已成为当前亟待解决的问题。本教材基于学生职业能力的培养规律,以会展旅游的组成部分为体系,通过模块化教学的手段,将教学内容分解为多个模块,已完成项目任务的方式进行教学,全面训练学生的实践操作能力,培养学生独立分析问题、解决实际问题的能力,实现将理论融合到实践的教学目标。

本教材以"会展旅游"为选题,共九个项目:项目一内容包括会展旅游概述、会展旅游的市场与产业、"一带一路"背景下会展旅游的发展;项目二至项目五重点研究会议旅游、展览旅游、节事旅游、奖励旅游;项目六解析会展旅游过程管理,内容涵盖会展旅游的餐饮住宿管理、会展旅游的交通管理、会展旅游的导游服务管理;项目七研究会展旅游的危机管理和纠纷处理;项目八和项目九分别论述会展旅游策划和会展旅游评估。本书由魏晓颖主编,秦艳梅、陈程、麻广波、张士新副主编,具体编写分工如下:项目一至项目七由魏晓颖编写,项目八由秦艳梅编写,项目九由陈程编写,麻广波作为思政课教师为本书提供思政素材,张士新作为企业从业人员协助完成本书的案例提供,为校企双元合作开发教材提供大力支持。

本教材作为实现高职院校提质培优计划和内蒙古高职院校校企合作双元开发立项教材项目的成果,在撰写过程中,分别得到了内蒙古途易国际旅行社、内蒙古迈氏商务会展有限

责任公司、呼和浩特市美佳商务会展有限责任公司、内蒙古同源国际旅行社等校企合作单位的参与和支持,为教材的编写提供了相关案例、材料,并协助完成审稿。

本教材可作为普通高等院校本科旅游管理专业、高职高专旅游管理专业的教材,也可作为高等教育自学考试、成人教育以及旅游职业教育参考书和会展旅游从业者的岗位培训用书,旨在提高学生和会展旅游从业者的专业素质,更好地服务于我国会展和旅游事业。

编者

2023年10月

目录

Contents

1　项目一　会展旅游概论

任务一　会展旅游概述　　1
任务二　会展旅游的市场与产业　　7
任务三　"一带一路"倡议背景下会展旅游的发展　　21
任务四　课程思政的内涵与特点　　28

32　项目二　会议旅游

任务一　会议旅游概述　　32
任务二　会议旅游的特点、类型和发展趋势　　35
任务三　会议旅游的运作过程与产品开发　　41
任务四　进博会促进对外开放与教育发展　　46

49　项目三　展览旅游

任务一　展览旅游概述　　49
任务二　展览旅游的运作模式　　55
任务三　上海世博会彰显我国发展水平　　58

61　项目四　节事旅游

任务一　节事旅游概述　　61
任务二　节事旅游的策划　　74
任务三　节事旅游的运作模式　　79
任务四　节日文化促进"家风"与铸牢中华民族共同体意识发展　　93

96　项目五　奖励旅游

任务一　奖励旅游概述　　96
任务二　奖励旅游的市场分析　　104

122　项目六　会展旅游过程管理

任务一　会展旅游的餐饮住宿管理　　122
任务二　会展旅游的交通管理　　128
任务三　会展旅游的导游服务管理　　133

  任务四 导游人员如何践行社会主义核心价值观 **141**
  任务五 旅游行业如何践行社会主义核心价值观 **143**

145　项目七　会展旅游的危机管理和纠纷处理
  任务一 会展旅游的危机管理 145
  任务二 会展旅游的纠纷处理 149

155　项目八　会展旅游策划
  任务一 会展旅游策划层面 155
  任务二 会展旅游策划原则与程序 168
  任务三 会展旅游策划书的基本内容 173
  任务四 会展旅游策划书的编写 176
  任务五 会展旅游行业职业道德规范 178

187　项目九　会展旅游评估
  任务一 会展旅游满意度分析 187
  任务二 会展旅游评估报告研究 197

200　参考文献

项目一

会展旅游概论

会展旅游是借助举办会议、研讨、论坛等会务活动以及各种展览而开展的旅游活动,能带动交通、旅游、商贸等多项相关产业发展。本项目内容包含会展旅游概述、会展旅游的市场与产业、"一带一路"倡议背景下会展旅游的发展以及课程思政的内涵与特点。

任务一 会展旅游概述

一、会展旅游的认知

界定会展旅游的概念,是会展旅游学术研究和经营管理的基础,对于旅游学科的建设和发展也起到至关重要的作用和影响。目前,我国学者对会展旅游的界定有多种观点,因此会展旅游还没有一个统一的定义。国内学者对会展旅游的界定可归纳为三种观点:第一种观点认为,会展旅游是一种专项旅游产品或新兴旅游方式,会展业是旅游业的一部分;第二种观点认为,会展旅游是会展业与旅游业互动发展、相互结合的新型产业;第三种观点认为,会展旅游从属于会展经济,只是为会展经济提供相应的配套旅游服务。

目前,人们比较倾向于认同第一种观点——将会展旅游理解为"一种专项旅游产品或新兴旅游方式"。会展旅游和一般旅游的最大不同就在于,会展旅游的旅游吸引物是会展活动,一般旅游活动的旅游吸引物是旅游资源。目前,人们普遍认为旅游资源是指自然界和人类社会能对旅游者产生吸引力,可以为旅游业开发利用,并可产生经济效益、社会效益和环境效益的各种事物和因素。可见,在会展旅游中会展就是指定义中的"人类社会"中"对旅游者产生吸引力"的一种社会性事物和因素,旅游业因势利导地对其进行开发和利用就形成了会展旅游这一旅游产品。"游"是食、住、行、游、购、娱旅游六要素中的核心要素,能将非旅游项目和旅游项目区分开来,因为游览观光是旅游活动的核心内容和主要目的,游客正是被旅游景点所吸引才来到景点进行观光旅游。旅游资源具有吸引旅游者的功能,旅游资源只有在满足旅游者需求时,才真正具有吸引力。可以说,会展就是一种特殊的旅游吸引物,因为它是建立在特殊的旅游资源(某种社会性资源)的基础上的。

本教材将会展旅游定义为以完善的城市设施、良好的内外交通条件、健全的旅游设施和服务体系为支撑,通过举办各种类型的会议、展览和节事活动等,吸引大量游客前来洽谈贸易、旅游观光,进行技术合作、信息沟通、人员互访和文化交流,以此带动交通、旅游、商业、餐饮等多项相关产业的发展的一种综合性的旅游服务形式。

二、会展业和旅游业的联系和联动

(一)会展业和旅游业的联系

会展业与旅游业是性质不同的两个行业,但它们也存在着许多联系,主要表现在以下方面。

(1)产业性质都是以资源为依托、以服务为媒介的"第三产业"。

(2)在综合性上,都是系统工程、综合经济,需要调动广泛的社会资源,特别是需要便捷的交通运输和快捷的信息传播服务。

(3)在产业关联上,对经济的拉动作用都很大。

(4)会展地也可以开发为旅游地,而旅游地经常被作为会议、园艺、旅游类展览的举办地,并且旅游行业的会展是会展产品系列之一。

(5)在工作性质上,都强调创造举办活动的环境氛围(如学术氛围、下榻环境和休闲环境等)。

(6)在社会分工上,二者都处于自身业务链的上游;旅游代理商、零售商和旅行社负责接待的业务很大部分是相关的;展馆与酒店在投资建设、经营管理上有很多类似之处,特别是在物业管理方面都有保安、协调、租赁、商务、停车、清洁、餐饮等服务。

(7)在业务上,旅游业和会展业也是相互关联的。以酒店业为例,承办会议是酒店业务的重要组成部分,酒店提供了会议举办的主要场所,为会议活动创造了良好的环境和氛围。酒店、度假村等早已介入到会议业务中,其中接待游客属于旅游业经营行为,会议专业服务则是多元化经营行为。如果会议业务收入超过酒店其他业务收入,这个酒店就已经表现出会展业的属性。总体来看,在会展业中,酒店会议业务是旅游业和会展业结合的产物。

综上所述,会展业通常是旅游业实施多元化战略的路径选择,会展业与旅游业的融合是全球会展业发展的必然趋势。

(二)会展业和旅游业的联动

旅游业的主旨非常明确,就是招待吸引外来游客,这也是旅游业屡屡"进军"其他产业的根本动因,而会展活动中游客的主体来源就是会展代表及因会展活动而流动的外围受众,前者是会展旅游的核心,后者则有可能成为观光游客,他们所进行的观光旅游成为会展旅游的副产品。会展旅游业的关键是促使会展活动参加者及受众延长停留时间、提高综合消费。

因此，会展旅游关心的不是开什么会、展览什么东西，而是如何为与会展相关的人员提供服务，从会展活动本身拓展到住宿、餐饮、娱乐方面，继而争取在游览、购物等方面创造需求。

会展旅游活动的核心是主动创造旅游主体，从而改变了传统旅游主客体之间的关系，旅游业因为直接参与了主体的制造，所以作为"同一主体"的会展旅游者的形成是会展旅游发生、发展的关键。

传统旅游企业从事会展旅游业务是其实施多元化经营的战略路径选择：首先，从旅游需求看，会展旅游是指特定群体到特定地方去参加各类会议、展览活动，并附带有相关的参观、游览及考察内容的一种旅游活动形式；其次，从旅游供给看，会展旅游是特定机构或企业以组织参与各类会议、展览等相关活动为目的而推出的一种专项旅游产品。实际上，负责联系会议的很多中介组织本身就是旅行社或者从事旅行社业务的商业服务公司，会展业与旅游业的融合是全球会展业发展的必然趋势。

（三）会展业和旅游业的互动关系模式

在会展业发达国家，各类会展活动都有专业机构来管理和指导，并且会议或展览公司往往与旅游部门联合开展一系列富有成效的促销活动，以提高展会的知名度和增强展会对一般公众的吸引力。

另外，由于旅游部门的积极介入，参展商、与会者及观展人员除了能够享受优质的食、住等方面的基本服务外，还有机会参加丰富多彩的文化娱乐活动，或者游览会展举办地及周边地区的旅游景点，这势必为各个行业带来繁荣，而不仅令酒店业和餐饮业受益。总之，在会展活动中，因为旅游业的全程参与，会展与旅游的结合往往能产生更大的综合效益，并且更容易形成良性循环发展的产业格局。

在会展业发达的国家，会展活动与旅游部门往往是相互促进、密切合作的，会展业与旅游业基本能实现有效对接。会展业与旅游业互动融合发展的好处在于：一方面，完善的旅游接待体系可以为参展商、与会者及观展人员提供高品质的配套服务，尤其是独具特色的旅游景点和文娱活动能丰富展会的活动内容，增强其吸引力；另一方面，大型会议或展览有利于会展举办地完善城市基础设施，提升城市整体形象，提高市民综合素质，并能有效提升旅游接待服务设施和现有旅游资源的利用率，从而促进会展旅游业的全面、协调发展。

三、会展旅游指数概念

会展旅游者一定是参会（展）者（以下简称参会者），而参会者不一定都是会展旅游者。会展旅游者是参会者中的一部分。

旅游者寻求的是一种自由自在的旅游状态，从消费效用角度讲，旅游者追求的是旅游状态的最大化，所以，无论是经历何种体验，旅游者始终是通过期望的旅游体验来达到旅游状态的最大化。在整个旅游过程中，旅游体验是表象，旅游状态是本质，千变万化的旅游表象背后是不变的旅游本质。从这个意义上讲，旅游基础理论研究的正是旅游者由非旅游状态到旅游状态、由一般旅游状态到最大旅游状态即理想旅游状态的变化过程及规律。旅游状态是确定旅游现象与非旅游现象的试金石。

一般情况下,参会者的旅游状态一定是非连续的。旅游者的主观期望是在旅游全过程中保持最优旅游状态,但旅游资源空间分布不均、参会者背景存在差异化等问题会影响参会者的旅游状态和对旅游消费对象的选择。

如果称参会者为会展旅游者,后者只是一个总体称谓或全程性称谓,会展旅游者是否真正实现了旅游的目的则完全取决于旅游状态的程度。一般而言,处于理想旅游状态时的会展旅游者对应于真实的旅游时段,处于非旅游状态的会展旅游者对应于会展旅游者的非旅游时段。换句话说,会展旅游者的旅游状态在会展期间是非连续性的,由此可以推断,会展旅游者的旅游状态是非连续的。

会展旅游的标识是会展,而旅游的对象不一定是会展,也就是说会展旅游者是因为参加会展而离开了常住地,旅游只是参会过程中的伴生现象,这种现象的发生不具有必然性。所以,会展中的旅游现象相对于参加会展的主动性来讲是被动的。

因此,可以将会展旅游简单地理解为由会展而产生的一类旅游。能够将这一表述作为会展旅游的定义,理由如下:①定义没有直接涉及旅游的主体、客体、媒体,符合旅游基础理论对会展旅游概念的要求;②定义阐明了会展在旅游发生过程中的地位;③关于会展自身是否具有旅游资源的属性不作限定,会展为旅游资源的情况只是少数,虽然从旅游归类的角度看,这样的会展应归于其他旅游类型之中,但仍可在会展旅游中进行讨论,区别只在于解决问题的侧重面不同;④强调旅游微观上的分散性和宏观上的完整性,会展旅游持续的整个过程一定长于会展本身的时间,如世博会为期一年左右,世博会的会展旅游的时间远远长于一年。

会展不一定是旅游资源,但是会展可以造就一批旅游者,所以,会展旅游研究的基本任务之一,是确定旅游时段以及该时段内的旅游状态的分布情况;基本任务之二,是在会展旅游者的非旅游状态时段中,如何转化非旅游状态为旅游状态,也包括会展自身形式的旅游化或部分旅游化。

为此,提出一个能研究这种时间比例关系的公式:

$$会展旅游指数 = \sum 旅游各时间段 \div 往返会展之间的总时间$$

可见,会展旅游指数大小在0到1之间。当会展旅游指数等于0时,表明在此次会展活动期间,参会者没有参与任何形式的旅游活动,是个纯粹的参会者;当会展旅游指数等于1时,则表明这次活动完全是一次旅游活动,和会展无关,这个人的身份只能是旅游者;只有当会展旅游指数大小在0到1之间(不包括0和1)时,才能称其为会展旅游者。

四、会展旅游的基本类型

基于对会展的理解,目前人们一般认为会展旅游有会议旅游、展览旅游、节事旅游和奖励旅游四种基本类型。

（一）会议旅游

会议旅游一般是指由于会议的原因离开自己的常住地,前往会议举办地的旅行和短暂逗留活动,以及由这活动所引起的现象和关系的总和。会议旅游具有以下三个特征。

第一,异地性和暂时性。这一特征是会议旅游的外部特征,也是所有旅游的基本特征。

第二,内涵的综合性。会议旅游不仅包括了会议和旅游活动(如在常住地与会议举办地之间的往返旅行,在会议举办地出席会议、参加文娱联谊活动、参观考察、游览观光、休闲购物、探亲访友等),而且包括了由于会议旅游者的活动所引起除会议和旅游之外的其他关系,其中最主要的是会议旅游者与当地会议旅游企业进行会议旅游产品交换这一经济关系。

第三,目的的广泛性。会议旅游是由会议所引起的旅游活动,而非单纯的旅游活动,因此会议旅游的最主要目的是参加会议,但会议又绝非会议旅游的唯一目的。

（二）展览旅游

展览旅游是指参与产品展示、信息交流和经贸洽谈等商务活动的专业人士和参观者进行的一项专门的旅行和游览活动。和会议不同,展览更注重聚人气、讲规模、塑品牌,这就要求展览举办地经济实力强大、基础设施良好、商业环境优越、文化氛围浓郁、信息辐射迅速、交通便利。展览业除了展览本身外,还涉及人员接待、事务协调、活动安排、票务预订等方面的事务,而这些事务恰好是旅游业的传统业务。因此,旅游业介入展览业,开发展览旅游产品,具备内在的逻辑合理性。

旅游业在开发展览旅游这一细分市场产品时,还需要按照展览的分类和发展变化不断调整会展旅游服务内容。专业性展览,往往需要专业性的旅游企业提供服务。专业性的旅游企业熟悉展览所在行业的发展情况和参观者展览之外的需求,能够安排他们与本地同行业专业人士进行交流或开展参观访问活动。综合性展览规模庞大、参与人数众多、持续时间长,单一的旅游企业往往无力为其提供所需的所有服务,因此,其服务需要由多个战略合作伙伴或大型的旅游集团来承揽。

（三）节事旅游

节事旅游是指人们以参与节庆和特殊事件等为目的进行的旅游活动,属于旅游业中的专项和特种旅游活动,涉及会展业中的大型活动。节事旅游具有如下特征。

（1）节事旅游者的身份具有双重性。节事旅游者首先是某个特定主题节事活动的参与者,其次,参与者在时间充裕的前提下才会做出旅游的选择,从而扮演旅游者的角色。

（2）节事旅游产品必须充满个性、丰富多彩,具备强大的旅游吸引功能。节事活动本身是节事旅游的吸引物,这就要求节事活动有鲜明而独特的主题,还要能通过丰富多彩的活动满足不同旅游者的需求。此外,节事旅游的宣传活动也非常重要,如果宣传不到位也难以将节事活动参与者转变为节事旅游者。

（3）节事活动的当地认可度高。节事旅游要求节事活动本身的认可度高,只有当地人非常认可节事活动,节事活动才能有良好的社会效应和群众基础,从而不断举办下去。

(四)奖励旅游

奖励旅游是指为了对有优良工作业绩的员工进行奖励,增强员工的荣誉感,加强单位的团队建设,用公费组织员工进行的旅游。一般包含会议、旅游、颁奖典礼、主题晚宴或晚会等环节。奖励旅游作为企业的一种管理手段,具有不同于其他会展旅游的特征。

(1)精神奖励。在物质奖励边际效用递减的情况下,企业为了保持和提高员工的工作效率和积极性,会采用精神奖励的手段来奖励员工。

(2)绩效标准。奖励旅游是基于工作目标的实现而对工作业绩突出员工进行的物质和精神的双重奖励。这种标准基于员工个人所承担的工作目标、部门目标和企业目标的完成情况,评估结果来源于人力资源部门的年度考核和业绩评价。

(3)福利性质。奖励旅游本质上属于员工福利的一种,是给予优秀者的带薪、免费、休闲的奖励。企业一般依照员工的实际绩效与原定标准的增长量来决定奖励旅游的花费额度,所花费用来自企业的超额利润。

(4)长效激励。奖励旅游会使员工在参加不同形式奖励旅游的过程中,获得愉悦的精神享受和难以忘怀的经历。此外,受此奖励的员工是公司中的佼佼者,可以和企业高层领导直接对话,这种经历会让受奖励者倍感荣耀,并希望下次还能获得这种机会。因此,即使奖励活动已经结束,依然会让受奖励者再次期待。同时,奖励旅游也会令那些尚未获得奖励的员工产生前进的动力,他们会认为,既然和自己在同一岗位的人通过自身的努力能够获得奖励旅游,那么自己通过努力也有可能争取到下次奖励旅游的机会。

(5)管理手段。奖励旅游是企业管理的一种策略和方法,高层领导可通过组织外出旅游来强化企业的团队建设,潜移默化地灌输企业的经营理念,以此来增强企业的凝聚力、提高企业生产率、提升员工对企业的认同感,塑造强大的企业文化。

(6)旅行游览。企业安排奖励旅游的目的之一是通过旅行游览的方式来激发员工的进取精神,因此旅游目的地的选择、旅游线路的设计、活动内容的安排,都需要经过精心安排和策划。

五、会展旅游的一般特征

会展旅游作为一种旅游类型,因其产业关联性、行业带动性、消费集中性、收益显著性等优势日益受到人们的关注和青睐。从旅游业的角度来看,会展旅游具有消费档次高、经济效益好、信息交流广、停留时间长、出游计划性强、产业带动大、内容主题明确、不受季节影响八个特征。

(1)消费档次高。会展旅游者多为行业精英,消费以公费为主,其衣、食、住、行在一定程度上展现了单位实力,与此同时,参会者的单位也希望借会展活动树立其在同行中的形象,因此,在消费上表现出消费能力大、档次高、规模大的特点。有统计数据显示,会展旅游的人均消费是一般旅游的3—5倍。

(2)经济效益好。鉴于会展旅游者的高人均消费,他们对会展目的地的经济影响显而易见,也正是会展旅游对举办地的这种重要经济贡献,让世界各国都非常关注会展旅游的发展。一些大型的会展活动,通常是新闻媒体报道的焦点,会引起社会各方面的广泛关注,这不仅极大地提高举办国家和城市的知名度,而且提升了城市的整体形象。对会展举办地而言,除了显著的经济效益外,会展旅游者带来的思想文化交流、商贸关系等都有利于当地经济的发展。

(3)信息交流广。会展活动本身就是人流、物流、信息流、资金流的汇集与展示,更是人际交往的绝佳平台。会展与旅游活动的结合,会使信息流通更容易、更全面,有利于来自各地的会展旅游者在旅游中获得更具价值的第一手材料,因此,许多国家将会展旅游称为"信息冲浪"。

(4)停留时间长。会展活动异地性和专业性的特征,使得会展旅游者在会展举办地的停留时间与一般旅游者相比更长。

(5)出游计划性强。由于会展活动本身的特殊性,参与会展活动的人员的住宿、餐饮、交通、游览、娱乐等都必须事先安排好,因而会展旅游的计划期较长,一般提前1—2年开始计划,计划确定以后,大都能如期举行,很少有取消的情形。这对会展旅游目的地做好各项准备工作、保障服务质量十分有利。

(6)产业带动大。会展旅游是会展业和旅游业的结合,天然具备这两个行业的产业带动性强的特点,能够全面带动以旅游业为主的交通、住宿、餐饮、商业和文化艺术等第三产业的发展,成为会展举办地现代旅游业的增长点。

(7)内容主题明确。会展活动虽然涉及政治、经济、文化、科技、教育、卫生、军事等社会各个方面和领域,但总是要在一定的时间和空间范围内举办。会展活动为了能够吸引更多的观众前来,在内容和主题上也绝不是杂乱无章的,总要围绕一个主题进行精心策划,呈现出鲜明的专业性。

(8)不受季节影响。会展活动的举办时间虽然要考虑当地的气候、季节等因素,但相对观光度假活动而言,它对气候、旅游季节等因素的依赖性要小得多。参加会展活动对于参展者而言属于正常的工作范围,不受节假日和季节的影响。出于对价格、服务质量等因素的考虑,组织者更倾向于选择在举办城市的旅游淡季举行会展活动,起到逆季节性的作用,这有利于提高淡季时会展举办地酒店的客房出租率和景区的接待率。

任务二 会展旅游的市场与产业

一、会展旅游市场的主体、客体与介体

与其他市场一样,会展旅游市场一般由政府、会展策划者、专业会议策划者、目的地管理公司、参展商(或会议代表)以及其他中介组织等市场主体共同组成,这些市场主体又可细分为会展旅游的主体、客体和介体。

(一)会展旅游的主体

会展旅游的主体即会议和展览等活动的旅游者,在构成上主要包括三个部分:一是政府、企业、科研机构、民间团体等组织派遣的,且到一定目的地参加会议的人员;二是参与产品展示、经贸洽谈等商务活动的专业人员;三是因会议展览活动的进行而在特定时间来到活动地的参观者。其中,前两部分构成了会展旅游主体的核心部分。

需要指出的是,这三部分主体在实际的旅游活动中,在有的情况下是独立存在的,有的情况下又是"三位一体"综合存在的,这主要是由会展产业"会中有展、展中有会"的产业性质决定的。例如,世博会是由一个国家的政府主办,多个国家或组织参加的,以展现人类社会、经济、文化和科技成就,展望人类社会的发展前景和寻求解决面临的重大问题的方法等为主要内容的国际性大型展示会。在长达几个月的展会期间,各国与会人员既要参与博览会的展览活动,展出自己的先进科技成果,又要参与展会期间召开的文化科技交流会议,同时又是各国展品的参观者。由此可见,参加世博会的人员在该次会展旅游过程中充当了三种角色,这主要是由世博会本身的性质及内容决定的。

(二)会展旅游的客体

会展旅游的客体即会议和展览等活动的旅游资源。从理论上讲,旅游资源是自然界和人类社会存在的、能刺激旅游者产生旅游动机的各种物的总称。对于会展旅游来说,其特定的旅游资源构成主要包括两大部分:一是以产业基础建构起来的各种吸引物,包括会展场所及其相关设施、会展活动本身以及为会展活动所提供的各项服务;二是会展目的地提供的其他自然的和人文的旅游景观。

(1)场馆。规模较大、级别较高的场馆,拥有优秀的设计、独特的风格,能对旅游者产生巨大的吸引力,是人们游览的目标之一。场馆的设施、设备是会议展览消费的主要对象之一,也对会展地所举办的展会规模起着决定性作用。随着社会科学技术的发展,国际大型会议展览活动对场馆的设施设备的要求将会越来越高,能否适应这一发展要求,逐步完善内部设施设备,关系到旅游会展目的地的整体竞争力。

(2)形式多样的会议和展览活动。赛事旅游的产品是"旅游赛事",节庆旅游的产品是"旅游节庆"。有些人认为会展旅游的资源或者说产品的构成部分,只能是"与旅游相关的会展",但是从对会展旅游的概念的界定及结合会展活动实际的基础上看,能够构成会展旅游资源的会展活动不仅包括以宣传旅游资源、展示旅游产品等为主题的活动,也包括那些与旅游无关,但其主题能够对旅游者产生巨大吸引力、激发旅游者出游动机的各种会展活动。

(3)旅游服务。会展旅游的服务内容包括两个部分:一是会展公司或场馆根据会展主题内容要求、为保障会展活动顺利进行所提供的各项服务,比如场馆的建设、展台的搭建、会场的安排布置、展会秩序的维持、人员安全的保障等;二是各会展旅游介体为旅游者在会展活动前、活动中、活动后所提供的食、住、行、游、购、娱等服务。

(4)会展目的地其他自然和人文景观。会展目的地的其他自然和人文景观也会成为会展旅游资源的构成部分,因为旅游者在会展目的地停留期间会对会展活动以外的其他景点进行游览。会展活动尤其是大型的会展活动,常选择名胜较多、交通发达的城市或风景优美、环境舒适的湖滨、山地地区等作为目的地,因此该地原有的自然和人文资源,也成为会展旅游者的吸引物。

（三）会展旅游的介体

会展旅游的介体主要是指为会议和展览等活动的旅游者在会展旅游活动过程中,提供各种服务的会展业相关产业和部门,以及旅行社、交通、饭店等旅游产业部门。其中,从事组织、宣传和招待参展商、与会人员和参展观众的企业,即PCO（专业会议组织者）、DMC（目的地管理公司）、展览公司等成为会展旅游过程中的主要媒介。只有会展活动在这些企业的经营下,成功举办,会展旅游才能得以启动和实现。

专业会议组织者是指为筹办会议、展览及有关活动提供专业服务的公司或从事相关工作的个人,主要办理行政工作及技术顾问相关事宜,依据合约提供专业的人力、技术和设备来协助处理从规划、筹备、注册、会展到结案的工作,具体工作内容包括会议或展览活动的策划、政府协调、客户招待、财务管理和质量控制等,在组委会和服务供应商之间起到纽带的作用。

目的地管理公司是指负责会展活动在主办地的现场协调、会务和旅行安排等工作的公司,它不同于传统意义上的会议公司、旅行社,而是将会议展览所需的资源进行有机整合,提供更专业、更全面的目的地所需的一切服务,包括策划、组织、安排国内外会议、展览、奖励旅游等,以及其延伸的观光旅游,策划、组织、安排国内外专业学术讨论、高端年会、高级培训会等活动以及餐饮、宴会、娱乐、旅馆预订、交通、导游等其他相关服务。

二、会展旅游的资源

会展业的发展能够带动旅游业发展已经是一个不争的事实,然而并不是每个城市有了会展业,旅游产业就必然会因此而兴旺发达,仍然有很多所谓的会展城市的旅游业面对会展显得非常被动,并没有充分发挥会展所带来的资源和契机。

（一）会展旅游资源的转化模型

一般而言,会展城市的基础设施和旅游服务配套设施比较完善,同时会展活动会带来人流、物流、信息流及大量的形象宣传和展示。这些因素使得会展城市相对于其他城市而言,具有资源上的比较优势。因会展带来的资源在空间分布上呈现出不均衡性,会展举办城市和城市内的办展区域的资源密度大于周边未举办展会的城市和城市内其他区域。对于旅游业而言,会展活动所带来的资源上的比较优势并不等于旅游业发展的竞争优势。在竞争环境中,比较优势仅仅表明比较利益获得的一种潜在可能性,但是比较利益的获得是以产品价值的实现为前提的,而产品价值的实现又是以竞争优势为前提的,因此只有将会展活动所带来的资源上的比较优势转化为会展城市旅游发展的竞争优势,会展旅游才能真正获得比较利益。

会展旅游取得竞争优势的关键就是要实现会展资源向旅游资源的转化。目前,大量的

中小旅游城市也开始发展会展业,希望借助会展业来繁荣旅游业,而实现会展资源向旅游资源的转换就成为各城市竞争的焦点。

会展业给旅游业带来的最直接的资源分两大类共五个方面。一类是有形的资源(客源、旅游资源、相关行业支撑);另一类是无形的资源(注意力资源和不断提升的行业质量)。为了将这五个方面的资源转化为旅游优势,需要构建包括开拓市场、整合资源与组合产品、树立会展品牌和树立城市旅游形象在内的四大转化途径,将会展业所带来的五大资源转化成包括市场需求、生产要素、企业竞争状况和相关产业发展在内的旅游产业竞争优势。

从客源情况来看,会展活动尤其是大型会展活动,如奥运会、世博会等能为举办地带来大量的客源。目前,关于会展活动对旅游者吸引力作用距离的测算还没有一个通用的方法,但是很明显,规模大的会展活动能够吸引大量的跨国或跨地区旅游者;规模小的会展活动主要是吸引区域性市场的特殊兴趣群体。

从形象塑造与传播角度来看,会展活动的成功举办能够引发人们对会展主办地作为潜在旅游目的地的良好感知。超大型会展活动(如世博会、奥运会)能够吸引全世界媒体的注意力,但是大多数普通会展活动只能提高举办城市在国内或区域的知名度。由于会展旅游者消费水平高、停留时间较长,商业性会展活动对于主办地而言往往是高获利性的,再加上对城市形象的促进作用大,许多大城市纷纷建设专业性的会展中心。

从旅游吸引物的角度来看,会展项目及会展主办场地可以成为新的旅游景点。事实上,世界各地的许多博物馆、美术馆、商业购物区、体育馆、会展中心,甚至主题公园都是为举办世博会而修建的,这些景点反过来也成为世博会期间、世博会后的旅游吸引物,如埃菲尔铁塔、水晶宫、原子模型塔等都是世博会这类的大型会展活动的"遗产",也是世博会留给旅游业的"传世之作"。

从旅游基础设施角度来看,会展业的发展需要完善的城市基础设施,这就要求会展举办地要提供较为全面的城市和旅游配套设施。举办会展的城市往往也借助举办大型会展活动的契机,加大对城市交通、通信、会展场馆等软、硬件的投入,使得城市功能更加完备,投资和生活环境得到优化,综合竞争实力进一步提高。

从会展旅游的时间过程来看,在会展活动过程中,会展活动所带来的旅游各要素的丰裕程度是不同的,但是,一个特征就是,在会展活动举办的过程中,旅游要素的丰裕程度达到了顶端。会展活动前和会展活动后的旅游要素也不可忽视:组织者在会展活动前就应有充分的市场开发计划,以增加客流量;在会展结束后,也应当充分利用旅游吸引物,使之成为城市的一个吸引点。因此,在将会展资源转化为旅游优势的过程中,应当因地制宜、因时制宜,根据会展资源的特点进行转化。

(二)会展旅游资源转化的动力机制

对产业国际竞争力研究不仅仅是要客观地描述产业的国际竞争状态,还要发现决定或影响各国特定产业的国际竞争力的因素。

从宏观上看,一国的产业国际竞争力取决于生产要素、需求状况、相关产业及辅助产业状况、企业的竞争条件四个基本因素以及政府和机遇两个辅助因素。其中,生产要素是指产业发展所需的各种投入,又可分解为基本要素(如自然资源)和推进要素(如人力资源和知识要素);需求状况主要关注国内(区域内)市场规模、发展趋势等;相关产业及辅助产业是指与产业存在前向、后向与旁侧关联的产业,它们可以使特定产业利用价值链的空间差,通过纵向或横向整合提高竞争力;企业的竞争条件决定了产业竞争力大小,其竞争优势可以通过成本领先、标新立异、目标集聚三个战略获得,具体讲就是强化管理、提高质量、降低成本、开发特色产品、细分市场等;政府通过制定发展战略、产业政策、货币金融政策、规划市场等直接影响企业、产业的发展及要素市场的供求;机遇是指重大技术变革,外汇汇率的重大变化,重大政治、文化或经济事件等。一般而言,旅游产业竞争同样取决于波特所说的生产要素、需求状况、相关产业及辅助产业状况、企业的竞争条件四个基本因素以及政府和机遇两个辅助因素,而且对产业竞争所处阶段的研究能让产业根据自身的成长情况生成更具有针对性的对策。旅游业发展的竞争优势战略可简洁地表述为:旅游竞争优势战略=旅游竞争力开发+竞争导向营销。

(三)会展旅游资源的转化途径

1. 满足会展旅游的个性化要求

不同的消费者,有着不同的需求和偏好。满足市场的需求和偏好,已经成为市场竞争的首要任务;开拓市场则是市场竞争主体或者企业为了增强自身实力、扩大规模,在竞争中立足的基本手段。作为旅游企业,面对会展活动所带来的市场效应和资源要素,一方面要满足会展旅游者的需求,另一方面要利用会展资源满足现阶段旅游市场大众的需求。市场属性有广度和深度两种,前者是指市场地域范围的扩大及市场容量的增加,后者是指市场消费能力的提高及市场需求的增加。因此,旅游企业应从市场广度和深度两个方面来开拓会展所带来旅游市场:首先,利用会展活动过程的宣传效应,从区域上开拓市场的广度和深度;其次,在会展期间,挖掘会展旅游者的需求,引导他们消费,增加其停留的天数和消费的项目,使得这些游客的消费能力被充分挖掘。

面对会展业所带来的充足客源和会展旅游者的多样化需求,城市(旅游地)应当对旅游者的需求进行预测并加以引导。

第一,应当在会展前对市场进行深度调查,明确会展旅游者的需求偏好,同时,针对目标市场,借会展筹备期间的推介会及相关宣传活动加强企业的宣传促销,扩展市场广度。

第二,在会展举办期间,根据消费者的偏好有针对性地设计旅游产品并提供相应的服务。不同的旅游企业可凭借自身优势和特色推出个性化服务,特别是针对会展游客的消费特点,提供相应的产品,深度挖掘其消费需求和能力,在市场深度上做文章。

第三,会展结束后,旅游企业应当建立相应的顾客管理系统,保存和统计消费者的需求偏好并做好顾客反馈工作,以此巩固会展旅游市场。

随着我国旅游业的不断发展,现阶段旅游市场的需求也朝着多样化和个性化发展,会展商务旅游、生态旅游、休闲度假旅游已逐渐成为人们出游的主要目的,旅游企业同样也应利用会展所带来的一系列资源,满足大众旅游市场的需求,开拓新的旅游市场。

2. 整合资源，打造多样化产品

企业利用其所有的资源进行经营，提供相应的产品和服务，而产品和服务的竞争成为企业竞争的主要内容，因此，企业控制和利用资源的能力成为现代企业的核心竞争力之一。旅游企业所提供的产品和服务，离不开城市所赋存的旅游资源的类型、数量和质量，这些都是旅游资源开发和旅游产品生产的条件，它反映了旅游产品的生产价值和生产成本，是形成旅游产品的基础。同样，会展活动的举办带来了大量的资源，包括无形的资源、有形的资源，一般的生产要素资源（如服务基础设施），还有高级要素资源（如信息、人才等），这些资源同样可以开发生成旅游产品。由于会展活动在时间顺序上有其自身的发展特点和过程，旅游企业在展前、展中、展后，所要重点开发和利用的资源有所不同。

展前和展后，旅游企业可以利用因会展业发展而日益完善的城市功能，开发城市观光旅游产品，即利用优美的城市环境和会展主办场地，规划城市旅游线路。如广州为第九届全运会所建的广东奥林匹克体育中心和广州新体育馆已成为广州新的城市标志，第九届全运会体育场馆也成为"广州一日游"的经典线路；又如昆明举办的世界园艺博览会的会址及配套设施被整体保留下来并进行企业化经营，作为旅游景区，使云南省很多"养在深山人未知"的旅游景点迅速驰名国内外，极大地促进了云南省旅游业的发展。总之，展前和展后，旅游企业要利用酒店会议设施、设备及较高的服务质量和人才素质，大力开发会议旅游产品、开拓会议旅游市场，提供专业化的会议相关服务。

在会展活动的举办过程中，旅游企业要从两个方面着手：一是针对会展参与者，为其参加展览过程中的食、住、行、游、展、购提供一站式服务，或是根据自身的实力和特色推出个性化和特色化旅游产品；二是针对非会展参加者，即一般的游客，把会展项目本身作为旅游吸引物，推介专项会展旅游产品，特别是在旅游淡季的时候，可以利用会展活动或者节庆活动，增强旅游目的地的吸引力，也为企业自身带来更多的利益。性质不同的城市可以利用自身某些方面的优势发展适合自身特点的会展旅游产品。

3. 打造会展品牌

"以会展带动旅游，以旅游促进会展"是会展业与旅游业之间的良性互动发展的目标，会展旅游的发展在很大程度上依托会展业的发展。会展已经成为城市的一张"金名片"，树立良好的会展品牌，是各个会展城市的首要任务。品牌化战略既有利于增强市场竞争力，又有利于避免资源浪费，把有限的资金集中到几个影响大、效益高的重点市场上。

对于会展业刚刚起步的城市，要根据自己的实际状况和特色来选择会展项目的类型和发展方向，树立会展品牌。展会的举办不仅需要会展公司的运营和企业的参与，还需要权威的组织结构，如政府、行业协会在展会的招展、宣传、审批、合作等方面发挥牵引作用。一方面，一个城市会展品牌离不开有实力的会展公司及与当地行业基础相配套的会展项目；另一方面，良好的展会服务质量可以为消费者创造价值，使会展公司获得社会公众的信任，进而形成稳定的顾客群，开拓广阔的市场，从而树立起良好的信誉，最终作用于会展品牌的塑造。

而旅游企业则可以利用其接待及相关服务的专业化，为会展活动的参加者提供相应的服务。

在展前和展后,大型的旅游企业可以建立起会展旅游集团。集旅行社、酒店、会展公司等为一体的集团公司,可以为相应的会展活动提供集食、住、行、游、展、购于一体的"一条龙"便捷服务;中小型旅游企业可以根据自身的特色为会展活动提供专业化的服务,利用会议旅游市场,形成产业集群优势,为树立会展品牌奠定基础。

在会展活动期间,旅游企业应当与会展公司紧密合作,为会展旅游者提供细致、周到的服务,以此增强会展活动的吸引力,让会展活动的参加者满意而归。

4. 塑造会展城市旅游新形象

伴随着形象的凸显与形象时代的来临,旅游形象问题越来越受到人们的关注和重视,旅游业营销也逐渐由硬性的有形竞争营销进入软性的形象化营销时代。城市如果缺乏鲜明、独特、整体性的旅游形象,是难以长久吸引旅游者的,旅游形象的建设势必成为城市旅游发展的战略武器和竞争工具。城市良好的旅游形象主要来自两个方面:一方面是城市形象的塑造者(主要包括城市的管理和城市居民)对旅游景观的开发、旅游基础设施的配套、旅游的管理以及旅游文化的建设;另一方面是旅游者作为旅游形象的评价主体对形象的感知。这种感知主要来自两种形式:一种是形象营销,即通过媒体的宣传推介呈现的图、文、声、像等形式;另一种是旅游者到旅游目的地的亲身感受。

一个良好的城市旅游形象,应包括三个层次:一是城市旅游的整体形象。除旅游部门要搞好景区(点)、旅行社、星级酒店外,各级政府和有关部门要共同营造"旅游大环境"这个系统工程,创造优美、舒适、文明、方便、安全的城市旅游形象,这是最高层次的城市旅游形象。二是城市吸引物的特色形象,即最具有吸引力的旅游产品的形象。它通常不是指个别景点,而是指某一类景观,这是中间层次的旅游形象。三是旅游企业形象,如一个旅游区、一家旅行社或星级酒店的形象,这是城市旅游形象的基本层次。

纵观城市旅游形象塑造的三个层次,会展活动的举办,特别是大型会展活动的定期举办,为一个城市打造从上至下的城市旅游形象提供了大量的资源和要素。城市整体旅游形象可以借助会展活动的媒体广告及影响力进行宣传和包装,会展活动所带来的城市基础设施为塑造城市整体形象提供了基础;而打造会展品牌,发展会展休闲旅游可以从一定程度上树立城市特色吸引物形象;旅游企业作为城市旅游形象的基本层次,应根据会展活动的特点,树立良好的企业形象,为城市旅游业的发展提供新的增长因子。

因此,树立城市旅游形象是利用城市会展资源的最重要的途径,它能对会展资源的各个方面进行充分的整合和利用。城市的旅游形象也越来越成为影响城市旅游业竞争力的重要因素,通过树立城市旅游形象这一途径提升城市旅游业的竞争力将成为未来城市发展旅游业的重要内容,而会展资源则为其提供了重要的条件。

三、会展旅游的产品

(一) 会展旅游产品的认知

如果简单地把会展旅游理解为由于会展的原因而引起的旅游活动的话,那么会展旅游产品就应该是依附各种类型的会展活动的举办而产生的一种旅游产品,是专为满足会展旅游需求而生产和加工出来的商品。因此,会展旅游产品是为满足会展旅游需求而在一定地域上被生产或开发出来的以供销售的物象与劳务的总和。

会展旅游产品既有一般旅游产品共通的基本特征,又有专项旅游产品的显著特征:成团方便且团队规模大,多用包价且消费档次高,操作简便且经济效益好,逗留时间长且旅游距离短,季节分布广且拉动效应强等。会展旅游产品作为一种新兴的旅游产品,以传统旅游产品无法比拟的优势,为许多国家和地区的旅游企业所青睐。

会展业与旅游业存在一种互动对接的关系:一方面,会展业能通过自身的凝聚效应和辐射效应拉动一条集食、住、行、游、购、娱于一体的消费链,为旅游业开拓新兴的高档旅游消费市场;另一方面,旅游业在长期的发展过程中所形成的服务优势,能为会展业提供高质量、专业化、快捷化的相关服务,协助树立展会的品牌形象。可见,会展旅游产品是会展与旅游两个产业优势互补、协作共赢的结果。

(二) 会展旅游产品的TPC结构

TPC即整体产品概念(Total Product Concept),它强调从整体和系统的角度来看待产品的完整性,认为产品由以下三个层次构成。

第一,核心层次是指消费者购买某种产品时所追求的利益,是顾客真正要买的东西,因此在产品整体概念中也是最基本、最主要的部分。消费者购买某种产品,并不是为了占有或获得产品本身,而是为了获得能满足某种需要的效用或利益。

第二,形式层次是核心产品借以实现的形式,即向市场提供的实体和服务的形象,市场上通常表现为产品质量水平、外观特色、式样、品牌名称和包装等。产品的基本效用必须通过某些具体的形式才能够得以实现。

第三,延伸层次是顾客购买有形产品时所获得的全部延伸服务和利益,包括提供信贷、免费送货、质量保证、安装、售后服务等。

TPC理论自提出后在包括旅游在内的众多领域得到了广泛应用。一般认为,旅游产品的核心层次是旅游产品满足旅游者生理需要和精神需要的效用,主要表现出旅游吸引物的功能;形式层次是以旅游设施和旅游线路为综合形态的"实物";附加层次是为旅游者的旅游活动所提供的各种基础设施、社会化服务和旅行便利。

旅游产品是一个复合概念,一般是指旅游经营者针对客源市场的需求,为旅游者提供满足其食、住、行、游、购、娱等方面的需求的实物产品和服务的组合。会展旅游产品就是为会展旅游者在食、住、行、游、购、娱等方面提供实物产品和服务的组合。借用TPC理论,会展旅游产品同样有三个层次:核心层次是指会展期间为会展旅游者提供基本的接待服务(如食、住、行等),以保证会展旅游者能够顺利地参加会展活动;形式层次是指为会展旅游者提供服务所依赖的各种载体,如交通工具、住宿条件等;延伸层次则是会展期间或会展结束后为会展旅游者提供的延伸服务(如游、购、娱等)。

(三) 会展旅游产品的需求层次结构

从会展旅游者的需求视角来看,其需求可以大致归纳为会展公务、休闲娱乐和自我发展三个层面。基于会展旅游者的需求层次变化,可以构建出一个三级阶梯结构的会展旅游产品发展层次体系:基础性产品(满足会展公务的需求)—边缘性产品(满足休闲娱乐的需求)—发展性产品(满足自我发展的需求)。三级阶梯的产品分别在质和量的两个维度上依次呈现出由低到高、由多到少的正三角模型分布状态。

第一阶梯,基础性产品,指针对会展旅游者的公务需求而提供的相关服务。会展公务是会展客人的基本需求,会展公务需求具有高度的专业化、个性化特征,旅游企业应为会展客人完成其会展公务活动提供所需的专业化、个性化的支持性基础服务。其服务过程应贯穿并深入到整个会展活动的全过程,服务项目包括会展礼宾、秘书、解说、翻译、饮食、住宿、用车、导购、票务、会展指南等方面。

第二阶梯,边缘性产品,指针对会展旅游者的休闲娱乐需求而提供的服务。会展客人在紧张的工作之余需要身体和精神的放松,于是便产生了休闲娱乐的需求。由于会展客人通常具有知识水平高、社会地位高、消费水平高的特征,会展旅游者的休闲娱乐需求也具有明显的文化性、交际性、高消费性的特点,旅游企业应设计一些较为高档的、适合群体参与的娱乐活动,并努力提升休闲娱乐项目的文化内涵。

第三阶梯,发展性产品,指针对会展旅游者的自我发展需求而提供的服务。自我发展需求是会展客人的高层次需求,会展旅游者的文化素养高、创新意识强,他们注重在休闲娱乐中促进自身知识、能力的发展与完善。旅游企业应努力创新服务项目,让客人在形式新颖的闲适娱乐中也能学习、探索新知识、新技能,发展自己的新能力。

(四) 会展旅游产品的开发模式

1. 旅游酒店模式

经济的全球化和跨国商务活动的增多,使会议市场的潜在客源急剧增加。三星级以上的酒店由于自身的硬件设施和服务水准决定了其接待对象以会议为主,同时为各类展览会提供住宿服务,这为星级酒店和度假区在客源开发方面提供了极大的潜在市场。由于会议的计划性比较强,并有具体的要求说明和书面协议,酒店可以提前进行准备和调整。而与散客相比,会展客人违约的概率小,交易承担的风险低。

会议的举办者在压低成本的驱动下,要求在既定的会务预算下,酒店的会议设施、客房条件、配套服务等品质达到最好,因此,面对会议市场,酒店需要重新定位,依据目标市场对饭店的设施设备进行改造和更新,因为酒店的星级、规模和配套设施将决定举办会议的层次、规格、大小,以及从中可获取利润。在保有较高的会议设施、通信网络、商务中心和辅助性服务等项目的同时,饭店还要重视客史记录的保留和存档,并定期与各会议举办单位保持联系,了解市场的新动向和新需求,以便及时抓住时机为其提供服务。

2. 旅行社模式

旅行社业具有招待、接待的行业特点,很多比较大型的旅行社在长期的市场运作中积累了丰富的实践经验,具备很强的接待能力和协调能力。旅行社的介入,不仅可以为展会安排人员接送,代订客房、餐饮、票务,组织参观游览、娱乐消遣活动,提供导游讲解服务,还可以根据实际需要,适时提供一些建议以供选择。这样,不仅为会展旅游参加者省去了很多不必要的琐事和麻烦,还可以使其享受到最优惠的价格和满意的服务。

旅行社既可以根据会展的市场定位和目标群体提供相应服务,也可以针对某一知名的展会品牌而组织参展人员的来往,或将展会活动纳入一个旅游线路中,并提供相应的旅游服务,或为参展商在展览之余提供旅游和购物咨询,介绍当地的风景名胜和民情风俗,并按参展商的要求设计合理的短线旅游路线或争取成为会展活动指定的接待方,具体负责整个活动外围事项。小型旅行社可以对旅游市场进一步细分,集中自己的优势力量来满足这一具有潜力的会展市场;大型旅行社可以凭借其分布广泛的营销网络和接待体系为参加会议者和展览者提供全程服务;商务旅行社由于其与企业的紧密关系,在这方面更能依据企业的实际需要为其量身定制相关服务。

3. 旅游景区模式

会议的召开和展览的举办,选择的地点要么是风景优美的旅游区,要么是极具现代化气息的大都市。一般会议在日程安排上都考虑到了与会人员的旅游要求,已经提前安排好了游览线路。从市场促销角度考虑,景区应该尽量让会展组织者将景区游览活动列入会展活动的活动计划表中,或是指派专人到展览场地负责现场咨询和宣传。一般除了会展的举办地与会展活动紧密联系的硬件设施以外,其整体形象和旅游资源,也是会展活动的举办者和参与者着重考虑的内容之一。会展活动为引人入胜的旅游资源、多姿多彩的民族风情和别具一格的参与性旅游休闲活动提供了一次展示的机会,也为忙碌的会展旅游参加者带来片刻的休息和放松。

四、会展旅游产业链

(一) 产业链

1. 产业链的含义

随着经济一体化速度的加快,产业的垂直一体化分解和不同企业社会分工日趋细化,与以往任何时候相比,企业彼此之间的合作都加强了。为了更好地解释和说明企业间形成的生产、合作关系,国内研究文献中出现了的"产业链"的概念。通过对有关产业链研究文献的梳理,可得到以下一些具有代表性的观点。

(1) 产业链是以竞争力较强的企业为核心,相关企业结成的战略联盟。

(2) 产业链的本质是企业间前后向产业关联。

(3) 产业链是企业间价值增值活动的集合。

(4) 完整的产业链是原材料从自然资源到消费品的整个过程中涉及的所有产业的关系。

因此,从目前关于产业链的定义来看,有如下核心要素:①产业链是由多个相互关联的产业部门,上下游关联构成的一个有机整体;②市场前景比较好、实力强、产品关联度高的优势产业往往是链核;③同一条产业链上的产业部门有一定的技术经济关联;④产业部门通过产业链的合作能实现价值增值;⑤一个完整的产业链包括了从原材料采集到形成消费品的整个过程。

综合以上分析,产业链是在市场竞争中,围绕生产要素的流向,同一产业部门或不同产业部门以产品生产为纽带,按行业之间上、中、下游的供应关系,自发联结成的具有价值增值功能的链网式关系。

2. 产业链节点

(1)企业。企业是产业链中的主要节点,包括供应商、成品商、经销商等。其中供应商(又称"中间企业")为成品商提供原料、半成品或服务,并不直接面对消费者;成品商(又称"终端企业")直接面对消费者提供最终产品。成品商不一定拥有生产过程涉及的所有设备,但它拥有设计产品、制订生产计划、确定生产工艺、检验产品质量的能力,可通过产品加工工艺将众多中小企业组织起来,扮演生产组织者的角色。同一条产业链上的企业之间则存在原料与产品的供需关系、投入产出关系、互补关系、协作关系以及竞争关系等。

(2)规制机构。规制机构主要包括政府机构、检测和监督机构等,它们主要为产业链经营机构提供管理、监督服务。政府机构在产业链中的作用主要体现在政策引导、环境建设、服务组织与招商引资等方面,政府干预是修正"市场失灵"的必要手段。其核心是降低企业的经营成本,提高区域产业网络的集体效率。当不存在政府干预时,经济增长通常只是一种次优增长,只有通过政府调节并消除市场机制所造成的资源配置扭曲,才能实现帕累托最优。

(3)研发机构。研发机构是指为产业链各生产环节提供技术智力支持的机构。研发机构包括大学、研究机构和工艺设计公司等,也叫知识生产机构。研发机构虽不直接参与企业生产,但其产出有助于提升产业竞争力,是产业链上的一个重要节点。

(4)中介机构。中介机构是产业链中为企业及个人提供各类协调、评价等服务的机构和组织。根据其性质,中介机构可分为官方机构(如工商联、生产力促进中心、公证和仲裁机构)、民间机构(如行会、商会)、经营性机构(如经纪人事务所、信托公司、咨询公司、劳务公司)、专业服务机构(如律师事务所、会计事务所)等类型。中介机构不从事务性生产经营活动,处于产业链"侧链"的地位,为企业发展提供外部支持系统,保证产业链正常运转。

(5)消费者。消费者处于产业链的最后一环,通过购买产品或服务拉动产业链的运行,并向上游环节反馈消费评价和需求信息,使上游环节及时制定、调整生产决策,是产业链价值实现的关键。

(二)会展旅游产业链

1. 会展产业链

会展活动的进行是从会展主办单位确定会展活动的主题开始的。在实际运作中,会展

活动的主办单位需要与专业会务组织者(PCO, Professional Conference Organizer)/专业展览组织者(PEO, Professional Exhibition Organizer)合作。PCO/PEO 主要办理行政工作及技术顾问相关事宜,依据合约提供会议或展览活动的策划、政府协调、客户招待、财务管理和质量控制等工作。在完成工作的过程中,PCO/PEO 需要与咨询、财务等部门合作;会展主题通过管理部门审批后,目的地管理公司(DMC, Destination Management Company)则借助会展场馆,按照主办单位的要求落实会展活动方案,具体负责会展项目的运作、组织和实施。在实施的过程中,DMC 也需要有关部门提供技术、人才、资金和信息的支持,如展台搭建、展位设计、展品运输等服务。这样,会展业的产品就初步形成了,即为参展商(参会者)提供的一套综合的会展服务。

在会展产品初步形成后,DMC 通过招展、招商使参展商、会议买家、观众认识展会,决定参展(会)。会展活动的供求双方都具备后,会展活动就得以开展。会展活动结束后,DMC 需要对办会、办展过程进行认真分析,特别是进行事后的经验教训总结,对办会、办展的社会影响和经济效益进行跟踪、评估与反馈,使下次会展活动更加完善。

根据以上分析,可以将会展产业链分为四个环节:①主办者及专业会务组织者(PCO)/专业展览组织者(PEO);②目的地管理公司(DMC)及会展场馆;③观众及参展商(参会者);④众多横向协作部门。它们围绕生产要素的流向,以会展产品的生产为纽带进行合作,形成了一个综合性产业。这四个环节在会展产业链的地位和作用主要体现在以下方面。

(1)主办方拥有展会品牌,展会的巨大影响力是吸引人们参展、参会的主要原因。由于会展活动的举办,会展产业链才得以形成,因此会展主办方应是会展产业链的重要节点,并且是整个产业链的核心环节。在实际操作中,主办方可以自己承担展会组织工作,扮演 PCO/PEO 的角色,也可以把展会项目交由 PCO/PEO 承办,因此 PCO/PEO 与主办方处于产业链的同等地位。

(2)目的地管理公司(DMC)按照主办方的要求将会展项目落实。会展场馆是展会活动开展的平台。DMC 将举办展会活动的目的地支持要素联系在一起,起到协调配置资源的作用,也应是会展产业链的核心企业。PCO/PEO 与 DMC 构成了会展产业链的主体。为了实现会展生产活动,会展产业链的主体需要购买其他产业的产品为原材料,如邮电、通信、法律、保险、印刷、交通等直接或间接为 PCO/PEO、DMC、参展商、参会者和观众提供的产品。

(3)参展商、参会者和观众在产业链中扮演着最终消费者角色。根据以上对展会活动基本过程的分析,可以将会展产业链定义为展会活动的主办方、目的地管理公司等,围绕某一主题,借助场馆等设施,依托横向关联部门的协作,联合起来为参展商提供会展综合服务的产业关系。

2. 旅游产业链

旅游活动是以游客具备旅游需求为前提开始的。对旅游者而言,吸引其到异地去旅游的核心的动力是目的地拥有异于惯常居住地的吸引物。游客从客源地到达目的地的一次完整的旅游活动涉及食、住、行、游、购、娱等要素,因此,整个旅游过程需要酒店、交通运输、餐饮等行业的支持。但旅游者受认识、经验、技术条件等的限制,不具备购买异地出售的旅游产品的能力，因此，出现了专门从事旅游交易的中介，即旅游批发商和旅游零售商。旅游目的地和旅游客源地以及两者之间的联结体的企业、组织和个人在追求共同利益时相互联合，形成了以游客的地域移动为轴线的旅游产业链。

可以将旅游产业链分为三个环节：①需求方，主要是旅游者；②旅游中介，包括旅游批发商、旅游经营商、旅游零售商；③供给方，包括所有为旅游者提供最终商品和服务的产业部门，如住宿、交通、吸引物、餐馆、纪念品和手工艺品、食品生产、垃圾处理系统，以及其他对旅游业的发展起支持作用的目的地基础设施等。按照旅游活动的进行过程，可将旅游产业链的组成要素及关系进行简化。

旅游产品直接供应商将产品出售给旅游批发商和旅游经营商，旅游批发商和旅游经营商作为旅游产品的集成者，通过旅游零售商将产品卖给旅游者。旅游者作为最终消费者，真正实现产业的价值。在旅游产业链中，旅游批发商、旅游经营商以及旅游零售商作为销售的中介在发挥作用。旅游产品供应商之间几乎没有直接供给关系，各个企业由于共同的消费者而联系在一起，并且同时面对消费者，不同类型企业在旅游产业中起着不同的作用。因此，旅游产业链中的企业关系不同于传统制造业的产品上下游的投入产出关系，旅游产业链上各个企业之间主要是横向联系，这样，其中任何一个环节出现问题，都会影响旅游产品的生产过程，使得旅游产业链的建设和维护更加困难。因此，旅游中介作为旅游六要素的协调者，能最大限度地调动产业内的资源，从而实现资源的最优配置。一般来说，实力雄厚的旅行社能成为旅游产业链的核心企业。同时，旅游景区提供的产品具有一定程度的垄断性，旅游产业链中能形成核心的要素是吸引旅游者到达目的地的吸引物，因此，旅游景区也是旅游产业链的核心企业。

旅游产业链可以说是为满足旅游者的旅行与游览需求，以旅游批发商、旅游经营商为中介，将餐饮、旅游景区、旅游交通等旅游企业组合起来，共同形成的各种产业供需关系。

3. 会展旅游产业链

（1）会展旅游产业链的构成要素。会展产业链生产要素围绕会展产品的生产，主要为参展商、参会者和观众提供展会场馆、展会组织和现场服务等产品。会展活动中的大量人流为旅游业开发出一个极大的市场。会展业和旅游业结合后，会展活动代替了原旅游产业链上的旅游景区作为吸引物招揽游客。旅游产业链主要为会展活动参与者提供参会期间的食、住、行、游、购、娱等服务。旅游业的介入使参展商、参会者、观众除能够享受优质的食、住、行等基本服务外，还有机会参加丰富多彩的文化娱乐活动和享受旅游服务。

旅游业的专业化操作提高了会展活动的举办效率和举办质量。

会展业和旅游业面对共同的服务对象（参展商、参会者、观众）取长补短，逐渐结合形成了既服务于旅游者又服务于会展参与者和观众的会展旅游。因此，对会展旅游的研究应建立在会展产业链和旅游产业链两个系统架构上。围绕会展活动参与者，会展产业链和旅游产业链单向相互延伸，以服务会展旅游者为核心，形成了会展旅游产业链的主链。

由此可见，会展旅游产业链属于产业链类型中的核心型产业链，是以会展业和旅游业为主的行业，是围绕共同的终端——会展旅游者形成的。核心型产业链的产业链条一般发散

于产业链起始环节,或汇集于终端环节(如某种组装产品或特定消费群体),这种类型的产业链链条较长,结构较复杂。

(2)会展旅游产业链的构成环节。根据会展旅游的活动过程,会展旅游产业链可以分为以下五个环节。

第一,会展活动的策划与申办是会展旅游产业链的核心环节。该环节主要掌握在主办方,或者受主办方委托的PCO/PEO手中。从会展旅游产业链的结构来看,会展旅游的形成依赖于展会活动带来的大量人流、物流和资金流,有吸引力的展会是会展旅游形成的核心要素。因此,会展旅游产业链的建设要从培育会展品牌入手。

第二,会展活动的组织是会展旅游产业链的关键环节。作为会展产品的主要生产环节,会展活动的组织在整个产业链中扮演着"枢纽"的角色,是牵一发而动全身并沟通产业链各环节关键部分的存在。目的地管理公司(DMC)负责该环节的生产,它将各种支持产业,以场馆为中心结合起来,为参展商、参会者和观众提供一套综合的会展服务。

第三,会展活动的招展、招商是会展产品的销售环节。该环节决定了策划、组织等环节成本的回收和盈利状况。招展是指将展位及展会现场的服务出售给参展商。招商则是通过广告宣传吸引会展观众,展会成功与否的关键某种程度上取决于观众的质量。

第四,会展活动的实施是会展旅游产业链实现价值的最终环节。会展参与者到达会展现场后,一次完整的会展活动才算实现。实施环节是会展产品与受众见面的关键环节,会展参与者对展会活动满意才能使展会活动持续举办。旅游业在这一环节中面对会展旅游者提供服务,开始发挥作用。

第五,展会结束后的观光旅游是会展旅游产业链的衍生环节。展会结束后,一部分会展参与者还可能转变角色,游览会展举办地及周边地区的旅游景点,成为观光旅游者。该环节能进一步挖掘和创造价值,对会展旅游产业链的发展起着非常重要的作用。但长期以来,开展有针对性的展后观光旅游项目的开发并没有引起足够的重视。

(3)会展旅游产业链与制造业产业链的异同。目前,我国学者对产业链的研究主要是从制造业开始的。作为服务业的会展业和旅游业在产业延伸后形成的会展旅游产品,在产品特征和生产方式等方面与制造业存在较大差异,因此产业链结构也必然存在差异。会展旅游的产业链与制造业的产业链有诸多不同,表现出如下三个特点。

首先,会展旅游产业链由互补的子产业由分到总地发展起来。制造业产业链首先要有一个主产业,然后逐步形成上下游的配套体系,最终形成明显的链条。会展旅游围绕消费者需求,会展业和旅游业等子产业分别发展,经历一定的发展阶段后,子产业之间的关联越来越紧密,越来越复杂,逐渐形成一个多边关联、相互配合的产业群落。

其次,产业链上的企业主要产生横向关联。制造业产业链的形成是由于上游环节的产品是下游环节生产的原材料,生产要素在产业间流动,这些企业由于生产的需要联系在一起形成纵向产业链。纵向产业链只有下游终端企业所生产的产品直接面对消费者。会展旅游产品具有非实物性,提供给消费者的是借助于一定媒介生产出的展会、旅游等综合服务产品。一次会展活动的顺利完成往往需要几个产业部门共同配合,形成横向产业链。在横向产业链里每个产业部门都可以跟消费者接触。

最后,消费者是产业链中心。在制造业中,生产要素沿产业链单向流动,消费者处于产业链最末端,被动接收相对固化的产品,消费者的感受不是服务商最为关注的问题。而会展旅游产品主要是服务,具有无形性,不能独立存在,也不能储藏,只有当消费者在场时,生产才能进行。在会展旅游产业链上,所有企业的生产活动都是围绕满足会展旅游者的不同需要进行的。因此,消费者成为会展旅游产业链的核心。

任务三 "一带一路"倡议背景下会展旅游的发展

"一带一路"倡议的实施,为我国会展业与旅游业的融合与升级发展指明了新方向,使得会展旅游业有望走出区域性范围,融入国家整体战略考量体系,迎来走向国际化的机遇。分析"一带一路"倡议背景下我国会展旅游发展的现状及面临的问题,从转变思路、培育龙头企业、落实合作保障协议、建立资讯沟通平台、完善金融服务机构布局、强化国家形象宣传、掌握国际话语权、提高专业人才素质等方面提出会展旅游发展的策略与保障体系,对于推进"一带一路"倡议实施、加速域内资源流动、缓解境内资源不足、传播中国文化、树立国家形象,提高会展旅游行业国际竞争力等具有重要的战略意义。

"一带一路"倡议是在全球一体化的大背景下,以运输通道为纽带,以互联互通为基础,以多元化合作机制为特征,以打造利益共同体、责任共同体与命运共同体为目标的新型区域合作安排。2019年,习近平总书记在第二届"一带一路"国际合作高峰论坛开幕式以及第二届中国国际进口博览会开幕式上的主旨演讲,分别提出要"聚焦互联互通,深化务实合作,实现互利共赢、共同发展,齐心开创共建'一带一路'美好未来""共建开放合作、开放创新、开放共享的世界经济,继续推进共建'一带一路'",作为重大国家战略,这种以"开放"和"走出去"为主要特征的国际区域经济合作新模式,使得会展旅游有望走出区域性范围,融入国家整体战略考量体系,迎来走向国际化的机遇,也为我国会展旅游的产业融合与升级发展指明了新方向。

一、"一带一路"倡议背景下会展旅游的研究背景

近年来,海内外的一些研究人员逐渐将产业融合的概念应用到旅游行业的阐述分析中,通过多种研究方式对产业融合的含义、特点、影响、发展逻辑、融合路径等展开全面的研究,但尚未形成统一的研究系统,对于会展旅游融合方面的研究成果也较少。相关研究成果主要分为两类:一类是旅游产业和某一具体产业的融合研究;另一类是从某一个角度对会展旅游产业的融合理论进行研究,研究主要集中在对会展旅游概念的界定、对会展旅游区域的研究、对会展旅游的发展与研究现状的评价、对会展旅游的关系与运作模式的探讨,等等。

关于"一带一路"倡议背景下我国会展旅游融合发展的研究,目前尚未受到国内外研究者的重视,鲜有这方面的文献。大部分学者都是从"一带一路"倡议背景出发,侧重研究某一

视角或某一地区会展业或旅游业的发展,例如:从"一带一路"视角下对会展业的转型升级进行研究;围绕"一带一路"倡议为会展业带来的机遇进行阐述;从不同的角度对江苏、海南、云南等地的会展业或会展旅游业的发展进行分析和研究,并提出相应的策略建议。

综上所述,目前对"一带一路"会展旅游的研究尚处于描述和探索阶段,多是从某个角度或主题入手,偏重对概念或现状的分析,着眼于实际具体问题的分析与总结,而在"一带一路"倡议带来的会展业和旅游业融合发展的方向方面的探讨不足。本节将从国际合作与跨境视角去分析会展业与旅游业的融合,服务于提升我国"一带一路"倡议带来的社会效益和经济效益,指明开放格局时代会展业与旅游业融合发展的新方向。

二、"一带一路"倡议背景下会展旅游融合发展的意义

(一)构建交流平台,推进战略实施

在"一带一路"倡议正式推进后,更多的中国公司开始走出本土市场,努力参与参办展、开展会展旅游活动,与"一带一路"沿线国家展开行业项目合作,开辟新兴市场,让国际市场充分了解中国企业,搭建区域间行业交流平台,加速企业间的合作并使企业融入"一带一路"倡议的实施。在社会层面,展览展示、会议交流、节事活动等会展旅游活动又搭建了文化交流平台,转变成沿线国家以及区域呈现自身文化、扩大影响力的良好渠道,进而逐渐创建了文化多元发展的环境。在国家层面,政府间的会议、展览和商务旅游活动搭建起了政府间的对话平台,推动了中国与区域内的经贸往来和文化交流,强化了中国与周边国家"利益共同体"的关系。可以说,"一带一路"倡议给我国会展旅游产业的发展与升级带来了机遇,会展旅游产业的融合发展也促进了"一带一路"共同体的建设。

(二)加速域内资源的流动,缓解境内资源的不足

"一带一路"倡议是我国为推动经济全球化深入发展而提出的国际区域经济合作新模式,旨在促进经济要素有序自由流动、资源的合理划分以及市场的深入发展,实现更广覆盖、更高质量的区域性合作。然而,必须要创建具体而切实的产业结构,让所在国家以及区域的经济获得实际的利益,才能高度释放参与方的热情和创造力,从而为"一带一路"倡议做出更大的贡献;同样需要为"一带一路"倡议明确相应的实体概念,让前期参与建设的设施、园区等具备相应的载体与服务目标,才能更好地实现既定目标,保障国家战略和政策的稳步推进和落实。而会展+旅游项目的落地生根能够发挥这一载体的效果,进而转变成全新阶段中"一带一路"政策的新方向。会展旅游资源涉及更长的产业链,它的建设与利用对于关联公司以及上下游的公司具备明显的促进作用,辐射效应明显,可以让国家战略发挥更为突出的外溢价值,可增加沿线国家的利益契合度、提高其开展长期稳定合作的愿望和基础,还可促进各国在宏观政策、贸易往来等领域的全面合作。不难想象,在新的战略方案推进的大环境下,会展+旅游的融合,将为我国与沿线国家架设不同文明互联互通、互学互鉴的桥梁,加速沿线地区商品、资金、技术、人员等各种资源要素和产品自由流动,进一步推动区域实现陆、海、空、网"四位一体"的全方位互联互通,为区域发展强筋壮骨。

与此同时,"一带一路"倡议影响的国家以及区域一般是资源丰富的地带,会展+旅游的方案可以给战略的稳步推进以及后续实施提供更多保障,有助于通过会展旅游项目连通欧亚大陆国家的贸易路线,使得国内的整个经济跟世界的经济进一步接轨,建立东西延伸、海陆覆盖的全面开放体系,从而带动我国市场和海外市场的深入联合;在让世界分享中国这个庞大市场红利的同时,通过将产能的扩张投向国外来进行资源、资金、能力的吸收,从而改变国外资本与我国争夺资源的现状,缓解国内资源不足的困境,进一步维持国内经济的健康运行。

(三) 推广中国文化,构建国家形象

"一带一路"倡议的战略设计,意在创建高度包容的利益共同体,建立更高水平的对外交流平台。会展旅游是输出我国国家形象和文化的传播平台和重要渠道,贸易、展览、会议、奖励旅游、节事活动等,加快了一定范围内的经济文化交流,从而以此为机会加快了中国文化的发展和传播,提升了全球范围内中国文化的影响力。在"一带一路"倡议的大环境下,更多的中国公司开始踏出国门,积极参办海外展览会,通过媒体、经济活动、旅游、文化体育教育交流等传播渠道,与沿线国家和地区的企业、组织与个人进行高效互动,将中国的产品、文化、理念等推广到全球大众面前。会展旅游通过这样一种有效的方式,使世界快速了解和熟悉中国的产品和文化,树立了中国国家形象,从而提升了中国在世界的影响力和竞争力。

(四) 行业优势互补,提高国际竞争力

我国会展行业的不断发展、全球会展逐渐向亚太区域倾斜,以及我国会展项目在海内外旅游市场的影响力逐渐提升,为会展旅游的发展创造了便利条件。通过会展活动促进旅游、以旅游发展来促会展行业的国际化,将成为后续发展的必然趋势。

首先,会展业与旅游业相互结合、相互渗透、相互融合、相互合作,可将二者分别具备的优势资源进行联系,利用契约的方案创建直接关联,从而形成旅游行业的一体化产业链,构成共同发展的同盟关系,实现优势互补,节省了必要的开支,降低生产成本,共同营造会展旅游的整体形象,推动产业共赢发展,进而提升在外部市场的影响力和影响范围。

其次,会展业需要利用旅游业的资源定位以及服务能力,合理筛选一些旅游业的经济合作伙伴,进而提升自身的定位格局,改善服务水平;将自身的优势和旅游业的资源优势充分结合,利用会展市场的发展促进旅游行业的进步,创建更为一体化的市场品牌,形成自身的积极优势,提升会展行业的国际竞争力。

三、"一带一路"倡议背景下我国会展旅游发展现状

"一带一路"倡议提出以来,会展旅游成为市场体系以及开放型经济中的关键平台,在我国国民经济中发挥的价值更加突出,各级政府对会展旅游业也更为关注,企业的参与热情得到提升,行业的境内外交流更加活跃,总体呈现如下特征。

(一) 行业政策好,发展新动能不断增强

在会展行业方面,为了充分发挥行业在稳增长、促改革、调结构、惠民生以及促进中国对

外贸易方面的推动作用,政府出台了一系列文件,继续推进和落实展览业的专业化、国际化、品牌化和信息化改革,并把促进展览业改革发展和国家对外战略相结合,大力促进境外会展业务发展,政策利好不断。例如,政策指出,要加大中国品牌海外推介力度,不断提高和"一带一路"沿线区域国家地区之间的合作水准;与此同时,努力推动平台的创建工作,培养一些具备全球影响力与知名度的国家级会展项目。在后续工作中,我国会展业将会进一步推进"走出去"的过程,发展几个具有全球影响力的展会品牌。相关文件的出台有利于国内会展企业在促进中国外贸发展方面发挥更为积极的作用,为境外办展行业长久发展提供了良好的环境。

在旅游行业方面,相关的政策也是不断完善,2016年《全国旅游标准化发展规划(2016—2020)》,2017年《文化主题旅游饭店基本要求与评价》《"十三五"全国旅游信息化规划》,2018年《促进乡村旅游发展行动方案》《关于促进全域旅游的指导意见》等政策分别从标准化促进旅游产业转型、提升旅游智慧化水平、深化供给侧结构性改革、深化发展全域旅游等方面为行业发展提供了方向和指南,保障行业持续健康发展。2016年12月,中华人民共和国国务院发布的《"十三五"旅游业发展规划》还从产业融合方面提出了指导意见,强调要积极推动以抓点为特征的景点旅游发展模式向区域资源整合、产业融合、共建共享的全域旅游发展模式加速转变。2018年3月中华人民共和国国务院官方部门发布的改革措施文件提出,需要对文化部以及旅游局的职责定位进行重新整合,创建文化和旅游部,从而对相关工作进行全面引领与负责。2018年8月中旬,文化和旅游部的"三定方案"开始对外公布,到年末,全国所有省市的文化旅游部门都完成了挂牌过程,这意味着在行政角度上,文旅的结合工作已经全面推进。

在这些利好政策之下,会展旅游经济迈入繁荣增长、理性发展的新通道,会展旅游在外交事务工作中的战略地位更加凸显。2017年,由中国发起的世界旅游联盟(WTA,World Tourism Alliance)正式成立,联合国世界旅游组织22届全体大会在我国召开,期间举办的"一带一路"的部长级会议发布了《"一带一路"旅游合作成都倡议》;而中澳旅游年、中丹旅游年、中瑞旅游年、中国—东盟旅游年以及一系列高层次国际合作活动也成为国家对外交流的闪耀亮点。

(二)新的展会项目促进经济与社会效益双丰收

我国会展旅游业的起步比较晚,但发展非常快,从展览的内容、大小、影响作用方面来分析,我国区域已逐渐成长为亚洲区域的展览核心地带。而在这一发展过程中,具雄厚实力和丰富经验的专业运作团队纷纷涌现,这些团队举办了众多水平高、影响大的展览会,例如中国进出口商品交易会(广交会)、9·8中国国际投资贸易洽谈会等;《推动共建丝绸之路经济带和21世纪海上丝绸之路的愿景与行动》等国家战略的出台更是催生了许多主题鲜明、特色突出的会展旅游项目,如中国国际进口博览会、广东21世纪海上丝绸之路国际博览会、中国—东盟博览会旅游展、北京世界园艺博览会等,为我国"一带一路"对外交流合作提供了更为广阔的平台,推动"一带一路"沿线国家建立更加紧密的经贸联系,并使"一带一路"国家的展会项目进入高速发展期,成为带动我国经济发展的新增长点。例如2019年,进博会、广交会、第二届"一带一路"国际合作高峰论坛企业家大会等几场大型国际性会展的举办带来了数百亿美元的交易采购成果;北京世园会也吸引了上百家境外企业与境内企业齐聚北京,达成上亿美元项目合作协议。

(三)文化旅游需求旺盛,文旅融合成风口

随着消费者对更高层次精神需求的追求日益普遍以及国家对文化旅游的大力推进,国内旅游用户对高品质文化旅游消费的接受度提升,各类丰富多彩的文化展览、富含地方历史和文化特色的人文型景区成为旅游热点,如浙江杭州的宋城、江西的景德镇古窑民俗博览区、山东的台儿庄古城、西安的秦始皇兵马俑博物馆、陕西历史博物馆、大唐芙蓉园,等等。

然而,在文化输出工作上,我国对应的比重明显小于中国经济的排名。根据《2017—2022年中国文化创意市场发展前景预测及投资战略研究报告》,在2017年全球文创产业的市场比重中,中国和其他国家及地区文化输出占比,还不到美国的十分之一,如此明显的差距让会展旅游业的融合发展成为客观要求,也创造了不错的条件,因为会展活动衍生文化产品,而旅游是我国文化输出最稳定的渠道。会展旅游的融合为我国文化产业的发展带来了更为广阔的市场,文化产业又为会展产业和旅游产业提供了内容生产的源头。后续在会旅产业的发展链条中,前端主体主要致力于内容生产,中后端主体则负责文化、旅游、会展公司的产业布局以及周边产品的设计和生产等,从最基本的景区文化产品与文化推广开启(如故宫文化),到文化项目的活化、IP的创造与传承,形成良好的闭环,这是一个风口所向。

(四)出国办展整体规模上升,境外品牌展日趋成熟

"一带一路"倡议提出以来,政府组织了各种旅游节、文化艺术节、电影节等"一带一路"会展旅游交流平台,不但让会展旅游经济走热,还让中国积聚了全球资源和目光,对我国发展国际旅游、贸易往来以及会展行业产生巨大的促进作用,也为我国企业出境参办展提供了更好的环境。近几年,我国企业出国参展、境外办展数量与规模均不断攀升,出国参展是主流趋势,赴境外参与大型品牌展会的情况不断增加,全球市场空间得到持续拓展。

(五)"一带一路"国家成中国境外自主办展热门地

"一带一路"是党和国家在新环境下审时度势的正确抉择,大大强化了我国和战略沿线国家和地区之间的合作关系,促进了中国优势产能和产品的输出,中国企业赴"一带一路"沿线国家参办展数量也稳步提升,推动了我国会展业与旅游业的转型升级。

随着"一带一路"建设进入提速阶段,"一带一路"沿线国家和地区更是逐渐成为中国境外自主办展的热门举办地。近年来,"一带一路"沿线国家和地区在中国境外自主办展的热门举办地中的占比达70%。中国在"一带一路"沿线国家和地区举办展览的机构占出境自主办展组展机构总数的80%左右。

四、"一带一路"倡议背景下会展旅游发展的策略

(一)革新思想,转变思路

会展旅游的融合可以产生新的多样性的产业业态来满足市场的需求,这就要求我国企业解放思想、突破条条框框的约束和束缚,转变思路,利用"一带一路"倡议中的"走出去"的战略,改变传统的单纯依靠获取外币、吸引外资来发展产业的思路,而是通过资本输出和产品输出,来获取境外的资源,逐步实现做大做强的战略目标。也就是说,今后发展会展旅游的思路,就是要改变以往以重复办、规模小、名气不大、管理不规范的展会来招商引资的局面,改为配合国家"一带一路"倡议等,组织我国的会展龙头企业主动到境外去收集优秀的会展旅游项目,出国举办展(博)览会,助力国内会展企业快速成长、走向国际舞台,提升企业品牌国际知名度;与此同时,设计境外会展旅游产品,组织国内的企业出境参展和旅游,完善现代市场体系和开放型经济体系,构建多元化、宽领域、高层次的境外参展办展新格局,发挥产业与资本的协同作用,推动会展业与旅游业融合升级,向价值链的顶端进行拓展和延伸,创建产业垂直方面的优势公司,加快我国会展旅游行业的稳定发展。

(二)整合产业资源,培育龙头企业

发展会展旅游,借助的是会展和旅游两个平台,整合利用的是两种资源,合作的前提是优势互补,追求的是共同效益,这是会展与旅游高度结合的新模式。二者的充分融合能够发挥其联动效应,从而取得相互促进的积极效果。因此,在"一带一路"倡议背景下发展会展旅游产业,必须加强与"一带一路"沿线国家和地区企业的合作,整合"一带一路"沿线国家会展与旅游领域的优势资源,实现优势互补,互办文化年、艺术节、电影节、旅游推广周等不同形式的活动项目,强化和周边国家的交流与合作,提升在一定区域中的国家影响力。各省市应基于自身特征以及优势,和国家制定的"一带一路"倡议保持高度链接,促进我国会展行业、部门等与全球知名性会展集团和相关协会之间的沟通与合作联系,创建会展旅游项目的品牌化发展平台;通过收购、参股、联合等形式组建国际性会展旅游集团,提升会展旅游企业国际竞争能力;充分发挥会展旅游业的营销功能,推动产业集聚,培育一批理念先进、经验丰富、具备核心优势的龙头企业,高度发挥示范及引领功能,提升行业的整体竞争力,进而带动"一带一路"沿线国家发展。

(三)落实合作保障,创造良好投资环境

在中国坚持以开放促改革、促发展、促创新,持续推进更高水平的对外开放的同时,各国也应以更加开放的心态和举措,共同把全球市场的蛋糕做得更大,把全球共享的机制做实,把全球合作的方式做活,共同把经济全球化动力搞得越大越好,阻力搞得越小越好。要继续深化多双边合作,争取同更多国家商签高标准的自由贸易协定,尽快签署落实区域全面经济伙伴关系协定,尽快清除"一带一路"不同国家间会展旅游合作障碍,开通更为便捷的参办展渠道,优化边境口岸设施基础,促进边境区域的"单一窗口"建设工作,努力减少签证、通关的

时间与成本,强化在海关、物流、检疫等方面的合作,防止出现双重征税征费等问题,保障我国企业在国际会展旅游市场上的投资运营与经济交流的品质与效率。

(四)构建资讯沟通平台,整合资源联动推广

充分发挥现有媒体的优势和渠道,整合国内外各级政府、行业企业以及社会资源,建立国际资讯沟通平台,密切同"一带一路"国家和地区的联系,共享资讯信息,创建并不断发展同海外行政部门、企业、研究机构、行业协会等组织之间的稳定关系,强化沟通,积极分享并创造项目合作的机会,通过"联合推介、捆绑营销"的方式,创建多个部门机构、多个行业以及地域之间的联合推广模式;利用机制创新及管理模式的完善,实现行政引导、多方合作、政企结合、市场运行的营销方案体系,加大会展旅游的宣传力度,提升中国会展旅游的品牌价值,为促进国际会展旅游项目合作发挥桥梁和纽带作用。

(五)完善服务机构布局,开拓企业境外金融市场

在"一带一路"国家区域内完善金融服务机构布局,推进人民币国际化,有利于提高会展旅游目的地国家用人民币结算的意愿,有利于我国会展企业在境外的投融资市场行为。中国应该充分调动和运用优势资源,向"一带一路"的国家及周边进行倾斜,央行需要在相应的范围内设定合理网点,推进人民币全球化战略的实施;另外需要创建外汇储备金,落实双边以及多边的本币互换协议,管控可能发生的分歧。在"一带一路"大的经济体,如俄罗斯、东南亚、东盟等国家和地区建立金融机构分行,提供人民币清算服务,支持我国会展企业拓展贸易、转移产能,开拓境外会展旅游项目投融资市场。

(六)拓宽会展旅游外交,强化国家形象宣传

品牌展会和会展企业应借国家"一带一路"倡议的东风,主动"走出去"发展境外展会和商务旅游项目,主动加强与国际重量级会展组织之间的沟通交流,积极开拓国际会展新市场;用好世界旅游联盟平台,形成新时期以游客为中心、以品质为导向的国际旅游发展新理念,增强在全球旅游发展中的话语权。与此同时,继续提升以进博会等国内大型展会为代表的展会活动的品牌影响力,通过举办大型国际公关活动、促进文化交流机构和办事处在海外的建设、推广国家形象宣传片登陆海外媒体以及在"一带一路"沿线国家和地区开展巡回推介和招商会、新闻发布会等方式,开展强势宣传,通过对品牌展会和参展办展企业的大力宣传与推广,将这些品牌展会活动打造成"一带一路"倡议实施的政府外交、民间外交平台,协助塑造中国国际会展旅游国家形象。

(七)规定展会标准,掌握国际话语权

"会展+旅游"属于战略性新兴产业,产业技术标准始终未能形成统一,而产业技术标准对于提升一个国家和区域特定产业的全球竞争力具备十分关键的价值。"一带一路"倡议的实施让中国在如今的全球化格局中占据有利位置,内外部发展环境一片向好。"一带一路"标准体系的创建,将会使中国及沿线国家获得在全球性事务上与美欧等国家相抗衡的实力。因此,政府应发挥其强大的政策引导、平台构建和机制仓位的功能,由中国牵头,联合"一带

一路"国家和地区共同建立国际会展旅游联盟组织,并由该组织来制定行业品牌标准和技术体系,以此掌握国际话语权。

(八)外引内培,提升专业人才素质

第一,创建会展旅游专项人才培养系统,做好行业专家的人才库建设工作,不断提升行业人才的集聚价值,增强行业对于专项人才的吸引作用。

第二,促进大型会展、旅游公司、行业协会与国内外高水平院校的深度合作,建立会展旅游专项人才实训基地,重点培养策划、组织、设计、营销等复合型专业人才,并提升各种新型人才的结合效应,打造一支高标准、高素质的会展旅游从业人才队伍。

第三,外引内培,提升紧缺人才的引进力度,做好内部人才的开发及培养工作,对优势人才资源进行充分整合,优化人才结构,提升行业竞争力。

任务四 课程思政的内涵与特点

新时代,我国社会主要矛盾已经转化为人民日益增长的美好生活需要和不平衡不充分的发展之间的矛盾。其中的"美好生活"就包含着对更高质量的教育的需要,而思想政治理论课在我国教育中占据举足轻重的地位。随着专业分工的日益细化,各类课程之间的融通性似乎在逐渐降低,思想政治教育彷佛只与思想政治理论课和思想政治理论课教师有关,其他课程和课程教师则与之无关,从而导致学校思想政治教育在其他课程中出现关注不充分和不自觉的现象。为此,会展旅游专业要注重把思想政治工作贯穿于教育教学全过程,实现全程育人、全方位育人,努力开创我国高等教育事业发展新局面。课程思政是新时代思想政治教育发展的重要方向。所以,理解和把握新时代课程思政的内涵与特点,并积极寻求应对之策,对于充分发挥各类课程的思想政治教育功能,推动课程思政与思政课程同向同行,培养德智体美劳全面发展的社会主义建设者和接班人,满足人民对美好生活的需要,实现中华民族伟大复兴的中国梦具有十分重要的意义。

一、课程思政的内涵

课程思政,即将思想政治教育元素,包括思想政治教育的理论知识、价值理念以及精神追求等融入各门课程中去,潜移默化地对学生的思想意识、行为举止产生影响。

(一)课程思政的本质——立德树人

课程思政在本质上是一种教育,目的是立德树人。"育人"先"育德"。注重传道授业解惑、育人育才的有机统一,一直是我国教育的优良传统。思想政治教育是做人的工作,解决的是"培养什么样的人""如何培养人"的问题。我国历来高度重视学校德育工作和思想政治工作,探索形成了一系列教育方针、原则,为培养什么样的人、如何培养人以及为谁培养人提供了基本的工作遵循。

课程思政是要将思想政治教育融入其他课程教育,不管是作为具体的思想政治教育还是作为宏观的教育而言,它都是为了实现立德树人。课程思政始终坚持以德立身、以德立学、以德施教,注重加强对学生的世界观、人生观和价值观的教育,传承和创新中华优秀传统文化,积极引导当代学生树立正确的国家观、民族观、历史观、文化观,从而为社会培养更多德智体美劳全面发展的人才,为中国特色社会主义事业培养合格的建设者和可靠的接班人。

(二)课程思政的理念——协同育人

从课程思政的提出来看,其目的就是实现各类课程与思想政治理论课的同向同行,实现协同育人。作为我国的教育方针和我国各级各类学校的共同使命,能不能为中国特色社会主义事业源源不断地培养合格建设者和可靠接班人,能不能为实现中华民族伟大复兴中国梦凝聚人才、培育人才、输送人才,是衡量一所学校教育水平高低最为重要的指标。

中国特色社会主义教育本身就是知识体系教育和思想政治教育的结合与综合,不能让思想政治工作和人才培养变得彼此孤立。课程思政所践行的正是将两者辩证统一起来,把教书育人规律、学生成长规律和思想政治工作规律紧密结合起来,把立德树人内化到学校建设和管理各领域、各方面和各环节,用一流的思想政治教育体系建设引领一流的人才培养体系,使思想政治教育至柔至刚、滋润万物的精神力量融通教师的每一个课堂、贯穿学生的每一步成长、引人以大道、启人以大智,使学生成长为栋梁之材。

(三)课程思政的结构——立体多元

课程思政本身就意味着教育结构的变化,即实现知识传授、价值塑造和能力培养的多元统一。在现实的课程教学中,往往存在各种原因导致这三者被割裂。课程思政从某种意义上来说正是让这三者重新统一的一种回归。课程思政要求教师要在教育中积极探索实质性介入学生个人日常生活的方式,将教学与学生当前的人生遭际和心灵困惑相结合,有意识地回应学生在学习、生活、社会交往和实践中所遇到的真实问题和困惑,真正触及他们默会知识的深处,亦即他们认知和实践的隐性根源,从而对之产生积极的影响。

同时,在理性化的社会中,感性必须和理性、感性体验必须和知性认识结合起来,才有可能真正使某种价值观念得到深入、稳定、持久的理解和认同。因此,课程思政也要求教师向学生传授普遍的、客观的知识,进一步提高他们的理性认知能力和水平,以促进其默会知识的提升和转化。而言传知识与默会知识,或者说知识传授与心灵成长、价值塑造和能力提升之间的互动,恰恰是课程思政所要达到的目的。

(四)课程思政的方法——显隐结合

人才培养体系涉及教学体系、教材体系、学科体系、管理体系等,贯通其中的是思想政治工作体系。课程思政正是要立足于构绘这样一个育人蓝图,通过深化课程目标、内容、结构、模式等方面的改革,把政治认同、国家意识、文化自信、人格养成等思想政治教育导向与各类课程固有的知识、技能传授有机融合,实现显性与隐性教育的有机结合,促进学生的自由全面发展,充分发挥教育教书育人的作用。聚焦课程建设和教学活动,改变了课程教学以知识传授为主要目的的原有路向,使思想政治教育融入教育教学的各个要素之中,打通了学校思想政治教育的"最后一公里",从而使全面协同育人落实到细微之处。

(五)课程思政的思维——科学创新

对于课程思政而言,其展现的就是一种科学思维,它强调要用辩证唯物主义和历史唯物主义的思维方式去看待事物,不能陷入唯心主义和机械唯物主义的泥沼,将理论导向神秘主义。尤其是在当前国际社会意识形态领域风云变幻,各种社会思潮观念激烈交锋的背景下,我们的教育要想顶住压力、抵住侵蚀,就需要进一步加强各门课程中的思想政治教育,为学生构筑起牢固的思想防线,抵制各种错误思潮、错误言论对学生的危害。

课程思政所展现的是一种创新思维,它强调在思想政治理论课以外的课程中融入思想政治教育,这是以前的思想政治教育未曾关注的。而且在课程思政建设的具体过程中,也更需要创新思维,以新思维催生新思路,以新思路谋求新发展,以新发展推动新方法,以新方法解决新问题,实现课程思政的创新发展。

二、课程思政的特点

新时代的课程思政有着诸多特点,对这些特点的把握能够帮助我们更好地理解什么是课程思政,从而在实践中更有效地推进课程思政的建设。

(一)寓德于课

立德作为思想政治教育的重要内容,也应是课程思政建设的重要内容。德的引导需借助课程这一重要载体,是寓于课的,既寓于具体的课程内容,更寓于教师的课程教学过程。德,不仅是立身之本,也是立国之基;既重视以德修身,又重视从政以德。德是中华民族历来的价值追求。

教师既要做学问之师,又要做品行之师,其中即蕴含着立德这一重要要求。教师肩负着培养社会主义事业建设者和接班人的重要任务,而我们培养的社会主义事业建设者和接班人应该是"德智体美劳全面发展"的,而且最先要求的就是德。立德不只是思想政治理论课及其教师的任务,更是所有课程及教师的任务。立德是课程的应有之义,课程思政所要实现的正是寓德于课,从而为国家、社会和人民培养德才兼备之人。

(二)人文立课

课程思政是在课程教学中挖掘"人文素养"元素,其中重要的是人文精神,即对人类生存意义和价值的关怀。事实上,每一门课程都可以成为课程思政建设的载体,只是难易程度有所区别。每一门课程的教学从根本上来说都是一种教育,都是一种教书、育人活动,本身就蕴含了人文精神,只是不同课程的性质各异,导致其教学不同程度地隐化了这种精神。健全的教育不仅包括知识的学习,更包括具有价值观意义的家国情怀教育,尤其是思想政治中社会主体力量所倡导的主流价值的教育。

课程思政可以说是要突出课程原有的人文精神并在此基础上进一步加深。它强调教师在教学过程中应注意挖掘人文素养,使教学知识内涵更加丰富,知识教育更富情趣,能力培养更趋务实。我们要深刻领会人文精神,更加自觉、更加有效地把知识教育和理想信念教育、道德品格教育有机结合起来,充分发掘各类课程的思想政治教育元素,进而深化对课程思政的认识和理解,把对人本身的关怀融入每一门课程的教学之中,让所有课程真正承载起育人的功能。

(三)价值引领

课程思政是要将思想政治教育元素融入各类课程的教学过程中,其中思想政治教育元素主要指思想政治教育内容,不一定是具体的思想政治教育理论知识内容,也可以是思想政治教育所体现的一种价值理念和精神追求。一方面,从课程思政内容融入的具体层面看,课程思政具有较强的可操作性和比较容易实现的融合模式,即将社会主义核心价值观融入课程教学过程中,在内容上集中凸显了课程思政的价值引领特点;另一方面,从课程思政内容融入的抽象层面看,课程思政的主要内容不是要向学生灌输思想政治教育的基本理论知识,而是要通过这种教育形式来培养学生树立正确的世界观、人生观和价值观,实现对学生的价值引领。

学生最需要精心引导和栽培,而且青年的价值取向在某种程度上决定了未来整个社会的价值取向,因此抓好这一时期的价值观教育十分重要。总体而言,不管是从具体还是抽象的内容融入来看,价值引领始终是课程思政的核心特点。

实训一

调查你所在城市举办过哪些有国际影响力的会展,以及这些会展对当地旅游业和城市建设产生的影响。

项目二

会议旅游

会议旅游是以会议为主要目的的依附型旅游形式,参会人员的目的是旅游休闲,在旅游的过程中达到沟通、交流和解决问题的目的。本项目内容包含会议旅游概述,会议旅游的特点、类型和发展趋势,会议旅游的运作过程与产品开发,进博会促进对外开放与教育发展。

任务一　会议旅游概述

国际会议旅游产业已有几十年的发展历史,如今已经成为全球重要的旅游产品。按照世界权威国际会议组织——国际大会和会议协会(ICCA,International Council for Commercial Arbitration)的统计,每年全世界举办的参加国超过4个、参会人数超过50人的各种会议约有40万场,会议总开销超过2800亿美元。国际会议市场的巨大潜能和会议产业的高额回报,使越来越多的国家和地区希望参与其中。当前,世界上国际会议旅游产业发达的国家多位于欧美等地。

一、会议与会议旅游

(一)会议

会议的英文名称有很多种:Meeting、Conference、Congress、Convention、Summit、Assembly等,它们在定义上有些细微的差别,但都是指人们聚集在一起,面对面地交流思想和信息,讨论或者谈判,目的是建立更加紧密的合作或商业伙伴关系,以提高个人或组织绩效。在这个全球化越来越盛行的时代,几乎每时每刻都有各种类型的会议活动在进行。在我国,"会展旅游"这一新生概念出现以前,会议旅游基本上就是会展旅游的"代名词",其含义基本等同于今天所指的会展旅游。

国际上通常将会展旅游概括为MICE,即 Meetings(会议)、Incentives(奖励旅游)、Conferencing/Conventions(大型企业会议)、Exhibitions/Exposition(活动展览)和Event(节事活动)四部分,其中的M和C所对应的就是会议旅游。目前,我国学者对于会议旅游没有特别统一的概念,各种观点的角度和立场不同,其内容也不尽相同。但为了更好地理解会议旅游,综合目前主流的会议旅游的概念,本教材将会议旅游定义为,通过接待大型国际性会议来发展旅游业,由跨国界或跨地域的人员参加的,以组织、参加会议为主要目的,并提供参观游览服务的一种旅游活动。

（二）会议旅游

会议旅游最早开始于欧美地区等经济发达的国家。直至20世纪70年代中期,欧美地区经济发达国家举办的各种国际会议一直占据着全世界国际会议总数中的大部分。现在,一个国家或者城市所承办的国际会议的数量已经成为该国或者城市发展水平的标志之一。

世界旅游组织于1994年将旅游界定为"人们为了休闲、商务及其他目的到一个他们日常生活环境之外的地方旅行和逗留的各种活动,通常不连续居住一年以上"。在这个旅游的定义中,应该注意到两点:第一,商务活动被当作是发生旅游的诱因之一,因此,作为商务的一个表现形式、一个细分市场,会议活动在一定条件下也可以诱发旅游活动产生;第二,只有在一个人们"日常生活环境之外的地方"发生的商务才可以真正称之为旅游活动,或者说是商务旅游,这就是为什么在第一点中说明,会议活动必须在一定条件下才可以诱发旅游活动,而不是说它一定能诱发旅游活动。

一般来说,小型会议为速战速决、节省成本、提高效率,一般直接在政企内部的会议室进行;大型的会议如公司的年会,往往租用所在城市的影院和会场,这类会议并未引起"常住地的转移",也就是会议此时并不能诱发旅游活动。但随着经济的发展、人类生产力的进步和消费水平的提高,人们对会议的需求越来越旺盛,而且对会议的各种软、硬件条件的要求也越来越高,会议规模化、专业化和休闲化的趋势日益显著。特别是航空等交通事业的高速发展,为实现会议"异地化"提供了便利条件,最终才使得会议与旅游结合在一起。这种会议与旅游结合的最终产物即"会议旅游"。

目前,对于会议旅游的概念主要有以下代表性观点。

第一,会议旅游主要是指人们因"各类会议"而离开常住地、前往会议举办地进行的一系列活动,与旅游与否无直接关系。例如有人认为,凡是与会者离开所在地参与会议均可称为会议旅游。这类观点指出了会议旅游产生的直接原因是"会议",而不是探亲访友、观光度假。但同时忽视了会议旅游中旅游的衍生作用,会议旅游应该同时发挥完成会议和享受旅游的双重作用。

第二,会议旅游是依托会议、展览、节事等各项活动兴起的一类旅游活动。比如,会议旅游是依托研讨会、节庆活动、体育赛事等各类活动而兴起的一项旅游活动。尽管这类观点将会议和旅游都纳入考虑的范围,但是这种旅游概念过于泛化了,脱离了会议旅游的根本出发点——以会议为目的。

第三,会议旅游是以会议为主要目的,并为与会者提供参观游览服务的一种旅游活动。

比如,会议旅游是人们由于会议的原因离开自己的常住地前往会议举办地的旅行和短暂逗留活动,以及由这一活动引起的各种现象和关系的总和。会议旅游是指利用政府和民间团体组织所进行的各种会议而开展的一项特殊旅游活动,它能提供完备的会议设施和优质的服务,凭借会议本身和所在地的风景名胜和知名度,吸引各地的会议旅游者,让他们在舒适的环境中完成会议活动,游览旅游景点。它往往集商务旅游、观光旅游、科学旅游等旅游形式为一体。

综合分析以上观点,会议旅游是指人们为了参加或者更好地开展会议而离开常住地发生的一系列活动,该活动既包括与会议本身直接相关的会议体验(如食、宿、交通等),又包括由参加会议活动而延伸的其他旅游体验(如观光、娱乐、购物等)。

二、会议旅游活动的构成

会议旅游活动不论规模大小、规格高低、议题多寡、时间长短,都是人们在政治、经济和社会活动中的一种常见的重要活动方式。一般来说,任何构成会议旅游的活动都应包括以下方面的要素。

1. 主办方

主办方即会议旅游活动的发起者和东道主,其任务主要是根据会议的目标和规划制定具体的会议实施方案,并为会议活动选择和提供必要的场所、设施和服务,确保会议正常进行。一般而言,一些跨地区、跨国家的国际会议,往往采取申办竞争程序来确定会议主办者;一些合作性和学术性组织都有召开经常性会议或例会、年会的制度,每一个成员单位都有主办会议的权利和义务。通常情况下,会议的主办者就是会议承办者,但有时也有所区分,如2014年APEC会议的主办者是中华人民共和国,但具体承办者则是中国北京市,承办者对主办者负责。

2. 与会者

与会者即会议代表、参加会议者。他们是会议旅游中最主要的组成部分,也是会议旅游活动主要的服务对象。与会者又可以根据身份和地位的不同分为会员代表、非会员代表,一般代表和贵宾(VIP)等。

3. 议题

议题是指会议旅游所需讨论或解决问题的具体项目,它是会议旅游的基本任务。议题的确定是会议策划中的关键,议题的选择与会议目的密切相关。议题可以安排一会一议或一会多议。一会多议时,议题内容最好是相近或相关的,这样便于讨论,节省时间。在会议期间临时提出的议题称为动议。动议所涉及的内容一般都较为紧急,常常是针对某项已经列入议程的议案而提出的修正性或者反对性议题。

4. 名称

名称即会议旅游的主要议题和类别。有时,会议旅游的标志实际上就表达了会议旅游的名称。

5. 时间

时间即会议旅游活动召开的具体时间。适时开会是一个基本原则,会议应当在适当的时间召开。一些会议是定期举行的,会议时间是用制度固定下来的,如联合国大会在每年9月第三周的周二召开,并一直延续到12月20日左右结束。一些非常会议是临时决定召开的,如一些紧急布置的任务等。会议的长短首先应考虑会议议题的多寡,因此会议主办者设计会议议程时,要对每项程序仔细分析,确定大概时间,再做科学调配。

6. 地点

地点指的是会场所在地。大型的会议还应有主会场、分会场之分。目前世界上主要城市都在不遗余力地争夺国际性会议的主办权,其根源就在于大型的国际性会议会给举办城市带来巨大的商业利益,同时还会带动整个城市相关产业的发展,如旅游业、交通运输业等。一个经常举办国际会议的城市往往具有良好的国际形象,甚至会使该城市成为世界知名城市。因此,会议旅游活动的举办会直接或间接地带动举办地经济和社会的发展。

任务二　会议旅游的特点、类型和发展趋势

一、会议旅游的一般特点

会议旅游作为会展旅游中一个重要的组成部分,与常规旅游相比,不仅具有大多数旅游活动的共性,同时,也表现出一些独有的特性。会议旅游由于本身具有消费档次高、逗留时间长、组团规模大、影响范围广等特点,被人冠以"旅游皇冠上的宝石"的美称。

1. 消费档次高

会议旅游的与会者往往都是商务人士,其旅游费用一般可以报销,因而会议旅游者比其他类型旅游者有着更多的可支配收入和购买欲望。会议旅游者的消费一般是普通观光旅游者的3—5倍,而一些国际性会议旅游者的购买能力则更高。

2. 逗留时间长

绝大多数会议的会期长达3—7天,在会议期间,会议组织者往往会组织与会者进行相关参观考察活动,甚至在会议结束后安排相应的旅游活动,这就使得大量的会议旅游者在会议举办地的逗留时间比普通旅游者明显长了很多。

3. 组团规模大

一次会议,少则数十人,多则数百上千人,特别是一些国际性大型会议,其参会者规模更为可观,如每年召开的世界经济论坛(达沃斯论坛)吸引数千名参会者前来,其带来的经济效益非常可观。作为一次性的消费群体,会议旅游的团队规模远远高于其他旅游形式。不仅与会者数量众多,其"连带"的游客数量也非常多,一人开会,多人出游,也是会议旅游的重要现象。

4. 影响范围广

会议旅游对于会议举办地的影响作用是显而易见的,不仅可以扩大举办国的政治影响,提高会议举办城市的知名度,对于会议举办地的经济发展、市政建设、环境卫生,甚至市民的精神状态都有促进作用。

二、会议旅游的基本类型

会议旅游发展至今,由于会议旅游者活动的特点和需求的不同,已经衍生出丰富多彩的类型和市场分工。如ICCA的市场范围包括50人以上的国际会议,而UIA(International Union of Architects,国际建筑师协会)则在300人以上。会议举办地及旅游企业要想有针对性地开展会展促销和接待工作,势必要对会展旅游的类型进行科学的划分。

遵循不同的划分方法,就有不同的划分结果,常规的分法有以下六种。

(一) 按举办单位划分

根据举办单位性质不同,可分为协会类会议旅游、公司类会议旅游和其他组织会议旅游。

1. 协会类会议旅游

协会类会议旅游,是指会议主办者为由具有共同兴趣和利益的专业人员或机构组成的社团组织的会议旅游活动。

协会类会议旅游历来都是会议旅游业的主要客源市场,其不仅涵盖了各类地方性协会旅游,也包括全国性协会旅游,甚至国际性协会旅游。通常情况下,协会类会议旅游与常规的展览会旅游结合紧密,协会会员通过会议来交流本行业或领域的最新发展,协商、研讨市场策略,解决存在的问题等。

协会类会议旅游的显著特点是经济效益巨大,虽然协会类会议旅游的会议数量和参会人数较少,只相当于集团公司会议旅游的1/4和1/2,但其旅游支出却达到后者的2—5倍。除此以外,与一般类型会议相比,协会类会议往往更换会议举办地来保持对其会员的吸引力,这恰恰是协会类会议旅游的"卖点",将参加会议与消遣娱乐结合起来,结合气候、环境、城市形象和旅游资源等因素,吸引更多的会议旅游者前来旅游观光。

2. 公司类会议旅游

公司类会议旅游是指会议主办者为一家企业或多家同行业、同类型及行业相关的企业举办的会议旅游活动。在会议旅游中,公司类会议旅游是其最大的细分市场,大约占到近三分之二的市场份额。

公司类会议旅游最大的特点是会议数量庞大、范围广泛。无论会议数量,还是与会人数,在会议市场中都占到很大的比例。同时,公司类会议旅游涉及的范围也很广泛,涵盖了销售会议旅游、新产品发布/分销商会议旅游、专业/技术会议旅游、管理层会议旅游、培训会议旅游、股东会议旅游、公共会议旅游、奖励会议旅游等。

与协会类会议相比,公司类会议在地点的选择上更多地考虑设施条件、服务水平、交通费用及便利程度,一般不需要考虑变更地理位置的问题(见表2-1)。如果上一次会议旅游的举办地和接待企业提供的服务令其满意的话,会议主办者通常会继续选择相同的接待企业。

表 2-1　公司类会议与协会类会议旅游的比较

因素	公司类会议旅游	协会类会议旅游
与会人员	必须参加	自愿
决策者	会议主办者	通常是委员会
会议数量	多,但与会人员少	少,但与会人员多
回头客(重游率)	潜力很大	有潜力,但会址经常轮换
配偶参加	很少	经常
附带展览活动	相对较少	较多,大多需要接待室服务
选择会址	寻找方便、服务好的地方	选择有旅游吸引力的地方
地理模式	没有固定模式	地区轮换
筹会时间	时间短	时间较长
支付方式	公司账户	个人账户
取消风险	较小	较高,普遍有惩罚条款
到达/离开	较少提前到达或离开	很可能提前到达
价格(会议主办者)	不太敏感	很敏感,一般是优秀的谈判者
旅游部门参与	很少与旅游主管部门联系	经常邀请旅游主管部门,尤其是全城性的大会

3. 其他组织会议旅游

在会议旅游领域,还有许多不属于公司类和协会类的会议主办者也经常开展旅游活动,这类旅游可以统称为其他组织会议旅游,主要包括政府会议旅游、工会和政治团体会议旅游、慈善机构会议旅游等。

这类会议的典型代表是政府类会议旅游,其会议次数、规模、消费标准基本固定,如中央和国家机关召开的全国性会议,会期不得超过三天,与会人员最多不超过 300 人。政府类会议旅游会址选择范围大、层次高,并伴有相当数量的 VIP 接待,同时会议组织周密细致,对酒店的接待能力和服务水平有较高要求。

(二)按会议规模

一般而言,根据会议的规模,即与会者人数来区分,可以将会议旅游分为小型会议旅游、中型会议旅游、大型会议旅游和特大型会议旅游。

(1)小型会议旅游,出席会议人数不超过 100 人。

(2)中型会议旅游,出席会议人数为 100—1000 人。

(3)大型会议旅游,出席会议人数为 1001—10000 人。

(4)特大型会议旅游,出席会议人数在 10000 人以上,如节日聚会、庆祝大会等会议旅游活动。

(三) 按会议的性质和内容划分

根据会议的性质和内容不同,可将会议旅游分为以下七种。

(1) 年会旅游。年会是指某些社会团体一年举行一次的集会,是企业和组织一年一度不可缺少的"家庭盛会",主要目的是激扬士气、营造组织气氛、深化内部沟通、促进战略分享、增进目标认同,并制定目标,为新一年度的工作奏响序曲。年会可以单独召开,也可以附带展示会等形式召开,多数年会是周期性召开,最常见的是一年一次。由于年会参会者较多,因此往往需租用大型宴会厅或会议室,分组讨论时需租用小型会议室。

(2) 专业会议旅游。专业会议的议题往往是具体问题,与会人员就其展开讨论,可以召开集中会议,也可以分组讨论,规模也可大可小。

(3) 代表会议旅游。代表会议通常在欧洲和国际活动中使用,本质上与专业会议相同。

(4) 论坛旅游。论坛是指被专题讲演者或被专门小组成员主持并以有许多反复深入的讨论为特征的会议。其特点是可以有很多听众参与,随意发表意见和看法,不同讲演者可持不同立场对听众发表演讲。主持人主持讨论会并总结双方观点,允许听众提问,所以论坛会议必须准备多个话筒。

(5) 座谈会、专题研讨会旅游。座谈会和专题研讨会除了更加正式以外,与论坛会议是一样的。此类会议与会者有许多平等交换意见的机会,研讨会通常在主持人的主持下进行。其最大特征是面对面商讨和参与性强。

(6) 培训类会议旅游。培训类会议需要特定的场所,往往需要少则一天,多则几周的时间进行。会议内容高度集中,且需要某个领域的专业培训人员讲授。

(7) 奖励会议旅游。奖励会议的对象通常是各企业团体中千挑万选出来的有功人士。企业为鼓励及特别感谢这些优秀人才,才会精心策划奖励会议旅游。外商公司(美商、欧洲商、日商等)会议旅游观念成熟,经常举办奖励会议旅游活动,而一般海外的奖励会议旅游较受员工的欢迎。

(四) 其他划分方式

(1) 按会议代表的范围划分。按照会议代表的范围不同,会议旅游可分为国内会议旅游和国际会议旅游。

(2) 按会议举办时间的特点划分。按照会议举办时间的特点划分,会议旅游主要分为固定性会议旅游和非固定性会议旅游。

(3) 按会议的主题划分。目前,比较常见的有医药类会议旅游、科学类会议旅游、工业类会议旅游、技术类会议旅游、教育类会议旅游和农业类会议旅游等。

三、会议旅游的现状与发展趋势

(一) 会议旅游的现状

从国际方面看,进入21世纪,会议旅游业呈平稳发展趋势。会议旅游巨大的经济收入和社会影响,使其成为全球经济的重要新兴产业之一。在德国等会展业发达的国家和地区,会展业对经济有很高的带动作用。但是,会议旅游在世界各国和各城市的发展是不均衡的,主要集中在欧美发达国家和地区。

从国内方面看,会议和展览关系密切,往往展中有会,会中有展。特别是国际性的会议,一般以会议为主,但是会议的同时总要结合一些商业化的展览活动;而国际性的展览会虽然以展览为主,但展出期间研讨会、专题会等会议也越来越多。

从20世纪末开始,中国的会展业快速发展,已经形成了五个会展经济带,即环渤海会展经济带、长三角会展经济带、珠三角会展经济带、东北会展经济带和中西部会展城市经济带。

会展旅游发展迅速,已成为国民经济的增长点。现代意义上的会展概念起源于欧美发达国家,在经历了百余年的发展之后,如今已成为一个庞大的产业,并且有力地推动了世界经济的发展。

会展业还在不断创造着神话,博鳌效应就是其中的一个。博鳌建成国际会议中心后,以其良好的生态、人文、治安环境,吸引了众多海内外会议组织者将会议安排在博鳌召开,而且每天前来旅游度假的人更是络绎不绝。北京、上海、广州等已成为国际会展中心城市。会展旅游作为都市旅游的重要组成部分,其发展不仅需要良好的会议、展览场馆、完备的城市基础设施,而且还要有较好的城市总体环境和国际交往的综合能力。我国的北京作为首都、上海作为中国最大的城市、广州作为改革开放后经济发展迅速的大都市都具备了发展国际会展业的优势。

随着我国经济的发展,世界的眼光聚焦中国,我国在国际会展旅游中的地位越来越重要。在会展旅游的发展中,展览旅游由于规模较大、人数众多、短期经济效益明显,受到国内普遍关注,而会议旅游则没有引起足够的重视。

(二)会议旅游发展趋势

纵观国内外会议旅游发展,随着世界经济一体化进程的加快、科学技术的进步、市场竞争的加剧等,可以预测,会议旅游将会呈现出一些新的特点和趋势。

1. 会议旅游全球化进程加速

随着经济全球化和国际一体化趋势进一步增强,越来越多的会议活动走向海外,并以前所未有的速度向世界各个角落扩展。会议旅游活动的主题更多地与全球化问题相关,并且国际会议旅游的参与国不断增多,全球参与的会议旅游活动进一步增加。

2. 会议旅游的国际竞争日趋激烈

随着欧美以外地区的经济迅速崛起,参与国际会议旅游市场竞争的国家越来越多。各国都十分重视会议旅游产品的开发,并极力开展会议旅游促销,从而加剧了会议旅游业的国际竞争。此外,越来越多的会议旅游企业进入国际市场,它们把眼光瞄准全球,参与全球市场的竞争,谋求更大的发展机会。会议旅游企业的国际化程度不断提高,甚至已经渗透他国国内会议旅游市场。国外会议旅游企业加入一国内部的行业竞争,表明会议旅游业的竞争已经发展到一个新的高度。

3. 会议旅游的价格竞争趋强

众多的国家、地区和企业纷纷加入会议旅游产品供给的行列,使会议旅游市场成为竞争激烈的买方市场。在这样的市场格局中,价格往往是取得竞争优势的重要手段。可以预见,未来的会议主办者在选择会议举办地和会议旅游企业时,将更注重价格因素。

4. 会议举办地逐渐向中小城市过渡

由于许多大城市的旅游费用上升、交通拥挤、环境嘈杂,更多的会议主办者把目光转向中小城市。这些被称为"二级城市"的会议举办地,虽然尚不具备接待超大型会议旅游活动的条件,但是是中小规模会议旅游的极佳举办地。这些城市一般都具有环境优美、旅游资源独特、民风古朴以及地理位置较好等特点,会议向休闲度假发展已变得越来越时髦的今天,更多的会议旅游者愿意前往这样的会议旅游目的地。

5. 会议旅游与展览、奖励旅游融合发展

越来越多的会议旅游活动中伴有展览活动,而许多展览旅游活动中也举办一次或一系列的相关会议,会中有展、展中有会的旅游形式越发常见,会议旅游与展览旅游的交融已成为一种趋势。同时,会议旅游与奖励旅游相结合的特点更为鲜明。一方面,会议主办者在筹备会议和选择会址时,往往兼顾奖励旅游的需要,以便会前或会后安排奖励旅游活动;另一方面,奖励旅游过程中大都穿插了以激励、表彰员工为目的的会议活动,约有80%的奖励旅游包括会议。

6. 会议旅游的技术含量逐渐增加

会议旅游活动对现代化技术的要求越来越高,网络技术、多媒体技术的最新成果在会议旅游活动中得到广泛运用。由于电脑、通信设备等更新换代极快,会议旅游设施要随时紧跟最新的科技潮流,才能不断满足会议旅游者的需求。

7. 会议旅游内部合作趋势加强

会议旅游业内部合作主要表现在具有相同市场范围的各会议旅游企业开展合作式营销和服务。在会议旅游接待方面,酒店、会议中心、旅行社等各类企业将更多地联手协作,建立紧密的合作关系,利益均沾,并形成一条龙服务。

就我国的会议旅游来说,总体上仍处于发展阶段,与世界发达的会议旅游大国相比,无论是在数量、规模,还是收入方面,均存在差距。可见,我国会议旅游业的现状和我国的资源条件,以及政治、经济以及旅游大国的地位并不相称。但是,我国发展会议旅游有着巨大的潜力,表现在以下方面。

(1)我国经济将保持持续快速增长。

(2)我国的综合国力不断增强,在国际事务中的作用越来越显著。

(3)我国拥有丰富的旅游资源和日臻完善的旅游设施,并逐步向世界旅游强国的目标迈进。

(4)我国所处的亚太地区将成为世界经济和国际贸易的中心,会议旅游活动将会更多地集中在这一地区进行。

任务三　会议旅游的运作过程与产品开发

一、会议旅游的运作过程管理

(一) 会议旅游的阶段

1. 会前工作

(1) 与会议主办者洽谈。

(2) 向会议主办者提供会议接待策划方案和报价。

(3) 邀请会议主办者实地考察会议举办场所。

(4) 与会议主办者确认会议接待方案。

(5) 与会议主办者签订会议接待标准合同。

(6) 预订酒店、交通票,并做好相关旅游安排。

(7) 在会议举办前制定会议工作人员服务标准条例及会议接待手册。

(8) 准备会议资料(如新闻通稿、接待资料),代邀请相关领导、新闻媒体,提供会议配套的商务服务及公关礼仪、翻译、通信及文秘服务。

2. 会中接待

(1) 机场、码头、车站:专人、专车分批分时段按要求接站。

(2) 会议酒店现场:会议秘书分发会议资料,接待来客。

(3) 会议秘书协助会场布置及会场的会务服务。

(4) 会议秘书在会议接待(报到)处协助会务组确认和分发房卡,确认VIP用房及整理记录有关信息,协助分发会议礼品及派送房间水果等。

(5) 确认用餐时间、菜单、标准、形式、酒水和其他相关安排等。

(6) 确认旅游公司为该会议提供的旅游考察的食、住、行、游、购、娱安排事宜。

(7) 确认特殊客人(如领导、少数民族代表、VIP、残障人士等)的安排及接待工作。

(8) 协调会议期间的交通工具的安排。

(9) 代办参会人员返程的交通票务及其他委托代办服务。

3. 会后总结

(1) 会务服务的总结、评估,参会人员的意见反馈及处理工作。

(2) 会议资料、领导讲话稿、代表发言稿、新闻报道资料等的汇总工作以及编制会议名录。

(3) 与会议主办者的费用结算工作。

(4) 欢送参会人员的工作。

(二)会议旅游的实施过程

1. 会议旅游目的地的推荐

我国的会议策划者一般会较多地选择风景区作为会议举办地,如海南的三亚、云南的昆明、山东的青岛、四川的九寨沟、安徽的黄山等,也有很大一部分会议被安排在大都市。国内的会议策划者选择会议举办地主要考虑以下因素。

(1)会议类型。一般来说,大型会议会选择在大都市举办,主要是便于安排食宿;举办培训活动的最佳环境是专业培训中心或旅游胜地的培训点,在这里通常能提供专门的服务人员和设施;研究和开发会议需要有利于沉思默想、灵感涌现的环境,因此需要比较安静的场所,多选择郊区酒店;企业经销商年会或其他性质的年会的会议地点一般将根据会员的品位,选在一些风景名胜区;一些重大的奖励、表彰会议则会选择在有较高知名度的会场举行(如人民大会堂),以匹配其非凡的意义。

(2)举办地的知名度。仔细观察可以发现,国内频率高的会议举办地往往是知名度高的旅游地或都市,这与国内参会者的个体行为有关。国内参会者的费用一般由所在单位支付,他们可以通过参会获得免费旅游的机会,因此会趋向于选择知名度较高的旅游地或都市,很多年会之所以每年在不同的地方举办,就是为了满足会员们的旅游需要。

(3)预算。会议通常可以分为营利性和非营利性两类,营利性会议是指通过会议的举办,主办方直接从会议中获取一定的利润;非营利性会议则不以会议营利作为直接目的,如政府会议、专业学术会议、经销商会议等。对于非营利性会议,会议策划者将在会议主办方的总体预算的基础上进行项目预算分解,确定会议项目的内容,然后选择与会议预算相当的举办地。营利性会议的策划者则要充分考虑潜在参会人员的可接受费用预算,据此选择合适的会议举办地。

同样,在考虑会议举办地时,会议策划者也会将交通、安全、会议设施、服务质量等因素考虑在内,但对食品、酒店及结账程序的效率等考虑得较少。

2. 酒店的选择

(1)按酒店类型来选择:①商务型酒店。这类酒店专为商务活动而设,一般来说商务型酒店的各项配套设施都比较全面。其设计装修、通信设备的配套、会议活动场地的设计和布置都充分地体现现代商务高效、快捷的内涵。此外,酒店还配有多个中、西式餐厅,健身房,游泳池等设施。这类酒店的服务能力较强,一般多用于商务考察活动。②度假型会议酒店。这类的酒店选址多见于环境优美且靠近景点的地方,设计更加倾向于休闲风格,是景点观光以及训练拓展的最佳选择。

(2)按地理位置选择:①位于市中心。便利的交通线是商贸繁荣的一个侧面反映,如果与会者来自国内或本地区,那么选择这样的酒店能极大地方便大家的出行。会议策划者一般喜欢选择设施和功能齐全的市中心酒店,这样与会者的随行家属便有很多活动可做。有些被公认为服务一流、口碑良好的酒店常常成为会议策划者的首选会议场所。②位于郊区。将会议地点选择在郊区度假酒店的话,可能会面临出行方面的问题,却能满足以度假休闲为主的会议旅游活动,度假酒店内配套的各项娱乐设施让它虽然位于郊区,却依然广受欢迎。

3. 餐饮的安排

（1）统计参加会议旅游的人数；了解参加会议旅游人员的基本情况；研究当地餐饮情况。

（2）制定饮食工作方案。饮食工作方案的内容主要包括就餐标准、时间、地点、形式，以及就餐人员组合方式、就餐凭证等。

（3）预订餐厅（也可在非住宿的酒店预订）。

（4）商定菜谱。要考虑的因素有经费预算、营养水平、饮食习惯、地方特色风味。

（5）餐前检查。围绕食材质量、卫生状况等进行。

（6）餐饮主题设计。在安排餐饮服务时，要精心策划餐饮的主题。主题节目可以是乐队表演等。如果预算允许，可以进行特别设计，有时也以当地特色文化作主题。

4. 旅游产品的设计

与会者作为会议旅游当中的旅游者，具有不同于一般旅游者的特点，他们的商业意识强、文化素质高、消费力度大且时间观念强。他们参加旅游活动，通常有很强的独立性，不愿受人支配，旅游也只是发生在会议之后，只是就近或顺道旅行，追求的是放松、自由自在。因此，可以设计与会议主题相关的产品，也可选择综合性的具有地区特色的产品。

首先，会议旅游产品要符合旅游者的需求。由于这类旅游者受教育程度比较高，相对于传统的观光旅游，生态旅游、高科技旅游以及一些参与性极强的旅游项目对他们的吸引力更大些。鉴于会议一般在经济比较发达的大城市举行，可以根据目的地商业性极强的特点，推出投资考察游等专项旅游产品。在旅游过程中，旅行社可以安排专业咨询，提供当地的市场行情、法律法规及经济政策等方面的信息，还可根据这些旅游者独立性极强的特点，推出半包价、小包价等多种形式的旅游产品，使会议旅游者能够根据自身需要，机动灵活地选择相应的旅游产品。此外，产品要以半日游、一日游、二日游这种短、中线游为主，以配合他们的会议行程。

其次，会议旅游产品要结合当地的文化特色。区域文化都具有自身区别于其他文化的特征，因而形成了"一方风物一方人"的鲜明个性。一般说来，会议旅游者文化品位比较高，到异地旅游是想领略异地风情，因此，旅行社在开发旅游产品时应把具有地域特点的文化资源、文化特色利用起来。

最后，旅游接待计划要周密，车辆和食宿要落实好，参观游览和购物环节要安排稳妥，游览活动要安排专业导游，如果是外事活动，应事先提醒，避开政治等敏感话题，尊重当地习俗等。

二、会议旅游产品的设计与开发

（一）会议旅游产品的定位

市场分析与定位是进行产品开发的重要前提，会议旅游产品也不例外。产品定位的正确与否，将直接关系到会议旅游产品开发的成败，因此，在设计会议旅游产品之前，进行产品定位是非常有必要的。

第一步,找位,即确定满足谁的需要,也就是选择目标顾客的过程。根据举办机构不同,可将会议划分为协会会议、公司会议、国际组织和政府会议。因此,会议旅游的目标客户可以在协会、公司、国际组织和政府中寻找。

第二步,定位,即确定满足什么需要,也就是把握市场需求的过程。会议旅游市场与普通的观光、度假等消闲旅游市场相比较,有不同的需求特征,为了给产品找到准确的定位,旅游企业需要进行深入的市场调查和研究,以便掌握会议旅游者的需求特征,有针对性地设计会议旅游产品。

(二) 会议旅游产品的开发原则

(1) 会议旅游产品要符合会议旅游者的需求。产品的设计是以需求为前提的,是围绕需求展开的。会议旅游者的需求决定着旅行社产品的开发方向。从会议旅游者的分类中可以发现,不同的会议旅游者的行业背景不同、所参与会议的主题不同,所以需求也不同,因此应根据他们的需求推出新产品,使旅游产品符合会议旅游者的需求。

(2) 会议旅游产品要具有多样性。需求的多样性决定了产品的多样性,旅游产品要符合会议旅游者的需求的特点决定了会议旅游产品具有多样性的特点。会议旅游者的受教育程度高、独立性极强,所以开发者提供的产品应该具有较强的可选择性,给旅游者自由选择的余地。

(3) 会议旅游产品要考虑到时间性。会议旅游者出行的主要目的是参加会议,参加旅游活动只是附带的,因此一般时间观念较强。所以,旅游产品在时间安排上不宜太长,应以半日游、一日游、二日游的短线游为主,让会议旅游者能根据自身需要选择到合适的旅游产品。

(4) 会议旅游产品要注意结构优化。会议旅游产品结构优化原则就是以会议目的地旅游资源为依托,以市场需求为导向,实现会议旅游产品多样化、系列化和品牌化。这主要体现在两个方面:一是食、住、行、游、购、娱等各类旅游产品开发统筹兼顾,使其协调发展;二是多档次会议旅游产品兼顾,使豪华型、标准型、经济型多档次的会议旅游产品比例适当,满足各类旅游者的需求。

(5) 会议旅游产品要结合当地的文化特色。特色是旅游的灵魂,文化是特色的基础。只有融入了文化的旅游产品价值才更高,一般来说,会议旅游者的文化品位比较高,因此,旅行社开发会议旅游产品时要充分重视具有地域特点的文化资源和产品的文化结构。

(三) 旅行社会议旅游市场的开发

长期以来,旅行社作为信息沟通的桥梁,同交通、酒店、餐饮、景区等相关部门保持着密切的合作关系。如果将旅行社的这些优势引入会议旅游当中,将会减少许多中间环节,从而使会议与旅游达到互动和双赢。况且,伴随着旅游业的发展,我国旅行社已经涌现出大量服务质量一流、具备一定规模且实力雄厚的旅游集团。这些旅游集团拥有开展大型团队旅游活动的丰富经验,完全有能力承担各种国际或国内会议的招待、接待业务。

首先,明确市场定位。通常情况下,从会议的举办机构角度看,各行业协会、公司、国际组织和政府单位是产生会议旅游者的主要目标市场,旅行社应该根据自己所掌控的食、住、行、游、购、娱等资源要素和自身的经济、人力等实力条件,明确自己的市场定位,选择相应的会展旅游产品细分市场,明确自己的旅游会展业务的拓展方向和范围,有针对性地开发会议旅游产品,打造自己的产品特色。

其次,提高竞争力。旅行社可以通过内部结构调整,实现专业分工。拓展会议旅游业务是旅行社开辟新市场的有效举措,也是避免恶性竞争的有效途径。但是旅行社应积极进行内部结构的调整,实现企业之间的良好分工,才能更好地拓展这一业务。具体来讲,旅行社应凭借自身的优势力量,根据对会议旅游市场的细分,明确市场定位。如大型旅行社可凭借其广泛的营销网络和接待体系为参会人员提供全程服务;商务旅行社凭借其与企业的紧密关系,为企业提供"量身定做"的专业服务。旅行社还可以加大培养和引进专业人才的力度。旅行社并不是简单地对现有的旅游产品进行销售,而是需要专业化的人员对产品进行整合、销售。旅行社在会议旅游业务方面的拓展,也同样需要高素质的会展专业人才,因此,旅行社应该在现有人才的基础之上,做三点优化:一要加强在职人员培训,通过定期的培训,提高旅行社对会议旅游的策划、服务、管理和现场操作水平;二要与高等院校合作,引进大量专业人才,提高内部效益;三要加快人才引进,可直接从国外引进专业精英,吸取先进的会展管理经验,推动旅行社内会议旅游业务的开展,为会议旅游业务的拓展提供智力保障。

再次,开阔会议旅游产品开发的思路。旅行社在开发会议旅游产品时,应以市场需求为出发点,通过对产品系统内各种结构的最优调控与创新,使产品保持最佳水平,引领和创造会议旅游消费,从而提高旅行社的整体运行效率和经济效益。旅行社会议旅游业务的拓展思路包括三个方面:一是开发全新的产品,增加并丰富产品种类;二是对现有产品进行更新改造,改善已有产品功能,扩大服务范围,包括对现有会议旅游产品结构的调整完善、协调改善等;三是提高服务质量,提升产品品牌价值,打造产品特色,塑造良好的企业形象。总之,旅行社会议旅游产品的开发不能拘泥于一种或某几种形式,应以市场需求为出发点,开拓产品开发的思路,尽量做到产品的多样化,增加产品的吸引力。

最后,注重公共关系的开拓与维护。旅行社在进行会议旅游业务拓展时,既要协调好与饭店、餐饮、交通、娱乐等部门的关系,为旅行社基本的业务服务提供保障,又要加强与政府的联系,积极争取大型会议的接待工作,尤其是国际性大型会议的举办权和政府的支持。同时,旅行社可通过利用自身在食、住、行、游、娱、购等方面强大的供应和促销网络,为国际会议提供翻译、导游、组织和接待等服务,加强与会议公司合作,有效扩大知名度并提高企业竞争力。此外,旅行社还要注重与参会者的沟通联系,建立客户档案,加强对客源的预测能力,对市场促销的引导和支持力度,做好客户的维系工作。

旅行社可积极申请加入国际专业组织,并利用其在国内外长期合作的伙伴,多渠道搜集会议的相关信息,招徕客户。加入会议业有关的国际协会,成为他们的成员,充分地利用各种机会,了解世界会议旅游市场新趋势和新发展,对旅行社融入国际市场,参与竞争并在竞争中与国际接轨具有重要意义。全球最主要的会议协会有国际会议协会、国际专业会议组织者协会、会议策划者国际联盟、国际协会联盟、亚洲太平洋地区会议联合会等。

任务四　进博会促进对外开放与教育发展

举办中国国际进口博览会(简称进博会),是中国主动向世界开放国内市场的重大举措,体现了中国扩大开放、支持经济全球化和推动建设开放型经济的决心。举办进博会是新形势下中国开放型经济发展新阶段的必然要求,对我国应对国际贸易摩擦和促进新一轮高水平对外开放具有重要意义。

一、进博会促进中国经济均衡发展

改革开放以来,我国开放型经济发展水平不断提高,为经济增长提供了重要动力。在此背景下举办进博会,可以起到两个作用:一是可以让世界各国看到中国坚持全面对外开放、坚持推进经济全球化、坚持多边主义的决心和行动;二是释放我国坚持对外开放的基本态度,展现我国全面对外开放的胆识和魄力。

举办进博会成为推进供给侧结构性改革的重要举措,有助于推动我国外贸格局的平衡发展。一方面,国外高端最终品进口的增加有助于满足人民对美好生活的向往和需要;另一方面,增加进口对改善国内生产要素的供给有非常积极的作用,有利于我国充分高效利用国外生产要素,优化资源配置效率,还可以提升产品质量,提升中国企业创新水平和产业竞争优势。基于进博会的相关机制安排,我国外贸格局发展将得到进一步平衡,包括进出口平衡、进口产品平衡以及进口的国家和区域平衡等。以进博会为平台,可以更多地从"一带一路"沿线国家和发展中国家进口货物,有效降低我国进口对象国的集聚度和对少数国家的进口依赖度,使进口的区域与国别结构更加平衡。

总的而言,相对于过去我国对外开放主要是通过开放国内要素市场、积极引进外资、大力发展出口贸易这种形式,未来我国可以在利用国外人才、资源、资本等各类要素方面更加主动。因此,进博会的举办正是我国开放型经济更加主动的体现,标志着中国经济发展稳出口基础上增进口的新态势的形成,具有重要的现实意义。

二、进博会创造我国高水平对外开放的机遇

(一)产品层面

(1)促进我国全领域、全产品的深入开放。进博会对我国进口的贡献不断提高,促进我国全领域、全产品开放格局的形成。现阶段,进博会货物贸易主要包括食品及农产品、消费电子及家电产品、服装服饰及日用消费品等,涉及的领域基本比较全面。但我国目前在某些领域的进口条件仍然较高,比如金融服务、汽车等,这也导致了大量消费外流。所以,进博会这个平台有望把进口产品拓展到更大范围和更深的领域。

(2)培养形成我国对相关国际产品的定价权。我国是进口大国,但是一直缺乏对国际

产品特别是大宗产品的定价权。作为全球重要的商品进口国,由于在商品定价权方面没有控制力,我国深受全球商品价格波动带来的负面影响。近年来,中国进口体量不断扩大,各类期货市场不断设立,人民币国际支付和定价规模不断提高,这些都在中国争取全球商品定价权方面起到了非常重要的积极作用,为其积累了较好的基础。进博会有助于进一步扩大中国的进口影响力,大规模的中国商家采购也有利于提高中国对国际商品价格的影响。要更好地利用进博会这个平台,还需要在制度层面进一步思考如何提高中国对全球商品的定价权,例如设计一系列产品价格国际指数,形成中国采购商家集体报价制度等。

(3) 利用进博会及时获悉全球新产品的发展趋势。进博会已经初步成为新产品、新技术发布和交易的平台,有助于我国企业发现新技术、新产品。利用进博会这个平台,我们将能够更及时地获取当今科技进步的前沿信息,能够更好地追随乃至引领技术发展的方向,从而更好地贯彻落实创新发展的理念。如果能够更加主动地遴选展出产品,无论是对于参展商还是对于展品,都做到优中择优,将使展区产品更符合未来的产业发展趋势。一方面,遴选的参展企业要具有较高的国际知名度,在所在细分行业或领域的全球销售额和中国的销售额要排名靠前;另一方面,筛选产品时要求所展出的产品是符合境外要求并代表世界前沿的高端产品。通过这种方式,我国企业能够及时获悉全球新产品的发展趋势,从而在生产中更加有的放矢。

(二) 制度层面

进博会是举国家之力举办的,由国务院牵头,而且每年举办一次,这决定了进博会在层级上具有天然的优势,在改革方面具有更多的自主权和能动性。所以,研究如何通过进博会推动完善我国的进口制度,包括产权保护、贸易便利化、通关、关税和非关税壁垒、检验检疫、市场监管等一系列制度的不断完善和优化,可以更好地加强制度建设。

三、进博会促进我国教育发展

教育不仅是进博会的重要参与者,也是直接受益者。进博会对教育意味着开放、创新、服务,带来诸多机遇和启迪。

进博会展示了中国教育开放的姿态。作为世界上第一个以进口为主题的国家级展会,进博会吸引了多个国家和世贸组织等一批国际组织、上千家企业参展,并举办了虹桥国际经贸论坛,规模盛大。

在进博会上,有白俄罗斯的高校、巴西的足球俱乐部、澳大利亚的商学院,它们到中国这片快速发展的教育热土寻找合作机会。这些年,我国不断扩大教育开放,持续促进教育对外开放提质增效,为国内教育发展注入了新活力。进博会正是中国开门办教育的一个缩影。

进博会为教育提供了服务社会的大舞台。作为今年我国四场主场外交之一,进博会体现了国家意志,展现了国家形象。众多高校行动起来,以专业优势为进博会增光添彩。

复旦大学为黄浦江景观制定照明方案,东华大学的设计和同济大学的导航系统为参观者引路,上海理工大学的新技术为海关检测危险物品,上海海关学院为海关事务提供决策咨

询,这些都是高校为进博会提供的科技智力支持。上海高校派出多名志愿者,他们用青春和热情保障了进博会的成功、精彩,也在奉献中收获了成长进步。高校以行动践行了服务社会的宗旨,向进博会交出了优异答卷。

进博会为教育发挥了助推器和练兵场的作用,给教育带来影响和启迪还在延续。在教育的参与下,未来的进博会将更加精彩,教育也将因进博会而获得更多前行的动力。

 实训二

参与当地一个会议的策划,尝试运用策划方法编写策划程序,并讨论、比较策划结果。

项目三

展览旅游

展览旅游是指在交易会、博览会、展览会等会展活动期间，为参与产品展示、信息交流和经贸洽谈等商务活动的专业人士和参观者组织的一项专门的旅游和游览活动，是一种新兴的旅游产品。本项目对展览旅游、展览旅游的运作模式、展览旅游的具体运作管理，以世博会为例进行论述。

任务一 展览旅游概述

展览旅游是在特定的经济背景之下出现的，是随博览会和交易会的发展及旅游业的不断成熟而出现的一种新兴旅游类别。目前，展览旅游是会展旅游中一个重要组成部分，也是会展旅游中发展最成熟的部分。

展览旅游是展览业和旅游业相结合的产物，其真正的意义是让旅游企业发挥行业功能优势，为展览活动提供相关服务，而更高层次的意义则是争取在展览活动以外创造并满足参展者的需求，如游览、购物等方面的需求。为了使展览旅游的概念更加明晰，可以从以下两个方面来理解。

第一，展览旅游是一种旅游活动。从需求而言，展览旅游是指特定的个人或群体到特定的区域参加各种类型的展览会以及可能附带相关的参观、游览及考察内容的一种旅游形式。需要指出的是，展览旅游不是展览业，也不能把所有的展览活动参与者和组展商都当成展览旅游者。

第二，展览旅游属于商业活动的范畴。展览旅游一般都是大型的商务活动，是指因大型国际博览会或交易会而产生的外出商务活动。举办国际展览会，可以扩大举办国的影响，提高举办城市的国际知名度，也可以吸引成千上万的游客前来旅游，促进市政建设，给旅游业、服务业等带来大量机遇。

一、展览旅游的特征与类型划分

（一）展览旅游的特征

1. 逗留时间长

对于参加展览旅游的与会者而言，不仅要参观展品，还要参观游览，相对而言，其逗留时间就要比普通旅游者长一些。同时，参加展览的人员有其固有的特点，无论是可支配收入，还是对旅游接待设施的要求，都要比普通旅游者高很多，这一点在酒店业体现得较为明显。

在展览活动期间，所在地的酒店往往是直接的受益者，其入住率会在短期内得到很大提升，并带动酒店餐饮、商务设施、娱乐设施的使用，大幅度提高酒店经济效益。

2. 信息高效

展览旅游的信息集中主要体现在对实物展品的集中和观展者的集中。一般而言，参展商通过举办展览，会将其展品集中到一个经过特别布置的展厅展览，组展商会通过各种手段和方式将观展者集中到展厅参观。这样，参展商和观展者就可以在展会中集中交流信息，不仅信息量大，而且省时。成功的展览活动往往能使买卖双方当场达成协议、签订合同、办理订货手续。对于较传统的买卖交易，展览会能使双方交易高效、透明和便捷。

3. 主题新颖与艺术性强

"新"是展览的灵魂，在越来越激烈的展览经济竞争中，主题新颖、富有创造力的展览活动往往是最受欢迎的。"新"主要体现在其展品上。当然，"新"并不意味着所有展览都要强调展品的新颖，有些展览恰恰强调的是旧的东西，如文物和考古发现展展览的都是过去时代遗留下来的东西，虽然经过几百年甚至几千年，可它们反映的是过去某一时代的文明，越旧，就越有价值。对于从未睹其尊容的观众而言，这些旧的东西仍然具有"新"的含义。

艺术性强说的是展览自身的艺术性。在一些展会上，组展商会通过运用声、光、电、形、图像等艺术手段，将展馆、环境、展品布置得栩栩如生。这无疑契合了旅游产品极具观赏性的特点，也使展览活动的艺术性体现得淋漓尽致。

4. 潜在旅游者多，现实旅游者少

大型的展览活动会吸引数量可观的与会者前来，但真正能够转化为现实旅游者的则屈指可数。这主要是因为前来参与的人员受到行程安排的束缚，可支配时间较少，不可能参加太多的旅游活动；而有些组展商也没有为与会者安排较多的旅游活动，即使有，与会者的选择余地也很小；同时，举办地的旅游资源品位，也是影响潜在旅游者转化为现实旅游者的重要原因。

（二）展览的类型划分

随着展览的不断发展，不同类型的展览旅游活动有着不同的特点和需求，展览举办地和相关旅游企业要想有针对性地开展展览旅游促销和提供展览旅游服务工作，就要对展览的类型进行科学合理的划分。

在对展览进行分类前，首先应考虑两方面要求：①展览的内容，即展览的本质特征，包括展览的性质、内容、所属行业等；②展览的形式，即属性，包括展览的规模、时间、地点等。展览类型很多，不同的划分标准对应不同的划分结果。常见的划分标准主要有以下几个。

1. 根据展览的内容划分

（1）综合展览会（博览会）。综合展览会主要展览的是人类文明进步的成果，涉及工业制造、自然地理、人文历史等各个方面。目前，世界上规模最大、影响范围最广的综合展览会是世界博览会。

（2）专业展览会。专业展览会往往只涉及某一领域的专业性展出，专业性很强。随着产品服务的细分化和市场竞争的激烈化，此类展览会的专业性会越来越强。

2. 根据展览旅游的地域范围划分

（1）国际性展览会。国际性展览会无论是参展商还是观众，都是来自多个国家。

（2）地区性展览会。地区性展览会一般都是洲际性展览会，规模仅次于国际性展览会。

（3）全国性展览会。全国性展览会的参展商和观众主要来自国内，影响力也只限于国内，类似的展览在我国很多，如全国性工艺品展览会、全国纺织机械展览会、全国建材产品展览会等。

（4）本地展览会。本地展览会的规模一般较小，面向的观众主要是当地和周边地区的企业和市民。

3. 根据展览面积与举办时间划分

（1）根据展览面积划分：①大型展览会。大型展览会指单个展览面积超过12000平方米的展览会。②中型展览会。中型展览会指单个展览面积在6000—12000平方米的展览会。③小型展览会。小型展览会指单个展览面积在6000平方米以下的展览会。

（2）根据展览的举办时间划分：①定期展览。定期展览指的是展览举办时间具有相对固定周期的展览会。②不定期展览。不定期展览是指根据需要和条件举办的没有固定举办周期的展览会。

二、展览旅游的相关行业

（一）展览业

人类的贸易起源于物物交换，这是一种原始的、偶然的交易，其形式包含了展览的基本原理，即通过展示来达到交换的目的，这是展览的的原始形式；随着社会和经济的发展，交换的次数在增加，规模和范围也都在扩大，交换的形式也发展成为有固定时间和固定地点的集市。

展览是因经济的需要而产生和发展的。几千年来，展览的原理基本未变，即通过"展"和"览"达到交换的目的，但其形式一直在更新。当旧的展览形式不能适应经济发展的需要时，它就会被淘汰，被新的展览形式代替。展览的发展取决于经济的发展，并反过来服务于经济。

展览旅游被看作现代市场经济条件下新生的旅游形式，属于第三产业中的现代服务业。

展览旅游与展览业息息相关,不可分割。按照展览旅游的定义,只有有了展览活动才有展览旅游这种特殊的旅游形式,而展览业的兴衰则关系到展览旅游的这种旅游形式的发展。

展览业作为"无烟工业"和服务贸易的主要组成部分,是促进技术进步和贸易交流的利器,发展十分迅猛。科技进步给展览业带来了发展的动力,展览业依靠科技的驱动得到巨大的发展。工业革命和产业革命扩大了世界的生产规模和市场规模,为展览业开辟了广阔的发展空间。展览会是科技产品的销售前端,科技毫无例外地被应用于展览业。而科技进步将进一步缩小通信和交通的距离,展览也将面临合作与竞争共存的选择。

（二）旅游业

展览旅游作为一种旅游形式,与旅游业的关系更为紧密。可以说,展览旅游是展览业与旅游业相结合的产物,将展览业和旅游业这两个行业有机地联系起来。展览旅游的开展需要以发达的旅游业为背景。旅游业的兴旺发达是办好展会的必备条件。

旅游业是全球性的,它已成为世界上发展势头最强劲的产业。旅游业是以旅游资源和服务设施为条件,为旅游者在旅行游览中提供各种服务性劳动而取得经济收益的经济部门。旅游业作为综合性的经济事业,其构成涉及了社会经济中的许多部门。它的基础经济活动由旅行社、旅游饭店和旅游交通三大部门组成。

旅游作为人们的一种活动,在古代就已存在,它是伴随游览、商业、探险以及文化交流等活动进行的。随着社会生产力的发展、人们生活水平的提高,旅行游览活动成为人们生活中的一部分,旅游业比较迅速地发展起来。交通工具的改善,更促进了旅游业的发展。

由于社会劳动生产率的提高和经济的发展,个人的支付能力有了提高,人们的消费构成发生变化,旅游日益成为人们生活中的一种需要。人们的娱乐生活丰富,使旅游活动日益大众化。旅游业在世界许多国家迅速发展起来,并成为一些国家和地区的重要经济支柱。

旅游业的发展以整个国民经济发展水平为基础并受其制约,同时又直接或间接地促进国民经济有关部门的发展,如推动商业、饮食服务业、旅馆业、民航、铁路、公路、邮电、日用轻工业、工艺美术业等的发展,并促使这些部门不断改进和完善各种设施,增加服务项目,提高服务质量。随着社会的发展,旅游业日益显示出它在国民经济中的重要地位。

传统旅游业以旅游资源作为吸引物招徕旅游者。旅游资源的丰富与否以及开发、利用和保护的程度,成为旅游业兴衰的关键。旅游业具有季节性强的特点,多受气候和假期的影响,淡旺季差异很大,虽然利用价格调节可以使供求矛盾在一定程度上得到缓解,但是这种影响却不能消除。而展览旅游作为商务旅游的一种,一般不受旅游淡季制约,发展展览旅游可以使旅游业在淡季不受较大影响。因此可以说,展览旅游为旅游业注入了新的活力。

（三）旅行社与酒店业

旅行社是在旅游者和交通住宿及其他有关行业之间,通过办理各种签证、中间联络、代办手续以及为旅游者提供咨询、导游、组织安排等服务而获得收入的机构,是现代旅游业的一个重要组成部分。

作为一个为旅游者提供食、住、行、游、购、娱等服务的综合型服务企业,旅行社在不同国家、不同地区的旅游者与旅游经营企业之间架起了一座桥梁,在全球性旅游业的发展中起着重要的作用。旅行社的产生是社会经济、技术以及社会分工发展到一定阶段的直接结果,同时,也是旅游业长期发展的必然产物。

酒店业是旅游产业最重要的支柱之一,酒店业利润率的下降,会导致旅游产业整体经济效益下滑,这一系列状况在传统旅游城市中表现得尤为明显。因此,酒店也有必要寻找新的经济增长点。虽然休闲旅游者代表着饭店业的较大消费群体,但是那些经常出差的展会代表也是为饭店业带来利润的重要客源群。因此,利润丰厚的展会市场正成为酒店业越来越重要的、争夺激烈的目标市场。

三、展览旅游的主体与要素

(一)展览旅游的主体

展览旅游作为以参展和观展为主要内容的旅游方式,是商务旅游的一种,由于其对举办地的要求颇高,一般要求基础设施好、经济发展水平较高,因此也可以作为都市旅游的一部分。展览旅游是由参展或观展为中心环节和除此以外的其他参观考察、旅游、购物、娱乐等环节构成的。从展览的主办者角度看,虽然他们举办的是一次展览会,而不是展览旅游,但是客观上他们却为人们提供了进行展览旅游的实质性内容。从展览的参展者和参观者角度看,其目的是参加展览,达到交流信息、宣传产品、贸易洽谈的目的,同时可以在展览举办地进行其他旅游活动,他们参加展览的整个行程构成了一次展览旅游。从展览旅游的全过程而言,它包括以下参与主体。

1. 消费者与组织者

展览的参展商和参观者是展览旅游的消费者。参展商出于商务的目的,把展览会视为一个展示他们的产品或服务、交流信息、促进贸易的机会,他们主要履行的是参展的程序,即得到展览信息—通过参展说明书与主办方接触—做出参展决定—向主办方预订场地—被介绍给展览服务承包商—按照展览服务手册的规定购买或租赁其他服务和材料,如展位标牌或装修等。但是无论哪种参观者,他们的展览旅游从他们离开出发地就开始了,直到他们回到出发地。

展览组织者是展览运作过程的主要参与者,负责展会的组织、策划、招展和招商等事宜,在展览事务中处于主导地位。我国的展览组织者一般分为主办者和承办者,同时还包括协办者和支持者等,它们在法律地位与职责上有明显区别。由于我国目前缺乏专门的展览法对其加以规定,也缺乏对专业展览组织者资格的认定和公认的展览市场准入条件,展览组织者呈现较宽泛、复杂的多元化特征。我国展会的主办者主要包括各级政府部门、各类行业商会、协会组织、社会团体组织,而专业性的展览企业或事业单位一般是展览项目的主要承办者。

专业展览企业主要是指参与展览项目承办的各种性质和组织形式的展览公司、会展公司、展览服务公司等,一般不包含各种仅对展览项目提供设计、搭建、现场设备租赁等单一服

务的设计公司、策划公司、服务公司。专业展览企业按照所有制可分为：①国有展览公司。国有展览公司主要集中在各地外经贸系统和贸促会系统，也包括其他一些政府部门或行业协会组建的展览公司、国有集团所属展览公司、国有展览中心所属展览公司等。②民营展览公司。民营展览公司近年来发展较快，数量众多，但实力普遍弱小。③外资展览公司。外资展览公司是指国外展览公司，以及它们的合资公司、办事机构等。

2. 交通服务供应商

旅游离不开交通。"行"是旅游的六大要素之一，对于展览旅游也是如此。在展览旅游中，参展商和参观者必定要发生位移，交通运输服务商就要为他们提供交通运输服务，促成这种位移的实现。展览旅游中的交通运输服务商不包括为展览运送展览物品和展览器材等的运输服务提供者。交通运输服务商包括航空、铁路、公路、航运等企业和部门。

参加展览旅游的人在出发前都会事先安排好旅游中的交通事宜，参展商往往会由展览活动的组织者安排往返交通，甚至是展览前后或期间的旅游考察交通。若展览活动的组织者没有为参展商安排交通，则要由参展商自己安排交通事宜或者通过旅游中介机构。

3. 餐饮服务供应商

展览旅游参与者除了需要"行"的服务外，还需要"食""住"方面的服务，这也是旅游六大元素的内容。"食""住"的提供商一般是酒店、饭店、旅店等住宿和餐饮单位。同交通服务一样，餐饮、住宿服务可以由展览主办者或其指定供应商提供，也可以由参展者和参观者自己通过中介预订。同交通运输服务供应商不一样的是，展览旅游中涉及的餐饮和住宿供应商都是展览旅游中的主体，它们包括了为展览本身服务的餐饮和住宿服务供应商。

（二）展览旅游的要素

第一，参加展览会的客商必须有空间的移动，即人们通常所说的"行"——借助旅游交通工具，离开自己常驻居住之地，到达举办展览会的地方。

第二，参加展览会的客商到达展览会目的地之后，不可避免地要使用旅游住宿设施，如宾馆、旅店等，并在展会期间，甚至展会结束留下来从事旅游以及与旅游相关活动时，都会继续使用旅游住宿设施。

第三，人不可能不食，参加展览会的客商与其他游客一样，在到达展览会目的地之后，会根据自己的生活习性，决定使用什么样的旅游餐饮设施。

第四，对参加展览会的绝大多数客商，尤其是外国外地客商而言，展览会目的地丰富绚丽的人文景观和吸人眼球的自然景观会让他们产生巨大的旅游动机，促使他们在展会期间利用闲暇时间，甚至在展会结束留下来从事旅游活动。

第五，娱乐是游客在旅游活动中必不可少的活动项目，它体现了现代人喜爱娱乐生活的特点。展览会繁忙、紧张、压力大等特点，使得客商们需要在娱乐的氛围中放松。而展览会目的地往往具有丰富的娱乐设施。这些都会促使展览会客商一有机会和时间，就会参加一些自己所喜爱的娱乐活动。

第六，购物往往是游客在旅行中最喜爱的活动。

从理论而言,展览同样具有旅游的"六要素"。它不仅促使展览客商游、娱、购,还对由此在旅行服务、餐饮和住宿等方面产生了更大的需求。

任务二 展览旅游的运作模式

一、展览旅游的基本运作模式

展览旅游的发展依靠相应的内因和外因,内因是旅游发展情况,外因是展览活动的开展情况。在具体运作过程中,展览旅游的实施主要依靠展览旅游的组展商、参展商和观展者,这三方面是展览旅游发展的基础和条件。

展览旅游的组展商在整个展览旅游运作中处于主导地位,他们在参展商和观展者之间起到桥梁作用,并提供相应服务,满足参展商和观展者在展览旅游活动期间的各种需求。而参展商和观展者是展览旅游的主体,其对展览旅游的满意程度直接关系到展会的成功与否,如果参展商和观展者对展览旅游保持支持和信任的态度,则能实现展览旅游参与各方的共赢。

第一,专业展览公司承接展会。展览旅游的组展商将展览旅游承包给专业展览公司,由展览公司对展览旅游活动进行策划、组织,同时在展会前进行营销和宣传,展台设计、搭建,展品的运输等工作。作为展览旅游的一个重要内容,开发设计能够反映当地特色的展览旅游产品也是展览公司需要认真考虑的方面。

第二,专业展览公司主办展会。一些实力雄厚的专业展览公司可以直接主办或承办展会,不仅可以使展览旅游活动更加专业,也能给公司创造更多的效益。

第三,组展商主办展会。部分展览旅游组展商可以独立完成展会的策划和组织,同时在展会各个阶段完成对参展商和观展者的接待和服务工作。一些处于创办初期的展览旅游活动,往往由当地政府等主办单位提出展览旅游创意、主题,再由专业展览公司承担策划、组织工作。

随着展览旅游发展的成熟,由专业的展览公司进行创意、策划、组织的各类展览越来越多。此外,展览旅游的每个阶段都有众多的展览旅游服务商为组织者、参展商和观展者提供各种服务,如旅行社、旅游景区、旅游交通部门、旅游餐饮部门等。

二、展览旅游的运作案例分析

(一)重庆展览旅游案例分析

以2007年春季重庆全国糖酒会为例进行分析。

1.市场特点

(1)参展商情况分析。大型展会的参展商均为消费能力很强的商务客人,他们对城市旅游业的贡献比普通游客要高很多,是潜力巨大的高端客户群。

(2)参展商对重庆展览业与旅游资源的整体印象。重庆是中国最大的直辖市和西部最大的中心城市。重庆政府提出了将重庆打造成"西部会展之都"的城市定位,并提出了以"三峡、火锅、美女、解放碑、雄起、红岩、邹容、桥都、温泉、钓鱼城"为"十大名片",大力发展"都市旅游"的发展思路。

(3)重庆主城不同层次类型的多元化酒店格局已形成,基本能满足大型展会的住宿需求,酒店是本次展会的最大赢家。但重庆酒店业的整体服务质量有待提高,尤其是低星和非星级酒店的管理和服务还存在很多问题。另外,旅行社在酒店预订、安排参展商食宿方面介入不够。

2. 交通概况

(1)重庆外围交通情况调查。重庆外围交通的通达性保证了参展商的顺利出入。因为重庆地处长江上游,东西结合区域,是中国西部唯一集水陆空运输方式为一体的交通枢纽。三峡库区蓄水至175米后,万吨级船队可从上海溯江直达重庆;西有成渝高速公路至成都,东有渝万高速公路经湖北到上海,南有渝黔高速公路经广西至湛江,北有渝邻、渝合高速公路与四川和陕西相连,已经形成了横贯东西、纵贯南北、通江达海、联结周边的公路交通网络;境内的成渝、襄渝、渝黔、渝怀、达万、渝遂、渝南和在建的万宜、兰渝铁路、拟建的沪——含——渝——蓉等十条铁路干线在此交汇;除重庆江北国际机场外,境内还有万州五桥、在建的黔江舟白机场等空中快速通道。

(2)重庆的市内交通情况调查。重庆是山城,为了及时疏运积压的返程宾客,在展会期间会进行交通管制。依靠重庆已建成四通八达的立体交通网,让外围交通顺畅,参展商入离港便捷。

3. 展览旅游市场策划

(1)转变观念,提高认识,促使旅游企业积极介入展览旅游市场。展览旅游具有消费能力强、产业带动性强、受季节影响小等特点,是旅游市场上的新型高端产品。但从本次糖酒会反映的情况而言,重庆旅游企业对这一市场缺乏足够认识。不仅参与面不够(绝大多数旅行社缺席),参与形式传统单调(多为基础的接待服务),主要参与方(酒店和交通部门)也多处于被动接受状态,致使展会运行中的政府行政干预性表现突出。而展览业与旅游业休戚相关,展览活动从策划准备到组织接待再到展后旅游考察、总结调研,都需要旅游企业的积极参与。因此,转变重庆本土旅游企业的观念,提高其对展览旅游市场的认识,促使旅游企业积极介入展览活动的策划组织运行,是开发重庆展览旅游市场必须解决的首要问题。

(2)针对参展商需求,开发特色旅游产品,拓展展览旅游市场。展会期间的游客多为商务客,就本次调查的情况来看,他们对商务考察类产品、休闲放松型产品和重庆周边的著名景点都有浓厚兴趣。因此,未来旅游企业应主动出击,在研究把握参展商需求的同时,结合重庆资源特色,推出商务考察、特色餐饮、温泉休闲、主题近郊游等为展览活动量身定做的特色产品,积极开拓展览旅游市场。

(3)加快城市交通建设,提高服务质量,塑造重庆会展中心城市的形象。重庆是中国最年轻的直辖市,良好的经济环境和产业基础使其有发展会展业,成为区域会展中心的潜力。但重庆在配合会展业发展的城区交通建设、酒店管理服务质量方面仍存在很多问题,参展商对重庆作为会展中心城市的认同度不高。因此,未来加快城市交通建设,提高服务质量,树立不同于周边的重庆会展城市形象依然是开发重庆展览旅游市场需面对解决的问题。

4.展会期间旅行社运行

传统旅行社的业务包括车船票、住宿餐饮预订,导游服务,旅游产品开发等。从其主营业务而言,旅行社完全可以积极介入糖酒会,承揽大量业务。但遗憾的是,在此次糖酒会上,重庆本地旅行社缺乏积极行动。

(1)旅行社营销活动情况调查。糖酒会期间,有近18万客商入渝,其中57%的人有旅游意愿。从业界情况而言,每天有近300名客商通过重庆海外旅行社游三峡,重庆中旅在未做任何营销推广的情况下,每天仍接待了约100位三峡涉外游船游客,直接收益10万元左右。展后旅游商会数据显示,约有2000名客商参加了三峡游,而重庆的仙女山景区每天接待的团队游客也在2000人左右。对如此庞大的市场,重庆本土旅行社显然缺乏准备。旅行社推介的产品多为传统的大众化产品,没有专门针对展会的新产品、新设计。

(2)旅行社接待业务开展情况调查。从糖酒会期间现场旅行社开展的接待业务角度看,各业务所占比例大致为:导游活动42%、住宿保障20%、餐饮保障18%、景点接待12%、计调业务8%,主要还是集中在导游及活动安排这些常规的业务上。显然:①重庆本土旅行社经营观念落后,对展览旅游市场的巨大潜力认识不足。②重庆旅行社对大型展会的准备不够,针对展会市场的产品设计储备不足。

(二)海南展览旅游案例分析

随着2016年首届全球旅游目的地盛典、首届海南旅游贸易博览会的举办,海南会展业进入了发展黄金期。海口应充分发挥省会中心城市功能,凭借基础设施完善、政策支持多元化等便利条件,以商务会展为主,涵盖会议、体育赛事、文化演出等相关要素,打造综合性会展产业。三亚应依托其得天独厚的自然优势,借助已形成的海棠湾、亚龙湾、大小东海、三亚湾4个较为成熟的度假湾区和会议接待酒店集群的基础设施优势,以发展会议、节事为主,将三亚打造成为世界著名的各类会议旅游、奖励旅游目的地。

1.坚持"走出去,引进来"策略

海南会展业应该坚持"走出去、引进来"策略,在服务理念、运营方式、管理模式等方面与发达地区接轨,形成一套具有地方特色、符合市场经济规律的服务机制。政府应加大资金扶持力度,通过设置专项资金等方式,支持和鼓励会展企业异地办展、参展和交流,鼓励企业"走出去"。此外,在"引进来"方面,海南可以利用优美的自然风景、宜人的气候条件、完备的会展设施以及国际旅游岛的国际品牌和影响力,积极承办或联办一些国际协会、学会的学术会议,提升本土会展特别是会议的国际化水平。

2.培育特色品牌会展项目

提高城市会展服务能力是发展会展业的基础,城市会展服务能力主要有以下两条路径。

第一,在软件方面,邀请高校专业教师,以及国内一些知名会展业咨询培训机构,对相关企业员工进行内训,强化专业素质。

第二,在硬件方面,加强城市交通、信息化技术等基础设施建设,提升海南会展活动的服务质量与容量。以专业化的运营手段,结合海南本土特色文化,打造品牌会展项目。

在会展活动前期,会展主办方应拟定完善的活动操作计划以保障会展项目顺利推进;在会展活动中期,则主要强调优质完善的服务,争取满足客户的所有个性化需求;在会展活动后期,应注重对客户关系的管理,与客户保持联系,提高客户忠诚度,与客户建立长期合作关系。在打造会展项目的过程中,要积极吸收海南当地诸如热带海洋、生态保健等特色文化,为会展项目注入"生命力",保持"会、展、节、演、赛"多元化发展,丰富会展旅游业的内涵和外延。当前,越来越多的节事节庆活动、体育赛事落户海南,环海南岛国际自行车赛等已成为海南会展产业的响亮品牌。在今后的发展中,应进一步提高此类项目和活动的专业化水平,以吸引更多的游客。

任务三 上海世博会彰显我国发展水平

一、舞台:展现中国魅力

世博会是一个为数不多的全球性大事件,上海世博会能让世界看到中国的开放和诚意,这对当今的中国来说是一个难得的机遇。世博会让全世界的目光都聚焦在中国,聚焦在上海,让世界看到中国的自信,看到中国的诚意和态度,看到中国的处理大事的能力。

1978年至今,中国的经济飞速发展,"中国速度"让世界惊叹不已,中国在最短的时间内发展成如今有着全球影响力的强大国家。在当今世界,中国对世界的政治、经济、文化的影响力已不容小觑。中国的立场和观点越来越能左右一些世界性事件的发展方向。

作为一个向世界中心城市定位的上海,其城市建设、市民素质、城市文化也要达到一定的要求和高度。上海在世界人们心中的印象会极大地影响中国在全世界人们心中的印象。而上海的城市定位也会逐渐由中国的经济中心向能影响世界经济发展的城市转变。2010年举办的上海世博会充分体现了中国的飞速发展,也体现了世界对中国重视和信任。此次世博会开展时间为6个月,是一个很好的契机,上海以一个"全球化"的开放形象向世界展示了自己的魅力,抓住了这个很好的机会。

二、塑造:中国特色形象

中国日益重视国家形象的建构,开展了许多开创性的工作,世博会为他国公众提供了两类可供解读的行为。

1. 世博会的主体活动本身

展示、活动和论坛构成了上海世博会的主体内容。这些活动本身就是外国公众接触到的一种行为。这类行为经过主办方的精心构思安排,包含的信息丰富全面,浓缩了中国希望他国公众了解的关于中国的各类源信息和身份观念。

上海世博会需要展现出中国参与国际事务和国际秩序变革的新姿态、新方式,从而树立新的中国形象,为我国未来的发展营造有利的国际环境。因此,上海世博会需要从参与全球治理,建设"和谐世界"的对外战略总体目标出发,以"政治上有影响力、经济上有竞争力、形象上有亲和力、道义上有感召力"为具体目标,表达中国愿与世界各国、各地区共同发展,共享发展机遇,共创美好未来的真诚愿望。由以上战略定位出发,上海世博会确定了世博会主题以及各分论点。观念是形成于人类思维活动的,只有当个体通过语音文字或者绘画音乐等形式将观念表达出来,他人才能认知到这种观念。

2. 与世博会相关的活动

公共外交的主体是本国民众,而受众是外国民众。公共外交在建构国家形象上的优势就在于借由关注政治以外的柔性议题,通过公民与公民的人际交往,来达到传播信息的目的。这样的信息传播更易于被外国公众接受,有"润物细无声"的效果。上海世博会更注重叙述中国的现状和当代中国的观念,而且这种叙述是通过对现实事件和行为的解读来实现的。

三、启示:促进城市可持续发展

上海世博会城市最佳实践区的设立初衷就是给中国城市发展以借鉴,这里展示的新技术让人目不暇接,所传达出的理念更让城市设计者受益匪浅。

世博会以城市为主题引起了全球共鸣,是因为"城市,让生活更美好"这一理念符合快速城市化过程中人类的共同心愿。城市建设关乎人的生存、国家的发展乃至全球的未来,科学规划建设城市,弘扬城市传统文化,挖掘城市文明内涵,使城市自身特点与历史文脉相融合,建成能让人们拥有尊严和幸福的生活空间,城市才会让生活更美好。

进入利物浦案例馆、西安案例馆、澳门案例馆等展馆,一段段城市记忆让人们体会到城市的形成与发展是一个不断沉淀与积累的过程。城市文脉是历史的记忆,植根于城市文脉的规划设计是城市建设摆脱"千篇一律"的必要途径。要塑造有特色的城市空间,提高城市认知度,就必须深入分析地方文脉的精神内涵。

可持续发展是国家战略的主旋律,贯彻"和谐、发展、品质"的科学发展观是大势所趋,社会的安定和谐、人民的安居乐业、经济的健康繁荣体现了一座城市的勃勃生机。加大力度保护修复生态环境,继承发扬传统文化,不断提升现代文明,树立独具魅力的城市形象,这些都不是一蹴而就的事情,而是百年大计。以"政府主导推动、企业积极参与、社会高度认可"为目标,以成功的新城发展案例为模板,积极探索中国城市的发展规律以及解决城市发展问题的技术方法,是实施可持续发展战略的重要步骤。

城市最佳实践区可以说是当今世界各国建设宜居城市的最尖端科技的集大成者。值得注意的是,各个展馆的先进技术和独特设计都是结合上海的气候特点加以完善而展示出来的,要避免将这些具有强实验性特点的技术照搬到实践中。尤其对于我国大部分城市,还不

具备能够与相关城市相比的城市开发理念及管理水平,在低碳、绿色、环保以及可持续发展等诸多领域还处于学习探索阶段,在当前新城建设中,要科学、谨慎地评估案例的经验和推广价值,因地制宜地制定城市发展方案。

中国的城市发展对我们自身乃至全球的可持续发展都有着不可忽视的重要影响。我们怎样对待地球,地球就会怎样回报我们,切记资源环境承载能力是有限的,实现人与自然和谐共生就是为子孙万代造福。和谐城市应该是建立在可持续发展基础之上的合理有序、自我更新、充满活力的城市生命体;和谐城市应该是生态环境友好、经济集约高效、社会公平和睦的城市综合体。面向未来的生态文明、包容协调的增长方式、科技创新的发展道路、职能便捷的信息社会、开放共享的多元文化、亲睦友善的宜居社区、均衡协调的城乡关系……上海世博会引导我们真正实现"城市,让生活更美好"。

 实训三

假设你是上海世博会的组织人员,结合所学知识,试分析如下问题:
第一,上海世博会应邀请哪些参展企业?
第二,在上海世博会举办之前,应做好哪些方面的工作?
第三,请根据上海当地情况,完成一份上海世博会的策划方案。

项目四

节事旅游

节事旅游是依托旅游资源,吸引旅游者去往旅游目的地一种公共的、具有明确主题和娱乐内涵的活动。本项目对节事旅游的分类、节事旅游的策划、节事旅游的运作模式、中国标志性节事简介进行论述。

任务一　节事旅游概述

节事可以理解为两部分:①节日。节日是指一种有着特殊意义的日子。在这样的日子,群众广泛参与各种社会活动。节日都会设置在一年中固定的日期,节日期间还会举行各种庆祝仪式等欢庆活动。因此,节日也被称为节庆。②特殊事件。特殊事件是指人们日常生活和工作以外的,一种不同于平常休闲、社交或文化体验的事件。特殊事件可以是一次性的,也可以是固定举办的,但应该是非经常发生的。

一、节事活动类型划分

节事活动是指举办地组织的系列节庆活动或有特色的非经常发生的特殊事件。节事活动形式多样,因此可以根据不同的标准将节事活动划分为不同的类型。可以按照以下标准进行划分。

(一)根据节事的性质划分

(1)文化庆典,包括节日、狂欢节、大型展演、历史纪念活动等。

(2)文艺娱乐事件,包括音乐会、表演、文艺展览、授奖仪式等。

(3)商贸及会展事件,包括展览会、博览会、会议、广告促销、募捐等。

(4)体育赛事,包括各种职业比赛和业余比赛。

(5)教育科学事件,包括各种研讨会、学术会议、教育科学发布会等。

(6)休闲事件,包括趣味游戏和体育、娱乐事件。

(7)政治/政府事件,包括就职典礼、授勋仪式等。

(8)私人事件,包括个人典礼、周年纪念、家庭假日、舞会节庆、亲友联欢会等。

(二)根据节事的规模划分

对于节事规模的界定,国际上有很多不同的观点,但是从现代意义上的节事旅游的角度出发,综合节事的规模、目标群体及市场、媒体的覆盖面等标准,节事大致可划分为。

(1)重大节事。重大节事是指规模庞大以至于影响整个社会经济,同时拥有众多参与者和观众,对媒体有着强烈吸引力的节事活动。通常情况下,重大节事往往是全球性的活动。

(2)特殊节事。特殊节事是指借助一定的主题,能够吸引大量参与者或观众,引起国际和国内媒体报道,并带来可观经济效益的节事活动。

(3)标志性节事。标志性节事是指某些大型节事活动在一个地区长期举办,并逐渐与举办地融为一体,成为最能够展示举办地特点的活动。

(4)中小型节事。中小型节事是指规模较小,影响局限在某个地区范围之内的节事活动。中小型节事活动虽然没有受到社会的广泛关注,但是它们数量多,其整体效益不容忽视。

(三)根据节事活动选取的主题划分

根据节事活动选取的主题来划分,节事活动可分为。

(1)以商贸为主题的节事活动。商贸节事活动一般均以举办地最具有代表性的风物物产为主打品牌。

(2)以文化为主题的节事活动。文化节事活动是指依托举办地著名的文化渊源或现存的典型的、具有当地特色的文化类型而开展的节事活动。

(3)以民俗为主题的节事活动。民俗节事活动一般是以当地独特的民俗风情为主题,涉及书法、民歌、风情、杂技等内容的活动。我国是统一的多民族国家,可作为节事活动的民俗题材非常广泛,有一系列民俗节事活动,如吴桥杂技节、傣族泼水节、潍坊风筝节等。

(4)以体育为主题的节事活动。体育节事活动主要以举办地举行的各种体育赛事为主题。

(5)以自然景观为主题的节事活动。自然景观节事活动主要围绕举办地的著名自然景观开展。

(6)以综合为主题的节事活动。综合节事活动主要依托一个以上的主题进行综合展示。目前,我国许多城市举办的节庆活动都是多个会或展的组合,形成节会并举的节事文化现象,即"文化搭台,经贸唱戏"。

二、节事旅游的特征与作用

旅游活动是指旅游者离开常住地进行的旅行和暂时逗留活动。节事旅游作为旅游的一种特定形式,也具备旅游活动的基本特征。因此,节事活动举办地的非定居者,即来自异地的旅游者在节事期间的各种活动才属于节事旅游。反之,如果节事活动完全由举办地居民参与,没有来自异地的旅游者参加,那它就与旅游活动无关,也不存在节事旅游。

节事旅游是以节事活动为吸引力因素的特殊旅游形式。节事旅游的发生在于节事旅游目的地具有节事旅游者在其居住地无法体验的各种节事活动,这些节事活动构成了激发节事旅游者动机的吸引力因素,从而强烈地吸引着人们前往旅游目的地开展与之相关的旅游活动。

(一)节事旅游的特征

1. 文化性

节事旅游往往渗透着举办地有特色的文化,将文化和旅游促销结合起来。通常情况下,节事旅游是以文化,特别是民族文化、地域文化、节日文化等作为主导的旅游活动,具有浓郁的文化气息和文化色彩。

随着旅游业的不断发展,文化在旅游活动中的作用不断加强,各地通过文化搭台,达到经济唱戏的目的。节事活动有一定影响力,对发展当地经济、丰富市民文化生活和提升市民文化素质都起到了积极的作用。

2. 地方性

节事活动一般都带有较明显的地方气息,甚至有些已成为反映旅游目的地形象的代名词。另外,一些节事活动历史悠久,已经成为当地居民生活所需。

3. 参与性

旅游业的不断发展使得旅游者与休闲者越来越重视旅游活动的参与性,而节事活动恰恰是一种参与性极强的旅游活动。节事活动的参与者一般对节事活动举办地和内容都有较强的好奇心,希望像举办地居民一样,能够深入地参与此项活动,了解举办地的生活方式等。而事件活动的举办方则想方设法拉近与参与者的距离,使其参与进来。

4. 多样性

从节事活动的概念可以得知,任何能够对旅游者产生吸引力的因素,都可以开发为节事活动。

(二)节事旅游的主要作用

作为一种新兴的旅游形式,节事旅游不仅吸引了大量的旅游者,对于城市和地区的发展也起到了巨大的作用。节事旅游的作用体现在以下方面。

(1)弥补旅游淡季旅游供给的不平衡。旅游行业是个淡旺季十分明显的产业。旺季时游客如潮,淡季时资源闲置。而多样化的节事旅游恰恰能够给旅游者提供更多的选择机会,使得当地旅游资源在不超过承载力的前提下获得最大限度的发挥。

(2)调整当地旅游资源结构。通过对当地旅游资源、民俗风情、特殊事件等因素的优化融合,可以有效地调整当地旅游资源,举办别出心裁、丰富多彩的节事活动,对于改变举办地旅游活动的单一性也有着极大的推动作用。

(3)提高举办地知名度和美誉度。节事旅游活动的开展往往对宣传举办地主题形象起到很重要的作用。旅游者通过节事旅游活动中的各项内容,能全面了解城市的自然景观、历史遗迹、建设成就等内容,从而提高对城市形象的认识和理解。

当前,成功的节事活动已经成为城市形象的代名词,如提到啤酒节,就会想到青岛;提到风筝节,就会想到潍坊。这些都说明,节事旅游活动已经与举办城市之间形成了很强的对应关系,能够很快提升城市知名度和美誉度。

(4)促进相关产业的发展。节事旅游活动一般都有相应的主题,配合这一主题的生产厂家或者整个产业都可以从节事旅游活动中获得经济收益。

三、节事旅游的形成条件

(一)明确旅游吸引物

节事旅游的形成需要借助一定的平台,脱离了这个平台,节事活动便不会产生足够的旅游吸引力,也就无所谓节事旅游了。开展节事旅游需具备以下条件。

(1)城市品牌化。旅游目的地要想发展节事旅游,就必须不断提升自己的地位,提高城市的知名度和美誉度,进而创造品牌效应。

(2)节事活动内容要丰富多彩。为了给前来节事举办地的观光旅游者留下深刻的印象,举办地应开展尽可能地多样化的节事活动,特别是一些能够突出地方特色的活动,它们往往会受到旅游者的热烈欢迎,同时也可以提高旅游附加值。

(3)节事活动要有广泛的媒体覆盖率。当前,很多节事举办地没有意识到媒体对宣传节事活动的重要性,导致很多节事活动鲜有人关注,节事举办地也没有获得应有的经济和社会效益。为了扭转这种局面,节事举办地一定要转变观念,即认识到媒体的重要性。

(4)节事活动要有较好的"大众文化"基础。节事活动是一种高雅的文化,但更需要社会大众参与进来,最终形成一种亲和力,让大众产生较强的认同感。我国目前很多节事活动无法为继,很重要的一个原因就是社会公众参与性不高。

(二)城市形象与区域环境

城市形象,即城市在人们心目中的形象。城市形象往往由很多因素共同构成,如公民好客度、城市总体景观、旅游基础设施等。以上城市形象构成因素缺一不可,只有那些具备全面形象的城市才有可能开展具有一定影响的节事旅游活动。

(1)经济环境。经济环境主要包括服务业环境以及经济实力。节事旅游活动必须依靠一定的经济基础,否则很难维持下去。衡量经济环境的一个重要指标就是服务业发展水平,同时节事旅游活动的开展也依靠发展水平较高的服务业的支撑。

(2)文化环境。成功的节事旅游活动往往有其共同的特点,就是依托于当地文化。只有围绕当地文化开展的节事旅游活动才是风格独特的,才是个性十足的,才是魅力无穷的,这种文化关系上的关联性也影响着节事旅游活动主题的选择。

(3)交通条件。节事旅游活动要想成功举办,一个先决条件就是城市交通便捷。其对城市举办旅游会展影响极大,同时交通便捷也是标志性会展的标准之一。我国的香港和东南亚的新加坡能成为世界级的会展之都,也得益于这两座城市都拥有高效、便捷的城市交通。

（4）客源市场距离的远近。会展旅游举办节事旅游活动时,必须考虑的一个因素就是距主要客源市场的距离。根据旅游理论,举办地与客源地的距离直接关系到节事旅游活动的影响度,举办地离客源地越远,影响越小;反之,影响越大。这种距离既包括空间距离,也包括时间距离。

四、节事旅游的动机与市场化

（一）节事旅游的动机

现阶段国内许多学者采用聚类分析的方法,对不同类型的节事活动中的节事旅游者进行动机分析,结合节事旅游者的行为特征分析,总结出以下动机。

第一,节事旅游者对新颖、独特的旅游景观的渴望。每个人都有对于新奇事物的好奇心,以及对独特事物的追求,这在节事旅游中表现得尤为突出,因为节事旅游更注重的便是展现地方特色以及强调节庆与特殊事件,这让节事旅游者对其更为追捧与喜爱。

第二,节事旅游者对于独特刺激与丰富多样的旅游体验的追求。节事活动往往体现出的是与人们日常生活方式和习俗的不同,节事旅游者可以在这些节事活动中尝试与体验自己从未做过的事情或去接触自己从未面对的事物,这会给节事旅游者带来新的生命力与情感的外泄表达。

第三,节事旅游的独特主题,能引起节事旅游者的独特兴趣,在旅游活动中表达自己的情感。

第四,节事旅游会营造出一种节事的氛围,通过对其周围的环境景观的独特打造,使其具有特殊的感染力,让节事旅游者感受到节事活动所要传达出的精神与风俗风情,摆脱平日的羁绊。

（二）节事旅游的市场化

节事旅游作为一个独特的"产品",只要卖座便能带来足够的盈利,其目标就是融入整个社会大环境之中。在市场运营机制下,只有遵照市场规律,平衡成本与利润、投入与产出,制定投资回报机制,形成以节事养节事的运营模式,才能形成完整的、良性循环的发展业态。节事旅游的市场化需要一整套完整的市场运营机制。

主办机构管理节事旅游,为节事旅游做推广,而节事民族文化创意视角下,节事旅游会给主办机构带来一定量的社会评论以及宣传价值。主办地区的人文与自然环境为节事旅游提供良好的活动场所,而节事旅游中的各项事件会对主办地区产生或好或坏的影响。这里赞助商的介入,可以为节事旅游提供大量的资金与物资,来补充节事旅游举办的物质基础,而节事旅游可以通过宣传册等视觉化广告形式对赞助商进行致谢。

节事旅游中的合作者主要指的是当地的居民以及节事旅游服务从业人员,他们为节事旅游提供一定的人力资源，作为回报，他们也可以从节事旅游中获得一定的报酬与奖励。节事旅游中不可或缺的便是节事旅游者，他们作为节事旅游的主体，是节事旅游的参与者、支持者，他们在节事旅游中得到身心的娱乐与放松，获得足够的精神奖励。

五、节事旅游的影响与规律

（一）节事旅游的影响

1. 经济影响

节事旅游给节事主办地区带来高额的旅游经济收入，同时会为当地增加就业机会，提高当地居民的生活水平，促进当地基础设施的建设，为当地的经济开发与科技创新提供经济资本，鼓励本地人开发与利用新设施。同时，节事旅游也会面临如交通运营成本的增加，本地与外来产业的竞争，以及本地服务产业接待能力的挑战等问题。这些问题也需要主办机构进行合理的调节与规划。

2. 社会影响

节事旅游延续了一般旅游形式给人带来的社交体验与互动体验。节事活动会直观展现当地人的生活习性与态度，当地人的友好程度直接关系到当地的节事活动的文化底蕴，而各地节事旅游者的聚足于此，彼此的信任与理解都会扩大其社会交流姿态。节事活动属于地区的"社会遗产"，它会影响一个地区的社会心理的变迁。地区的经济会因节事旅游而变得更好，这会改善当地的区域形象，给当地居民带来地区自豪感与认同感，从而有利于对当地资源进行保护。当地政府要处理好外来者与本地者的社会化冲突，整改地区社会风气陋习，建立良好的社会竞争机制。

3. 文化影响

节事活动同时也属于地区的"文化遗产"，因此，节事旅游是传统文化与当代文化碰撞的结果，会让当地的人文精神得以新生，更为符合当代人文精神，成为当地新思想的传播展示舞台，为当地获得多种多样的文化体验，给当地居民提供更多体验新颖事物的活动，使得当地形成一个不断成长的积极文化发展态势。

（二）节事旅游的规律

节事旅游活动往往规模各异，在特定空间范围内定期或不定期举行，一般延续几天到十几天的时间。由于节事旅游活动打破了人们常规的生活模式，并伴随节事有不同规模的项目活动，所以能以其独特的形象吸引游客，聚集大量的人气，并产生效果不等的轰动效应，能在较短的时间内达到宣传促销的作用，从而提高举办地的知名度，促进旅游目的社会经济的全面发展。

第一，影响范围规律。任何节事活动对举办地都有一定的影响力，但影响范围由节事活动的性质、规模、知名度等多种因素共同决定，其营销影响范围受其举办历史长短和举办地与受众在地理上距离远近因素的影响较大。节事活动的地域影响符合距离递减规律，即随着与举办地距离的增加，其影响力逐渐变小；节事活动的档次、规模对其影响力有决定性作用,国际性节事活动的影响力明显大于地区性节事活动的影响力;综合性节事活动的影响力呈面状延展,专项节事活动的影响力呈点状分散。

第二,时间效果规律。这里的时间是指节事活动的举办年度。节事活动举办的历史越长,其知名度越大。

第三,内容吸引力规律。节事活动项目及内容的妥善安排是获得持久注意力的保证和源泉。一项活动的吸引效应是随时间递减的,同一项目上演三次后就必须有所突破和创新。在围绕活动主题的前提下,节事活动的各种活动项目应该稳中有变,既要有保持其特色的传统项目,还要有紧跟时代潮流、追随人们意识观念转变轨迹的焦点项目。

第四,经济效益规律。节事活动的经济效益不能一概而论,资金投入与产出的比较,随节事活动的生命周期不同而不同。处于成长期的节事活动,可能需要的投入更多一些,尤其是新创办的节事活动,从无到有往往要经历经济投入大于经济产出的阶段;成熟期的节事活动是经济效益较为可观的阶段,这个阶段的市场基础已经奠定,经济产出远远大于经济投入,并且往往会持续一段时间;随着衰退期的到来,经济产出与经济投入的差额越来越小,又会出现经济产出不及经济投入的局面。

六、节事与旅游的融合效应

(一)节事与旅游的互动效应

节事产业系统与旅游产业系统分别在入口端与产业端的各种要素环节上具有集聚效应,且这种产业的集聚还是融合的,反映了二者之间千丝万缕的内在联系,也为它们之间互相促进奠定了深厚的基础。而这种相互促进的关系,就是节事与旅游(两种产业)的互动效应,具体表现为客源互动、资源互动、生产互动和营销(品牌)互动等方面,其内部的作用机制具体表现为触媒效应和母体效应,即一地的节事活动对当地旅游产业产生促进作用——触媒效应,同时旅游产业对当地节事活动产业也有促进作用——母体效应,二者相互作用、彼此促进。

1. 节事与旅游互动效应的外部表现

基于产业经济的"人口—产业"视角来分析,以下的客源的融合互动属于(消费)人口方面的融合互动,资源、生产、品牌的融合互动则属于产业(要素)方面的融合互动。

(1)客源的融合互动。从客源角度而言,节事活动与旅游业之间经常会互相提供客源的情况,这是因为各自的参与者很多时候会有共同的需求,这驱使他们互相向对方渗透。可见,节事活动与旅游业的客源融合互动,是建立在二者需求的互相渗透基础上的。

从组织者角度而言,主办节事活动的目的与开展旅游的目的很多时候是相互交叠的,可以互相影响和促进,使各自方面的参加者在目的上向对方扩展,最终达成目的的叠加。尽量让旅游者成为节事活动参与者,也让节事活动参与者成为旅游者,使双方的价值取向趋向融合与统一。这就是节事活动与旅游活动的客源融合互动的价值。当两种角色互相促进与叠加,规模数量越大,内在黏性就越大,节事与旅游在客源上的互动效应就越大。

(2)资源的融合互动。节事产业与旅游业所依托的优势资源各有侧重,如节事产业更注重于依托政治、经济方面的资源,对当地的优势产业和消费市场依托度较高,而大部分地区的旅游业更注重于依托旅游自然资源、人文资源以及交通、饮食、服务资源等。但两者可以进行资源转化,发挥资源的互补作用,以促进二者的融合互动。现实中常有一些具有丰富的自然旅游资源但并不具有经济优势的地方,通过旅游业的开发,带动了当地的节事产业的发展,进而反过来再促进当地旅游的进一步发展,形成多轮互动、良性循环。

(3)生产的融合互动。节事产业与旅游业都属于服务业,所以它们的生产活动绝大部分就是服务活动,它们彼此有各自的服务领域、服务对象、服务内容,它们的功能不同,业务指向不同,所要实现的目的也不同。但节事产业和旅游业都有一个共同的特征,即服务对象的异地(流动)性,也就是说节事与旅游两种产业所服务的顾客对象,有很大一部分是外地来访者,而非本地居民,他们基本上都需要经过旅行等空间移动行为才能完成他们的预期目标。这为两者在具体运作上的合作与互动促进提供了基础条件,还能将各自的客源向对方转换——如将节事活动观众转化为旅游观光客,将旅游观光客转换为节事活动的观众,二者互相转换,融为一体。

(4)品牌的融合互动。从营销的角度而言,节事营销与旅游营销的融合互动是通过信息、传媒、渠道、促销等方面,而最终统一在品牌塑造之下的。无论是节事品牌还是旅游品牌,一旦形成知名品牌,都会彼此给对方带来强烈的关联影响,而且随着品牌影响力的提升,关联效应也得到正向提升。在品牌号召力的影响下,节事产业与旅游产业两者融合互动,实现双赢。因此,从产品和目的地两个层面上,充分利用品牌互动效应,对于当地的节事产业和旅游产业都可以产生事半功倍的功效。

对于节事的活动举办地而言,因为被引入的节事活动的"他有品牌"一般在某一地域范围内(省市、国内、国际)有极大的品牌影响力,要借船出海,用其品牌影响力促进当地旅游形象的提升及旅游业的发展。比如,世博会、奥运会、世界杯(足球赛)、篮球赛等国际知名的巨型活动本身就是一个知名品牌,对于举办地而言,能够争取得来就可以促进品牌知名度的提升。

知名品牌活动的组委会在选择举办城市时也是很严谨的,会考虑到每次的举办地能否为节事活动品牌影响的进一步提升做出贡献,因此举办城市的品牌影响力和后续爆发力是重要衡量指标。其实,举办地在借用活动品牌的影响力的同时,城市(或地方、国家)品牌效应也被活动品牌所借用,只有这样,才会有活动品牌拥有者与城市品牌拥有者都乐于见到的合作达成。

2. 节事与旅游互动效应的内部机制

节事与旅游的互动效应在客源、资源、生产及营销(品牌)等方面的具体表现是触媒效应(节事活动对旅游业的促进)与母体效应(旅游业对节事的促进)共同作用的结果。它们就是其内部机制。

(1)节事活动对旅游的促进。触媒是一个化学概念,它在化学反应中的作用是加快化学反应速度,而自身在反应过程中不被消耗。触媒效应即指触媒在发生作用时对其周围环境或事物产生影响的程度。"触媒"可以是物质元素,也可以是非物质元素。

节事活动是一种非物质的"触媒",它并非单一的最终产品,而是一个可以刺激与引导后续开发的综合元素。作为城市触媒的节事活动提升了举办地旅游形象是个不争的事实。因此,节事活动对当地旅游形象有催化(触媒)作用,进而促进当地社会的全面发展,这就是节事(活动)的触媒效应。

节事活动将当地旅游形象的触媒效应机制分三个阶段。

第一,节事活动前筹备阶段。节事活动举办前的筹备阶段节事活动对当地旅游形象的促进作用,称为"前期先导效应"(即前期效应),其主要过程是显形象的构建和隐形象的构思。这是一个节事活动对举办地旅游形象重新定位与跨越提升的过程。在此阶段,当地在各个领域进行广泛筹备,借机积极思考新一轮的城市发展定位,并构思城市(及旅游)隐形象的新轮廓。同时显形象的构建过程由此开始,直接促进了当地旅游设施的改善及区域旅游形象的提升。从旅游业发展的角度而言,节事活动触媒效应在显形象的构建上主要体现在旅游业的"硬形象"的提升上,既包括基础设施(如机场、道路、铁路、港口、绿化)的提升,也有旅游专门设施(如酒店、旅游吸引物等)的提升。同时,隐形象的构思主要涉及城市风格的定位、居民文明素质的培育、城市服务体系框架的构思、旅游行政管理体制的完善及地域旅游形象传播的策划等。

第二,节事活动中释放阶段。节事活动当期阶段节事活动对举办地旅游形象的促进作用称为"直接传播效应"(即当期效应),主要表现为显形象的强化和隐形象的显现。在本阶段,当地除了继续强化前期筹备阶段的显形象,还通过显形象逐步将隐形象凸显出来,进行直接的展示与传播。显形象与隐形象的结合,可促进游客与当地"触媒"系列组合直接对话,进行"文本"解读:即旅游者通过与当地旅游吸引物及居民、服务者等的接触,充分感受当地的风土人情及地方精神,最终形成区域综合旅游形象。

第三,触媒后延续阶段。节事活动落幕后对当地旅游形象的促进作用,称为"后续延伸效应"(即后期效应),主要表现为:显形象的淡化和隐形象的强化。遗忘的基本规律是先快后慢,即记忆的最初阶段遗忘较快,然后就逐渐减慢。在该阶段,由于活动的落幕,游客陆续离开目的地,同时随着时间的推移,大家对活动的关注也逐渐减少,很多有形的固态形象信息在人脑中慢慢被淡化和遗忘,而能作为一种长久印象深烙脑海的往往是人们经过重复提取和识记的无形的柔性形象信息,如当地的名人、名景、名事(件)、名物等的名称及其背后所蕴含的文化内涵,而不是其具象形态。这些要素作为触媒源一经有序组合,便能形成一组组生动的符号,以印象记忆的方式储存于人们的脑海深处。而那些显形象要素则常作为短暂印象,在人脑中逐渐淡化直至被遗忘。

(2)旅游对节事活动的促进。母体效应是动物界的普遍现象,是指双亲的表型影响其后代表型的直接效应。在人文社会圈,也有类似于生物圈的母体效应的现象,即原有母体对新生体的孕育、产生与发展的一种依托作用,也可以称为"依托效应"。因此可充分利用拥有较好基础的旅游业的"母体效应",孕育滋养当地的节事产业。按照在节事活动运营的不同阶段作用的不同,旅游业对节事活动产业的"母体效应"具体分为三个阶段。

第一,前期效应。旅游业基础对节事活动的客源有吸引力,因此旅游业具有先天的促销优势。旅游行政管理部门可发挥营销的组织协调作用,旅游企业可在各自优势领域内发挥具体的执行作用。

"隐形促销"是指旅游业基础对当地节事活动的优势促销效应。当地旅游形象的影响力,刺激潜在旅游者人群关注节事活动,间接保证了该地的节事活动的客源量。促销效应的一个最主要的指标是当地能在多大程度上被各种节事活动的主办者视为一个良好的活动举办地。这是因为城市形象是主办者选择节事活动举办地的重要影响因素,而旅游业要素往往是其中的关键因子。优美的风景与环境、著名的城市地标、鲜明的城市风格等不仅是刻画区域旅游形象的核心因素,也是构建区域综合形象的关键。总之,良好的旅游地形象能提升该地综合吸引力,如此,该地对各种节事活动的主办及主管机构(如国际展览局)的吸引力就会很强,同时也保证了节事活动的客源量。

第二,当期效应。在活动举办期间,对节事活动产业来说,旅游产业中有很多可以共享的资源,主要有服务接待资源和运营管理资源等。全面而又充分地整合资源,可以减轻节事活动主办方的资源压力。服务接待资源的共享、旅游产业功能的发挥可以减轻节事活动主办方服务需求的压力,为节事活动期间大量外来人员的流入提供有力的接待设施保障。

运营管理资源的共享包括:①依托旅游业运营管理的组织机构。如临时的大型节事活动中,运行组织机构可以吸收当地的旅游行政管理机构作为重要成员,发挥其目的地营销等方面的组织协调作用,也可以让旅游企业在客源的组织与接待、旅游线路的策划与实施、后勤保障等方面发挥具体的执行功能。②依托旅游业的运营管理机制。旅游业可以通过时空转换和大集中、小分散的途径,充分发挥产业功能,从时空上分散节事活动期间的客流。

第三,后期效应。因举办节事活动,尤其是大型活动而修建的设施会随着节事活动的落幕而成为"遗迹"。因此,节事活动落幕后旅游业对这些设施的后续利用,称为"遗迹的消化效应"。

(二)节事与旅游共生效应

1. 节事与旅游共生效应的外部表现

节事与旅游的共生效应,是指在由节事与旅游两种产业多方面的集聚和互动而产生的相融相生的共生环境中,两种产业的各部门之间,在相互竞争的基础上形成了相互协作、合作共生的作用机制,由此所产生的综合效应,包括人口的融合共生、产品与运营的多方融合共生等,从而形成共生体——节事旅游产业,它成为一种新型的产业类别。

1)人口的融合共生

从市场学的角度而言,消费人口在市场中是作为(消费)客源而存在的,人口的融合共生即客源的融合共生,是以作为(消费)客源的人口的集聚为前提的。因此,"节事—旅游"(消费)人口的共生,即客源的共生,是节事(消费)人口与旅游(消费)人口的融合共生,包括他们在需求(动机)、注意力(认知)及行为等方面的融合。故"节事—旅游"(消费)人口的共生效应,是指由节事和旅游两种产业的消费人口群体的需求、注意力及行为等方面的全方位融合共生,产生的旅游与节事及相关产业发展的综合优势。

（消费）人口的共生效应,可以将节事产业与旅游产业的（消费）人口紧密融合为节事旅游人口,以节事（消费）人口来扩大旅游（消费）人口的基数,以旅游（消费）人口来提升节事（消费）人口的质量,进而实现节事与旅游两种产业的（消费）人口的统合综效,促进（消费）客源的人口数量和质量的提升。这有利于两种产业客源的统一开发利用,实现客源重叠效应带来的客源效用最大化,并最终推进节事和旅游产业甚至整个经济社会的可持续发展。

（1）客源（消费）需求的融合共生。客源（消费）需求的融合共生,即将旅游产业与节事产业的客源（消费）需求融为一体、共生发展。这里的需求既包括物质性的需求,也包括非物质的精神文化需求,既有食、行、宿及其安全性等基础性需求,也有社交、求尊重、审美等较高层次需求,还有自我实现等最高层次需求。客源（消费）需求的融合共生效应,能为节事资源的旅游开发与利用、节事旅游产品的策划与生产设计提供指导。

（2）客源（消费）认知的融合共生。客源（消费）认知的融合共生,指的是将旅游产业与节事产业的客源的（消费）认知和注意力融为一体,使其共生发展。这是指以满足节事参与者与旅游者共同的信息注意点为目的,以产品自身信息为基础,以产品营销信息为突破口,将节事与旅游的参与者的注意力资源加以创意整合,促使双方的注意力对接融合,从而增加其对信息关注点的有效认同与对消费行为的有效促进,最终形成"节事旅游"的信息融合与整合传播的营销推广机制。客源认知（注意力）的融合共生效应,能整合双重注意力资源,有效指导节事与旅游营销的互动融合,达到整合营销的效果。

（3）客源（消费）行为的融合共生。客源（消费）行为的融合共生,即将节事产业与旅游产业的客源行为融为一体,可以从决策与购买、使用与体验,以及用后评价等行为环节上实现融合共生。具体而言,节事与旅游（两种产业的）客源行为的共生效应,就是基于决策、购买、使用、评价等系列消费行为的特征,在影响决策、促进购买、丰富体验、提升使用满意度、巩固忠诚度的指导思想下,发挥旅游与节事各自行为的独特作用,以节事行为的文化性丰润旅游行为的内涵,以旅游行为的休闲性增强节事活动的体验,提升各自活动的行为者的规模与质量层次,从而引导节事参与者与旅游者的消费行为,实现他们的行为和谐融合、共生统一。

2) 产品与运营的多方融合共生

节事与旅游产业要素的融合共生效应,是指通过节事和旅游两种产业发展所必需的资源开发、产品生产、产业（综合）运营等的融合共生,而产生的旅游与节事及相关产业发展的综合优势,并最终形成新的产业形态——"节事旅游产业"。二者的融合共生效应,以节事产业来扩大旅游产业的边界领域,同时以旅游产业来提升节事产业的质量层次,进而实现节事与旅游两种产业的综合统效效应,以促进产业的融合发展,最终促进整个经济及社会系统的全面、健康、可持续发展。

（1）产业资源的融合共生。节事与旅游的产业资源的融合共生,即将旅游资源与节事资源融为一体,共生发展,通过整合两种产业资源的综合优势,实现资源的创意性、规模化开发,指导节事资源的旅游产业化的利用,以实现规模经济和范围经济的目标。节事与旅游两种产业资源的融合共生效应具体包括。

第一,将节事资源开发成旅游资源,促进地域综合吸引力和形象的提升,增强节事文化的资源化、资本化的能力,并促进区域间的文化传承保护与传播交流。

第二,将旅游资源开发向节事方面拓展延伸,以丰富旅游业产品的资源谱系、业态类型和内涵深度,以及体验性、互动性、娱乐性、审美性等吸引力要素。

(2)产品生产的融合共生。节事与旅游的产品生产的融合共生,即将旅游产业与节事产业的生产体系融为一体,从而形成产品一体化。这有利于指导节事资源旅游产业化的专业化生产,进行节事产业与旅游产业的一体化的生产运行机制和全链式产业生产格局的构建。具体而言,节事与旅游两种产品生产的融合共生效应就是通过产业组织及产业链两方面的融合共生,实现节事旅游产业的分工专业化和产品生产的专业化。

(3)产业运营的融合共生。节事与旅游(产业)的运营(管理)的融合共生效应,即节事旅游产业运营所需的资源、产品,以及营销、资本、人力、政策、科技等要素的融合共生,引发的综合效用与优势。具体而言,应该达到以下目标。

第一,通过节事旅游产业集群这一空间载体方式,使节事与旅游的产业组织及产业链的各要素融合共生,促进节事旅游产业集聚化的生产。

第二,通过信息媒介、产品渠道、产业组织等的融合共生,塑造良好的节事旅游(目的地及产品)品牌形象,促进节事旅游目的地及其(节事旅游)产品的营销与推广。

第三,通过人才、资金、政策、科技等产业要素的融合共生,实现节事与旅游两种产业的人才共享、政策共用、资本共通、科技共融的局面。

总之,节事与旅游两种产业的运营(管理)的融合共生效应理论不仅能直接为节事旅游产业的集聚化发展及节事旅游目的地形象塑造提供指导,还能为节事资源旅游产业化提供一个包括政策、人才、资金及科技等的良好的综合发展环境支撑,形成一地节事、旅游及相关产业甚至整个地域的综合竞争优势。

2. 节事与旅游共生效应的内部机制

1) 节事与旅游共生效应的结果

该结果是节事旅游(产业)集群、节事产业和旅游产业在人口(需求、注意认知和行为)和产业资源、产品、运营等要素全方位集聚的基础上,通过前期、当期及后期多阶段的互动效应,最终引发的,是两种产业在客源、资源、产品(生产及服务)和品牌(营销)等的融合共生效应将原本互相分离的节事产业和旅游产业融为一体,催生了一个融合共生体——节事旅游产业集群。

节事旅游产业集群是节事与旅游两种产业融合共生效应的具体形态表现。节事旅游产业集群是一个综合性系统,具体由节事旅游人口(消费)子系统和节事旅游产业(要素)子系统构成。其中,节事旅游人口子系统(即客源市场子系统)主要有节事旅游人口的消费需求(动机)、认知(注意力)及行为三大核心要素;节事旅游产业子系统(即节事旅游产业链子系统)主要由节事旅游的产业资源(利用)、产品(生产),以及产业(运营)综合要素等构成,这些即是节事与旅游共生效应的外在表现形态。

2)节事旅游产业集群共生效应的内部机制

(1)"共生效应"的形成机制。

节事旅游产业集群"共生效应"的发挥,以节事与旅游产业相关要素的集聚为前提,即节事与旅游产业(相关要素的)集聚是集群"共生效应"内部机制的逻辑起点。

由于产业(要素)集聚具体包括与某一产业紧密相关的资源、产品、信息,以及组织机构(以企业为首)等的集聚,所以它们构成了一个"产业(要素)集聚网络",为共生效应机制作用的发挥提供了基础条件。

在产业链的整合作用下,由于追求规模经济、游客差异性偏好和要素集聚等积极效应、"产业(要素)集聚网络"内部就具有一种天然的组织性和共生性,(虽然少不了竞争,但更加注重)相互之间的共同依存和共生促进。在组织性和共生性的动力机制作用下,"产业(要素)集聚网络"自然就会成为一种"产业(要素)共生网络",会促进相互的发展。

"产业(要素)共生网络"最大的作用就是能为各个"共生单元"提供产业资源、产业信息等方面的共享环境,并促进各产业部门之间的分工优化和协同合作,并最终达到人们最想要的结果——使"产业(要素)共生网络"成为一个与各要素、各部门都亲密无间的、名副其实的"节事旅游(产业)共生体",以促进特定主题的节事旅游集群的形成与发展。

(2)"共生效应"的发展模式。

第一,节事旅游产业集群的共生系统。旅游产业集群的共生系统包括:

共生单元,共生单元是指共生体或共生关系的基本能量和交换单位,是形成共生体的基本物质条件。本书中指各个独立的节事及旅游企业、配套服务部门等,是旅游产业集群共生系统的基础。

共生环境,本书中指节事旅游产业集群存在的内部和外部环境,是旅游产业集群共生系统的条件。

共生模式,指的是各共生单元——企业与部门间的共生关系及机制,在本书中,是旅游产业集群共生系统的关键。

节事旅游产业集群内部,作为共生单元的节事及旅游的直接服务企业与间接服务企业在一定的共生环境(内部环境与外部环境)下相互作用、结合的组织方式,以及彼此间的物质与能量交换的行为关系构成了节事旅游产业集群(共生系统的)共生组织及行为模式。基于组织模式和行为模式维度的节事旅游产业集群共生效应发展模式即为节事旅游产业集群的"共生模式"。

第二,集群共生模式反映集群内共生单元之间相互作用或结合的方式,也反映共生单元之间的物质、能量交换与配置的关系,是共生体持续演进的基础,有助于降低企业的交易成本,减少不确定性,增加企业间的信任,实现资源的优化配置,为整个集群及参与共生的企业带来较大的利益。

任务二 节事旅游的策划

节事旅游的策划必要性是因为节事作为产品,其属性决定在产品开发时所依赖的是产品的各种资源背景。在节事活动中,主办地区的人文资源与自然资源都是节事活动的潜在特性。而从其潜在特性中挖掘出的主题,与当下文化时尚交流碰撞所产生的创意与设计是节事的创新与独特之处。将地区的社会文化进行仪式化表达是节事活动的灵魂,其策划将会给当地带来不可忽视的经济、环境以及社会效益。

一、节事旅游的策划原则

对于节事旅游的策划需要搭建一个完整的系统工程,从筹办、策划到举办、运作,每一个环节都需要进行周密的准备与风险的预测。我国节事旅策划的六个基本原则包括。

第一,准则原则。准则原则可以让节事旅游策划的创意切合活动地特色,确定其市场定位,增强策划的科学性与规范性。

第二,特色原则。特色原则是让节事旅游主办地区坚持创新,打造独具特色的节事旅游点。

第三,优势原则。优势原则是让主办地区重视当地的优势资源或产业,形成自身特色,取长补短,形成区域竞争优势。

第四,社区参与原则。社区或公众的参与原则,则是大力鼓励当地居民参与其中,对本地形成认同感与归属感,成为节事旅游市场的最具潜力的带动者。

第五,市场化原则。市场化原则是指主办机构在考虑文化传承的基础下,要让节事活动的主题突出,内容丰富新颖,同时注重经济上的可行性,不要过度规划、产生市场膨胀效应。

第六,高效原则。高效原则是让主办机构实现资源利用的最优化,办成新型节事旅游活动,以此来提高节事旅游的效益。

二、节事旅游的策划程序

(一) 规划阶段

第一,确定节事活动产品。节事活动产品是指节事旅游活动独特的产物,有助于实现节事旅游活动的目标和满足旅游者需求。同时,节事旅游活动的规划需以旅游者为中心,最大限度地满足潜在旅游者的需求。主办机构需根据节事旅游活动的内在特征以及全面预算来安排反映节事旅游活动主题的主要内容,并安排一些次要的、吸引人的辅助活动来补充节事旅游活动的整体形象。节事旅游活动要经过长时间的组织,工作量很庞大,越早对节事旅游活动产品进行确定越好。

第二,财务分析。节事旅游规划阶段一个很重要的工作就是进行有效的财务分析,财务分析主要涉及三个方面:预期收入和花费、预算、现金流。不同的节事旅游活动,运作模式不尽相同,因此其收入来源也有所区别,主要有拨款、补助、捐款、基金、赞助等。节事旅游活动的收入可以在举办的不同时间段获得。预算是一种关于各种计划安排的财务控制工具,节事旅游活动主办机构应当广泛地参与预算的制定工作以了解各部门的工作情况。做财务分析时,笼统地表述利润是不够的,需要精确地计划各种收入和花费,以确保明确的现金流。

第三,制定相关策略。为了保障节事旅游活动顺利开展,主办机构还必须制定一系列相关策略,既包括有效的营销策略,也包括在节事旅游活动中至关重要的人力资源管理策略,同时也应当包括节事活动各种安排的策略等。

(二)实施阶段

节事旅游的实施就是将节事旅游方案付之实现的过程。对节事旅游者而言,其就是参加节事旅游活动的过程;对节事旅游主办方而言,其就是在节事旅游活动期间为旅游者提供服务的过程。实施阶段主要包括以下三个环节。

第一,活动项目组织和管理工作。为了满足节事旅游者参加丰富多彩的节事旅游活动项目的需求,节事旅游活动主办方应全力组织和管理好每个活动项目,使其按预定计划运作,这是节事旅游的一项基本服务。节事旅游活动参与人数众多,且事务繁杂,因此需要专业化的组织和人员提供服务,这也是节事旅游活动能顺利开展的保障。

第二,节事旅游接待服务。为了高质量完成节事旅游活动,必须提供高质量的旅游接待服务。旅游接待服务主要包括导游服务、交通服务、住宿及餐饮服务、娱乐服务、购物服务等。节事旅游接待者无论是接待贵宾,还是数量众多的节事旅游者,都应当做好细致的接待服务,这将直接关系到节事旅游活动的举办质量。

第三,后勤保障服务。后勤保障服务是指节事旅游活动所需的各种具有公共性质的服务,主要有安全服务、医疗服务、公共交通服务、通信服务、金融服务等。这些服务基本都是由政府部门或公共机构提供的,往往需要当地政府进行统一的安排,以保障节事旅游活动的顺畅举办。

三、节事旅游的策划案例分析

(一)河南节事旅游策划案例分析

1. 河南节事旅游策划优势

(1)历史悠久,人文旅游资源得天独厚。河南是中华文化的发祥地之一。从夏代到北宋,先后曾有20个朝代建都或迁都于此,曾经是全国政治、经济、文化的中心,因此现存众多古建筑,为河南节事旅游的发展提供了充足的资源保障。

(2)节事旅游项目参与性强,利于与其他旅游项目共同发展。在河南,节事旅游作为一种新型旅游活动,以其地方性、独特性、观赏性、参与性、周期性、民俗性等突出特点,较好地同各种文化游、自然观光游、休闲游等旅游活动结合在一起,相互促进,共同发展。

(3)区位优势明显。河南省地处中原,东接安徽、山东,北连河北、山西,西连陕西,南临

湖北,地理位置十分优越。自古就被认为"居天下之中"的河南,位于全国东西南北交通动脉的十字枢纽位置,并且还是进出西北六省的门户,区位优势十分显著。境内有京广、陇海、京九、焦枝、新荷、新太铁路干支线,分别在郑州、商丘、洛阳、新乡、焦作呈十字交汇,郑州、洛阳、南阳拥有三座机场,便捷的交通条件,为河南省节事旅游发展提供了可靠的交通运输保障,也提高了全省的旅游发展可进入条件。

2. 河南省节事旅游策划

(1)加强河南省区域节事旅游合作机制的建设。建立和完善全省范围内的节事旅游合作机制是有效实现节事旅游资源整合、加快河南节事旅游发展的有力途径。

随着河南省旅游业对外开放进程的进一步加快,要想全面地应对各种竞争,除了引进先进旅游管理经验和管理模式之外,还需要"走出去",主动出击,只有将"引进来"和"走出去"相结合,才能全面地应对竞争。河南省要想把节事旅游业做大做强,就必须加强区域间的旅游合作,利用中原城市群建设的契机,在发展中相互支持,发挥省内各地的优势,共同打造出具有河南特色的古都游、特色游。

(2)突出自身历史文化特色,发展和完善节事旅游产品开发和创新体系。特色是旅游发展的基础,节事旅游活动的特色就是要追求节事旅游产品的"新""奇""特"。随着人们生活水平的提高,旅游者的文化品位越来越高。河南省应充分发挥悠久历史和文化方面的优势,根据中外旅游者的不同需要,对现有节事旅游产品进行改良,创建一部分具有鲜明地方特色的节事旅游品牌;同时在围绕现有节事活动主题的前提下,与时俱进,紧跟时代潮流,开发一些符合当今时代潮流的热点节事旅游项目。

(3)发挥政府协调作用,建立市场化运作机制。节事旅游发展涉及众多的部门和行业,由政府部门出面协调各方利益,通力合作,才能确保节事旅游活动的正常开展。但政府协调并非以政府为主体,这需要进一步转变观念,积极探索节事旅游活动开展的多种模式,政府在其中扮演好联络协调员角色,只负责监督与协调,以期达到"隐形的政府"状态。严格遵循市场经济的基本规律和原则,相信一定能最终形成"以节养节"的良性循环,确保河南节事旅游业的健康可持续发展。

(4)加强节事旅游活动的规范化管理,即要对节事旅游活动开展的时间和空间进行合理安排。

从时间安排而言,一次节事活动的举办天数应控制在一到两周左右,太长或太短都难以取得预期效果。

从时间分配而言,全年节事活动要合理分布,如此既能营造节日氛围,又能使节事魅力常在。从地域分布上看,应进一步规范全省的节事活动,组织相关专家进行调研和论证,制定规范化管理措施,并在省旅游局设立专门部门,对全省节事旅游活动进行评比,以促进全省节事旅游的良性发展。

(5)加强节事旅游机构建设及人员素质的培养。在全省范围内,可通过降低准入门槛但加强质量监控的方式鼓励建立专业性的节事策划公司,在各种节事旅游活动举办前以及操办过程中进行业务及技术指导。

目前,河南省发展节事旅游已具备了较为成熟的条件,只要进一步加强引导,积极转变政府职能,充分调动各方面积极因素,克服节事旅游发展中的各种困难,河南节事旅游发展必将迈上一个新台阶,最终推动河南旅游业的整体发展。

(二)节事旅游的人才培养研究

节事旅游主要是旅游目的地通过举办和庆祝各种事件、活动和节庆来形成自己的核心吸引力。节事旅游能提高当地的旅游竞争能力,弥补旅游淡季供给与需求不足的情况,促进旅游经营者经营水平的提高,使举办地的旅游资源获得最佳的优化组合。纵观主要节事旅游活动,有的是传统的民族节日,有的是策划人员策划出来的节事活动,但真正策划成功、能够持续下来的节事活动屈指可数。主要原因是大部分节事活动策划缺乏新意,特色不明显,吸引力不强。

1. 节事旅游策划人员的职业能力

(1)良好的心理品质和健康的身体。节事旅游策划者应该是一个心理健康而又成熟的人。节事旅游策划是一项服务性的工作,策划人员言谈举止应该协调自然、有条不紊。

情绪稳定是心理健康的一个重要标志,旅游策划者还应该确保情绪稳定,不因快乐而忘乎所以、手舞足蹈,也不因痛苦和悲伤而手足无措、捶胸顿足,要学会以平常心做平常事。行动的自觉性、果断性、坚韧性和自制力是意志坚强的具体表现,旅游策划者应该拿得起、放得下、理得清思路、容得下矛盾,当行则行、当止则止,不感情用事、不优柔寡断。该做的工作,无论承受多大的痛苦、多大的委屈,经受多大的挫折,也要知难而上、不屈不挠、持之以恒,把它做好,绝不虎头蛇尾、半途而废;不该做的工作,无论多大的诱惑,绝不去做。与此同时,节事旅游策划人员还必须具有健康的体魄,因为策划者要跋山涉水深入各地进行实地调查等。

(2)以旅游者的心理需要为出发点。节事策划过程本身就是策划主体为各类旅游组织和旅游活动提供服务的过程,其最终目的是更好地满足节事旅游市场需求,因此,策划必须树立以顾客为核心的观点。

第一,以旅游者需求为中心。旅游者的旅游需要,虽然包括吃、穿、住、用等基本的生理方面的需要,但这些生理方面的需要,在层次上已发展为吃得好、穿得好、住得好、用得好的一种心理需要,是为了获得美的享受和心情的愉悦。这是旅游需要与其他一般需要最大的区别所在,也是节事策划与其他一般策划最大的区别所在。旅游需要因旅游者国家、民族、性格、年龄、性别、文化程度和经济收入等方面的不同而不同。显然,只有均等地、超出预期地满足旅游者的这些需要,旅游目的地的旅游形象和旅游竞争力才能得到提升,所以,策划的中心和出发点应是具有丰富感情色彩和各种需求层次的旅游者。节事旅游策划人员应该着重分析不同情况的旅游者的旅游需要,切实根据旅游者的需要水平、需要状况、需要内容进行节事旅游策划和设计。

第二,以游客为本。节事旅游策划人员应该坚持"以游客为本"的理念。许多参与节事旅游的游客都是为了满足愉悦、审美、康体等某些方面的需要,而支付一定的精力、时间和金钱成本亲自前往。所以,策划人员要时时处处为游客着想,想方设法为游客提供热情、周到和便捷的服务。

第三,为游客提供心理服务。节事策划过程中要考虑到节事活动主办地和相关的旅游服务企业在为游客提供服务时,应该既提供高效率、高质量的"功能服务",也提供让游客在接受主办地和旅游企业服务过程中能获得心理满足的"心理服务"。从具体内容和本质意义角度看,现代旅游是一项集自然美、艺术美和社会生活美之大成的综合审美活动,游客通过旅游活动,更重要的是满足心理需求。因此,节事旅游策划人员一定要重视这种"心理"特点。

(3)创造性的思维素质。节事旅游策划人员在策划过程中不仅要有创新的意识,还要具有创新的能力,善于运用敏锐、新颖、独特的视角,生发出具有社会、经济价值的节事活动。

第一,有强烈的问题意识,能发现新的问题。要创新,就要敢于揭示问题,善于发现问题。节事旅游策划人员对问题要有特别的敏感性,能深入认识各项节事活动,去揭示存在的问题,找到所有存在的问题,寻找解决问题的对策。采取对策的过程,就是一个创新的过程。如果不能将存在的问题揭示出来,就无法深入认识事物,更无法解决问题的症结。所以,深入揭示存在的问题,是进行创新的起点。发现问题的最大阻力、对创新思维影响最大的是惯性定势,它是悬在人们头上的一柄达摩克利斯之剑。因此,要创新,就必须清除各种惯性定势。所谓惯性定势,就是指人们在思考问题或在工作中,过去的某些常规、常理、习惯性的做法,禁锢着人们的思维,使人们不敢越雷池半步。

第二,突破思维障碍,扩展思维视角。要对节事旅游策划进行创新,不能照搬大城市的成功策划模式。节事旅游策划人员首先必须突破思维障碍。阻碍创新思维的有习惯性思维障碍、直线型思维障碍、权威型思维障碍、从众型思维障碍、自我中心型思维障碍、自卑型思维障碍、麻木型思维障碍等。但是不同的策划人员表现出的思维障碍程度是不一样的,而且同一策划人在不同的情况下,思维障碍的情况会有所不同。节事旅游策划人员如果能冷静客观地分析自己的思维障碍,了解其产生的原因去克服它,这就是一个了不起的进步。思维障碍是节事旅游策划人员思维创新的拦路石,而突破思维障碍的最好方法就是扩展思维视角。因此在策划创新活动时,节事旅游策划人员的起点和切入的角度是非常重要的。只有从新的视角切入,才能产生创新思维。同时,扩展视角对认识客观事物会有极大的影响。

第三,合理运用发散思维和收敛思维。发散思维和收敛思维对创新活动都是积极的,是创造性思维不可缺少的部分。这两种思维方式如果运用得当,就会对创新活动起促进作用;如果使用不当,就不能发挥应有的作用。发散思维本质上是一种非逻辑思维形式,它有可能脱离逻辑框架,因此而具有新意,能成为一个创新萌芽。要达到这种效果,策划人员应当思想灵活、性格开放、善于变通,敢于和善于使用逆向思维和横向思维来解决实际问题。

而具有收敛思维的人,在解决问题的过程中,总是尽可能地利用已有的知识和经验,把众多的信息和解题的可能性逐步引导到条理化的逻辑链中去。节事旅游策划人员应该要注意使用收敛思维的恰当时机,把握好度,在收敛思维和发散思维之间保持适度的张力,善于积累及运用知识和经验,恰当、巧妙地运用逻辑思维方法。

2. 节事旅游策划人才培养策略

人才是节事旅游发展的关键因素,因此行业要想方设法培养人、吸引人、留住人、利用人,真正做到"以人为本"。只有具备了专业的节事旅游策划人才,行业才能对节事旅游活动进行完善的策划与处理,并且对节事旅游活动中可能会出现的问题做好完善的预案,保证整个活动的顺利开展。

第一,建立培养专业节事旅游策划人才的长效机制。在教育方面可以借鉴国外的经验,将节事旅游策划人才的培养纳入高等教育和职业教育的范围;组织参与节事旅游活动的工作人员参与培训,将他们从兼职发展为专职,从业余发展为专业。地区可以根据当地学院的资源情况,开设节事旅游策划相关课程,进行素质拓展训练,既可以招收专业的策划人员,也可对现有的节事旅游从业人员进行系统的培训,根据地域差异,调整教育教学要求和培训要求,大力培养出适销对路的节事旅游策划的初、中、高级专业人才。

第二,引进专业节事旅游策划人才。为了提高节事旅游活动的品位,应大力引进中高级节事旅游策划人才。从大处着眼,政府职能部门应制定与节事旅游开发配套的中长期人才规划和人才引进政策,促进整体策划人才结构的平衡发展;本着可持续发展的原则,基于"以人为本"的思想,营造安居乐业的人才氛围,改善现有的工作环境,用事业留人,用感情留人,用待遇留人;应树立理解、尊重、服务策划人才的新观念;要为引进的人才提供锻炼的平台,以提升其业务水平,同时激发其他员工的工作积极性;不能盲目追求高学历,要真正做到发挥人才的最大效应,激励他们为节事旅游服务的热情,在他们遇到困难和压力的时候要给予支持和鼓励。

任务三　节事旅游的运作模式

一、节事旅游的基本运作模式

(一)政府包办模式

政府在节事活动举办过程中包揽一切事务,扮演多种角色。不仅活动由政府主办,节事旅游活动的内容、场地、时间等都由政府决定,参赛单位由政府指派。政府包办模式虽然让地方政府能最大限度地对活动进行统筹规划,但也给地方政府带来了很大的财政负担,限制了参赛企业的积极性和主动性,经济效益和社会效益也会大打折扣。

(二)市场运作模式

市场运作模式是节事旅游活动走向市场化的终极模式。在这种模式下,节事旅游活动完全由节事旅游企业按照市场经济规律运作,其优势不言而喻。其一,节事旅游活动的时间、地点、运作方式、参赛资格等各方面均由市场需要决定,可节约成本;其二,也有利于实现旅游效益的最大化。

(三)政府主导、社会参与、市场运作相结合模式

该模式是当前比较符合我国国情的一种节事旅游运作模式。在这种模式下,节事旅游活动的主办方仍旧是政府,但其作用发生了变化,由过去的主导活动变为主要确定节事旅游活动的主题和名称,并以政府名义进行召集和对外宣传。而社会力量的作用体现在为节事旅游活动的主题献计献策、营造良好的节事旅游环境氛围,以及积极参与各项节事旅游活动。真正的市场运作则具体委托给企业,采用激励的方式让更多的企业参与到节事旅游中。

二、节事旅游产业的集聚化运营

(特色)产业集聚区的空间组织形式能促进相关产业要素的充分集聚、促进对当地特色的文化资源的规模化开发和相关专业化生产,使之达到产业运营的集约化效果,实现规模经济与范围经济的双重效应。

节事旅游产业的集聚化运营是节事资源的旅游开发利用和节事旅游产品专业化生产的基础,对节事资源旅游产业化发展具有重要意义。产业集聚的结果必须通过空间这一载体才能有具体的依托,只有经过营销与推广才能将资源转变为资本,将产品转化为效益。

(一)节事旅游产业的空间集聚化

1. 节事旅游产业集聚化发展的作用机制

优化节事旅游产业的空间集聚化发展问题,能促进节事旅游产业在整体上获得集约化效应。节事旅游产业(各种要素及部门的)集聚化的结果是形成节事旅游产业集群,而节事旅游产业集聚区是节事旅游产业集群的空间表现,因此节事旅游产业集聚区本质上是节事旅游产业集聚化运营(及发展)的空间组织形式。

对于节事旅游产业而言,相关产业要素及部门的集聚,会形成与之对应的节事旅游产业集群,并不断发展。本质而言,这是节事旅游产业集聚化发展的具体表现形式。节事旅游产业集聚区则是节事旅游产业集聚化发展的空间组织形式,更是节事旅游产业集群的空间依托。同时,无论是作为具体表现形态的节事旅游产业集群,还是作为空间组织形式的节事旅游产业集聚区,它们形成与发展都离不开可靠的节事旅游产业链生态的均衡,这种均衡是基础,也形成了一种保障机制,为节事旅游产业集聚化发展提供背景支持。

2. 节事旅游产业的集群化表现

旅游业是集群效应非常明显、非常适合进行集群化发展的行业,同时产业集群在培育经济增长和旅游发展中是非常有效的工具,因此节事旅游产业的发展适合采用产业集群的发展模式。节事旅游产业集群是节事旅游产业集聚化发展结果的具体表现,能推进节事旅游产业的集约化发展,下面将做分析探讨。

(1)节事旅游产业集群是节事旅游产业集聚化发展的具体表现形式。旅游业是一种分散型的行业,独立经营对大部分旅游企业而言,难以获得规模经济效益。一条节事旅游线路或一个节事旅游项目的开发经营,单靠一家旅游企业既难以实现也不经济。因此,节事旅游产业集群作为节事旅游产业集聚化发展的具体表现形式,表现了节事旅游产业集约化发展

的具体内涵,其背后既体现了对节事旅游产业专业化生产的基础保障作用,也折射了节事旅游产业集聚化运营的综合优势。

从产业集聚的角度而言,旅游产业集群是旅游企业及相关企业和部门为了提高竞争力和竞争优势而形成的服务体系或有机系统。因此,作为旅游产业集群的一种类型,节事旅游产业集群,是指与节事旅游(产业)发展密切相关的节事旅游核心吸引物(即各类节事旅游活动项目),以及游览观光、旅行交通、餐饮住宿、购物娱乐等旅游相关企业和部门,为了形成强劲、持续的集体竞争力和竞争优势,在一定地域空间内形成的具有紧密协作关系的群体集合。这对促进节事旅游产业集聚化发展,形成强劲、持续的群体竞争优势,进而促进当地节事旅游产业的持续健康发展具有重要意义。

(2)节事旅游产业集群的形成与发展机制。旅游产品的综合性与旅游行业的关联性是旅游(企业)产业集群产生与发展的催化剂。具体到节事旅游产业的集聚发展层面,从事与节事旅游相关的企业在追求规模经济、游客差异性偏好和要素集聚等情况下,必然努力探寻适合自身经济活动的最优区位,进而促进特定主题的节事旅游集群的形成与发展。这种向最优区位集聚(即循优推移)的产业集聚过程,就是节事旅游产业集群形成与发展的机制。

节事旅游产业集群的形成与发展的机制有两种具体的路径,它们从相同的起点出发(即依托地域的节事资源特色及产业基础),经过不同的中间环节,最终达成一致的目标(即促进节事旅游产业集群的有序发展)。

路径一:(市场)自发集聚式。这种路径属于市场诱发型路径,其动力源为市场。具体机制过程表现为:一些企业自发在某一区域经营、集聚;然后,在某一主题的节事文化方面形成了一定的资源特色及产业发展基础,且影响力不断扩大;由于市场的力量吸引更多的相关企业进驻该集群区域,促进更多的产业要素与相关企业自发向产业集群内集聚,即出现企业扎堆现象;随着产业集聚的规模及综合效应的提升,政府逐步介入,进行规范与监管,促进产业集群的有序发展。这方面,上海的(泰康路)田子坊就是典型。

路径二:(政府)规划引导式。这种路径属于政府主导型,其动力源为政府。具体机制过程表现为:首先,在地方政府的规划引导下,某一区域在某一主题的节事文化方面形成了一定的产业发展基础,甚至初步的资源特色;一些相关企业(针对性)试探性地进驻集群,进行经营;该区域的特色及影响力进一步提升;随着政府对该区域指导与管理的加强,集聚效应的进一步扩散,吸引更多的产业要素与相关企业的集聚,即出现"企业扎堆"现象;促进了产业集群的有序发展。

节事旅游产业集群形成机制的这两种具体路径是有异同点的。在节事旅游产业集群形成的过程中,无论经历哪种路径,最关键的两点都是一样的,即必须依托节事资源特色和产业发展基础,而这些节事资源特色和产业发展基础的形成,必须要依托一定的环境载体,那就是节事旅游产业集群。

节事旅游产业集群又往往是以一定的空间组织形式出现的——专门的"节事旅游产业集聚区"(如节事旅游综合体),这是节事旅游产业集群良好发展的关键条件,是实现其集约化发展的空间组织形式,需要深入研究。

(3)节事旅游产业集群发展的模式。根据促进节事旅游产业集群的形成与发展的动力源泉是客源（市场），还是资源（基础），节事旅游产业集群的发展模式可以分为。

第一，客源驱动型发展模式。客源驱动型发展模式文化产业要获得良好发展，有一个重要规律就是要依靠可靠的客源基础。集群成功与否最终取决于市场。因此，客源是旅游集群形成和发展的首要动力。

从节事旅游产业发展的角度而言，现实中很多地方由于拥有优质的客源腹地，能为该地区提供持续不断、数量众多的节事旅游客源，从而带动该地节事旅游产业的发展，并促进节事旅游产业集群的形成和发展。这样的节事旅游产业集群即"客源驱动型节事旅游产业集群"，其发展模式即"客源驱动型节事旅游产业集群发展模式"。该模式最大的特点就是，由于需要持续不断、数量众多的客源支撑，该类节事旅游产业集群基本上都分布在大型城市，或城市群内，及其周边地区，故其是以近距离的游客为主要客源的。因此，该类模式适宜于大城市或城市圈及其周边区域采用。

客源驱动型的节事旅游产业集群发展模式的内部机制是：客源对节事旅游消费的需求自发形成的集聚力量，通过市场刺激了生产要素的集聚，并最终促进节事旅游（产业）集群的形成和发展。这可以简单地概括为这样一个良性循环的链圈模型，即"客源需求集聚—产业要素集聚—产业集群形成与发展—更好地满足目标顾客的需求—更多、更高质量的客源需求的集聚"。因为这个良性循环圈链模型的形成是以客源集聚为驱动力的，本书称之为节事旅游产业集群发展的"客源驱动型机制模型"。

第二，资源依托型发展模式。各种类型的节事旅游资源是形成节事旅游集群的最初诱因。节事旅游产业集群的另一种常见发展模式是资源依托型模式。与客源驱动型模式不同，该种模型作用下的地方由于拥有非常著名的节事（及其活动）品牌，能为该地区发展节事旅游业提供绝对优质的节事（文化）资源的支撑，进而吸引大量外来游客慕名前来体验消费，从而带动该地节事旅游产业的发展，并促进节事旅游产业集群的形成和发展。这样的节事旅游产业集群即为"资源依托型节事旅游产业集群"，其发展模式即为"资源依托型的节事旅游产业集群发展模式"。

该发展模式最大的特点就是，由于这种模式的发展需要具有绝对优质的节事（文化）资源为基础，该类节事旅游产业集群不一定集中在大型城市或城市群地区，可以分布在广大中小城市及农村地区。因此，具有各类优质节事文化资源（可以是节庆、体育赛事、会展等），有美丽风光，以及独特的地域风情或深厚的人文底蕴的地方比较适宜该类模式的发展。故其客源构成不像客源驱动型那样，近程游客占多数，也会有很多远程游客，有时远程游客数量甚至远远超过本地客源的数量。

资源依托型的节事旅游产业集群发展模式的内部机制是：节事资源的独特性和优质性吸引了大量游客前来体验消费，因而刺激了生产要素的集聚，并促进当地节事旅游（产业）的形成和发展，并通过节事产业集群的形式优化整合各种产业要素。这可以简单地概括为这样一个良性循环的链圈模型，即"核心节事资源的集聚—客源（需求）集聚—产业要素集聚—产业集群形成与发展—更好地满足目标顾客的需求—更多、更优质的节事旅游资源的集聚"。因为这个良性循环圈链模型的形成是以资源集聚为依托基础的,本书称之为节事旅游产业集群发展的"资源集聚依托型机制模型"。

第三,混合动力型发展模式。节事旅游产业集群发展的混合动力型模式,具有综合节事旅游的客源和资源两种优势,能更好地促进一地节事旅游产业集群的发展。由于这种模式综合了节事旅游的客源基础和资源特色双重优势,因此是节事旅游产业集群发展最理想的一种模式。

混合动力型的节事旅游产业集群发展模式的内部机制是:在客源和资源双重优势的作用下,节事旅游的资源的开发利用与客源挖掘拓展融合互动,形成良性循环,促进当地节事旅游产业的快速发展,并形成节事产业集群,促进客源与资源的优化、升级,最终促使节事旅游产业持续发展,并进一步促进资源与客源的优势集聚。这可以简单地概括为这样一个双轨并行的良性节事旅游产业生态链逻辑,即"客源和资源的双重优势—节事旅游的资源的开发与客源挖掘融合互动—(形成良性循环)—产业集群形成与发展—促进客源与资源的优化、升级—促使节事旅游产业的持续发展—进一步促进资源与客源的优势集聚"。因为这个良性循环圈链模型的形成是以资源和客源的双重优势为基础的,本书称之为节事旅游产业集群发展的"混合动力型机制模型"。

3. 节事旅游产业集聚化的空间组织形式

节事旅游产业集聚是节事旅游产业集群的空间依托,更是节事旅游产业集聚化发展的空间组织形式。

1) 节事旅游产业集聚区即节事旅游综合体及其属性

产业集群的基础是本地产业文化和创业氛围,产业集群的基本特征是产业集聚和产业联系。因此,无论是从旅游产业集群在实践中作为区域旅游发展的战略或振兴手段角度,还是理论研究中对于旅游产业集群研究的有效性和科学性角度看,旅游产业集群都应该是作为在地理上的集聚理解的。节事旅游产业集群在地域空间形态上会形成各种具有不同空间结构特征的节事旅游产业集聚区。

节事旅游产业集聚区,是指以具有比较优势的节事旅游资源与区位条件为发展基础,以节事旅游产品为核心吸引物,依托相应的特色区域,将酒店、景区、餐饮、购物、娱乐等旅游休闲服务部门与会展、节庆、演艺或体育运动等节事内容资源有机结合,从而形成节事内容与旅游部门融合共生的一种新型的旅游综合发展区域。

从产业融合与共生的角度而言,节事旅游产业集聚区就是节事产业和文化旅游产业发展到一定阶段后,原本各自独立的产业系统的多重要素相互融合与共生,并以一定的集聚空间为中心,以节事文化为核心,以旅游休闲为导向,以商业盈利为方向,以节事旅游产业链生态为逻辑,以土地的综合开发为目标,综合各种功能与特征,整合节事产业与旅游产业要素而形成的旅游休闲的综合聚集区。

从功能属性的角度而言,节事旅游产业集聚区具有以下功能属性。

第一,节事旅游产业集聚区是节事旅游产业集群的空间依托(载体)。作为低污染、低耗能、高附加值的节事旅游产业,要想获得集约化发展和持续稳定的效益,就得突破传统粗放

型的经济发展方式,进行转型升级。节事旅游产业集聚区从地理空间上为节事旅游产业的转型升级提供了载体,并在一定区域空间范围内实现各种文化要素的优势整合,并广泛地吸引人才、资本、技术等其他产业发展要素,形成节事旅游产业集群,产生节事旅游产业的空间集聚效应,最终实现集约化发展的目标。可见,节事旅游产业集聚区(即节事旅游综合体)是节事旅游产业集群的重要空间依托载体,通过培育与发展节事旅游产业集聚区可获得规模化和集约化的双重效益。

第二,节事旅游产业集聚区是节事旅游产业集聚化发展的空间组织形式。任何产业集群,只有落实到具体的地域空间载体上才能得以实现其功能与价值。节事旅游产业集聚区(即节事旅游综合体)是节事旅游产业集聚化发展的一种有效的空间组织形式。

第三,节事旅游产业集聚区是节事旅游产业集约化发展的空间路径。集约是相对粗放而言的,它以效益(社会效益和经济效益)为根本对产业经济发展的诸要素进行重组,以最小的成本获得最大的投资回报。集约化经营具有集团规模经营的特征,因此要求生产要素的相对集中,以形成集团化、规模化的产业(经营)发展优势。节事旅游产业集聚区不仅可以带来节事旅游产业的集聚化发展所带来的集团化、规模化的优势与效益,还可进一步与产品的专业化生产一起促进一地的节事旅游产业的发展达到收益最大化与成本最小化的平衡。由此可见,节事旅游产业集聚区(即节事旅游综合体)是节事旅游产业集约化发展的空间(实施)路径。

第四,节事旅游产业集聚区是区域经济发展新的增长极。随着工业化后期甚至后工业化步伐的逼近,传统工业品消费与制造业经济或物质经济的比重将日渐减小,文化消费及文化经济的比重将日益增大,其中节事与旅游也是近年来我国发展最快的新兴产业,而承载节事与旅游两重产业融合共生发展的节事旅游综合体今后将成为区域经济发展新的增长点和增长板块。

"节事旅游"的双重产业集聚区通过大量吸收当地的节事与旅游资源要素和相关企业及部门的集聚,积累自身的能量,促进一种新的旅游细分市场(即节事旅游市场)的形成,并使其逐渐成为当地的一个新经济增长点。

在节事旅游产业集聚区的运营过程中,它会令其带动起来的人流、物流等向外扩散并反过来促进集聚区的创新发展,并由此产生由外部规模经济、范围经济等带来的集群效应,成为当地新的经济增长极,各种相关产业要素及企业等进一步向此地集聚,成为名副其实的节事旅游的"(共生)综合体",整合区域的节事旅游资源,放大节事旅游的乘数效应。

2) 节事旅游产业集聚区的吸引物结构层次

在具备良好资源的基础上,从节事旅游产品生产的角度而言,独特的吸引物是吸引顾客光顾的核心,因此特色鲜明的吸引物体系的构建是节事旅游产业集聚区运营管理工作的重点。具体而言,节事旅游产业集聚区的吸引物体系并不仅仅包含传统意义上的旅游吸引物,它是在突出节事(活动)这一核心吸引物的基础上,加上承载核心吸引物的综合体内的相关项目实体本身及氛围环境等形成的一个完整的吸引物体系。从内涵和功能而言,节事旅游产业集聚区的吸引物分为核心吸引物、基础吸引物和延伸吸引物三个层次类型,最终形成一个节事与旅游紧密融合的综合性的产业发展构架。

第一，核心吸引物。从商业营销的角度而言，把目标顾客吸引到现场是首要任务。对于节事旅游产业集聚区而言，各种特色节事活动是吸引游客的核心，因而它就是名副其实的核心吸引物。特色节事活动应能满足顾客进行节事旅游的核心消费需求，是节事旅游产业集聚区生存与发展的核心与关键。因为特色鲜明的各类主题节事活动能提高顾客的满意度，属于"激励因素"的核心成分，节事旅游产业集聚区应该在符合时代文化特点的基础上，经常地、有计划地策划和推出符合本区域特色的主题鲜明、个性突出的各类节事活动，以其生动、活泼、多元、新鲜等卖点引发目标受众的关注，从而吸引客源不断光顾，真正成为综合体盈利点的核心。

第二，基础吸引物。从顾客的消费心理需求与行为模式的角度而言，基础吸引物是用来满足顾客的基础旅游消费需求（即环境安全、饮食、购物等）的，是节事旅游产业集聚区生存与发展的基础与前提。这是防止顾客产生不满意感受的"保健因素"，所以必须通过环境氛围的营造（如公园、广场、特色建筑及区域街区氛围的营造）、商业设施的建设（如商业街区及其商业中心、商店等的建设）、餐饮功能板块的布局（如各种饭店及特色饮食店的布局）等，令其以长期固态的形态扎根下来，从而真正实现稳定客源，提供赢利基本保障的功能目标。此外，节事旅游产业集聚区的基础吸引物应该在达到基本的标准化要求的前提下，尽量做到本土化（民族化），为综合体的个性化、主题化发展奠定基础。

第三，延伸吸引物。顾客被节事吸引和稳定下来之后，接下来要做的就是尽量延长顾客的逗留时间，使其增加消费。延伸吸引物可以满足顾客附加的延伸旅游消费需求（即游览与观光、休闲游憩、娱乐消遣，甚至留下来住宿等），是节事旅游产业集聚区的生存与发展的补充和完善。体系完善的延伸吸引物体系能提高顾客的满意度，属于"激励因素"的重要内容，所以各节事旅游产业集聚区应该在充分体现自身个性特色的基础上，尽量与国际接轨，体现国际化气质，不断完善与补充新的服务内容与项目，让聚集区不仅能吸引本地人、本国人，还能吸引境外人士的光顾，真正成为赢利（拓展）增长点。

对于节事旅游产业集聚区而言，核心吸引物是重点和关键，基础吸引物是前提和基础，延伸吸引物是补充和完善。节事旅游产业集聚区应通过合理的规划建设与运营管理，做到以核心吸引物（节事活动吸引物）吸引客源，以基础吸引物（基础设施及环境氛围）留住顾客，以延伸吸引物（相关商业项目）衍生消费。只有这样，节事旅游产业集聚区才能为内部商家带来稳定的客源和利润，为集聚区运营者自身带来可观的各类项目经营收入和可靠的商业地产租售收益，才能直接提升所在地的土地经济价值，并带动当地的区域经济发展，真正实现集聚区、入驻商家以及当地社会等多方共赢的结局。

3) 节事旅游产聚区的发展模式

作为综合聚集节事与旅游功能的特定空间的节事旅游产业集聚区，综合考虑了当地居民和外地游客的节事及旅游休闲消费的多元复合需求，进一步凸显节事娱乐和旅游休闲相结合的功能特色，本质上是一个节事产业集聚区与旅游产业聚集区的结合点与共生体，可独

立形成一个完整的经济运行系统,并业已成为一种旅游休闲目的地形态,且具有很好的发展前景。

从空间角度而言,节事旅游产业集聚区可以视为文化(创意)产业园区的一种新形态。而纵观世界较为成熟的文化产业园区,无不是在特色文化资源、特色区域资源禀赋,或特色城市文脉的基础上发展起来的。因此,节事旅游产业集聚区的形成与发展,必须依托所在区域的属性(类型)及其所具备的节事资源特色。故根据所依托地域的原始功能特色及节事资源基础的不同,节事旅游产业集聚区(即节事旅游产业园区)的发展模式可以概括为以下几种常见的类型。

第一,旅游景区依托型——旅游演艺景区游览。景区依托型节事旅游综合体,是指当地主要以各类旅游景区为空间依托载体,以此为核心在其周边地区逐步形成与发展起来的一种节事旅游产业集聚区。因为是以景区空间为依托基础(载体)的,该类型发展模式的节事旅游产品项目以各种景区旅游演艺活动为核心,具体包括(户外)实景旅游演艺和(室内)剧场旅游演艺活动。

景区的客源主要是外来游客,所以对于当地而言,其内部以演艺活动为代表的文化节事活动无形中还承载着展示地方形象、塑造地方品牌的责任,是目的地营销体系的重要组成部分,因此,景区内的旅游演艺一般都是当地自然与文化元素提炼后的精炼的艺术化概括,一般都是本地最具特色与代表性的文化内涵的浓缩外化表达。

第二,休闲公园依托型——公园节庆活动公园游览。城市公园也是经常举办各类节事活动的重要空间依托载体,但作为旅游景区的一种类型,公园客源的结构与一般的旅游景区是有一定区别的,主要是以本地游客为主。因此,公园也是节事活动非常丰富的空间单元类型,本书将其作为一种节事旅游产业集聚区的发展模式类型单独列出来。

第三,主题乐园依托型——表演巡游乐园游乐。主题乐园内以演艺、巡游为代表的各类节事活动融合了经典意义的剧场舞台表演以及各种流行文化、造型艺术、民间活动和节庆活动等,成为具有极大创作和发展空间的文化产业,传递了主题乐园的主题特色,能使游客在艺术享受中对主题乐园文化有进一步认识,提高自己的体验质量。可见主题乐园也是节事活动非常丰富的空间单元类型,因此,以主题乐园为依托的节事旅游也独具特色,并可以和主题乐园本身紧密结合,依托园区空间,形成和发展新的节事旅游产业集聚区类型——即主题乐园依托型节事旅游产业集聚区。

作为一种发展模式,主题乐园依托型节事旅游产业集聚区,主要是以各类主题乐(公)园为空间依托载体,并以此为核心并在其周边地区逐步形成与发展起来的。在以主题乐园空间为依托(载体)的基础上,该发展模式以乐园内各种节事活动,具体包括日常的景点表演、舞台表演,及特定日期的各类节庆活动为核心项目。该发展模式的典型特征就是——剧场舞台表演以及各种流行文化、造型艺术、民间节庆活动等与主题乐园的主题特色体验紧密结合,使乐园的游乐休闲与节事体验融为一体、相得益彰。

第四,文化(创意)园区依托型——文化创意节事文化娱乐活动。文化(创意)园区是近些年来比较流行的一种产业集聚区形式,这种以文化为本、创意为用的产业集聚之地,会吸引很多文化机构、创意企业等文化产业的核心业态以及其他相关业态集聚,并进一步引发画展等艺术展、时装秀等创意秀,以及其他各类文化节事活动的集聚,在吸引文化产业的专业人士的光顾旅行的基础上,还用其知名度带来休闲旅游客源的体验与欣赏,以此带动整个区域的旅游休闲等产业的切入与融合,使之逐步成为节事旅游产业集聚区的形态之一。其主要是以集聚区所在地的各类文化(创意)产业园区为空间依托载体,并以此为核心,在其周边地区形成与发展起来的。

作为一种节事旅游综合体的发展模式,其最大的特征就是,文化(创意)园区内各种艺术展、创意秀、文化节等节事活动是节事旅游产品的核心项目,通过将特色文化节事活动的体验与园街区的休闲游览,以及城市观光融为一体,可以说是节事旅游产业集聚区的一种独特的发展模式与类型表现。

第五,游憩商业区依托型——节事活动娱乐综合休闲游憩游憩。商业区是由各类纪念品商店、旅游吸引物、餐馆、小吃摊档等高度集中组成,吸引了大量旅游者的一个特定零售商业区。各类游憩商业区已成为节事旅游发展的重要空间依托载体,从节事旅游集聚区的角度而言,其实就是节事旅游综合体的一种具体形态。

游憩商业区依托型节事旅游产业集聚区,主要是以各类游憩商业区为空间依托载体,并在此基础上形成与发展起来的一种节事旅游产业集聚区。作为一种节事旅游综合体的发展模式,其最大的特征就是,以各种主题节事活动为游憩区节事旅游产品的核心项目,促进特色主题文化节事活动的体验与游憩区的综合休闲游览的完美融合。

第六,会展设施依托型——会议展览体验观光游览。会展设施主要用来举办各种会议、展览的专门场所,会吸引很多商务人士的光顾,但很多时候也会吸引这些商务人群在商务旅行之外延伸出住宿、餐饮、观光游览、娱乐休闲等很多旅游方面的消费需求,因而在具有一定规模的会展设施附近也会吸引很多餐饮、住宿、休闲娱乐,甚至观光游览设施集聚,形成一个会展与旅游紧密融合的区域板块。其实,这也属于节事旅游产业集聚区的一种具体类型和发展模式,本书将这些以会展设施为中心而集聚相关旅游服务设施的区域板块称为"会展设施依托型节事旅游产业集聚区"。

会展设施依托型节事旅游产业集聚区,主要是以各类会展设施集聚区为空间依托载体,并在此基础上形成与发展起来的一种节事旅游产业集聚区。从节事旅游产业集聚区的角度而言,该发展模式其最大的特征就是,会展设施集聚区内各种专业性或综合性的会议、展览的体验,如上海每年一度的中国国际数码互动娱乐展览会、两年一次的国际车展与对应的商务旅行消费,与有关会展场馆(建筑)欣赏、所在城市观光等紧密结合,促进了城市的会展和旅游休闲产业的融合发展。

第七,文体场馆依托型——文体赛事、演出等专题活动欣赏城市观光。与会展设施依托型节事旅游产业集聚区比较类似的是文体场馆依托型节事旅游综合体,因为二者都是以专业的各类活动设施为依托的。这些文体设施又具体包括博物馆、美术馆、舞蹈中心、音乐厅、剧院(场)、规划馆、科技馆、(文化)艺术(宫)中心等文化设施,以及足球场、马戏城、赛车场、综合性体育馆(场)等各类体育场馆设施。这些场馆设施经常会举办体育赛事等赛事活动,以及明星演唱会等文化演出活动,因而该区域板块周边也会吸引很多餐饮、住宿、休闲娱乐,甚至观光游览设施集聚,形成一个文体赛事与演出活动与城市观光旅游紧密融合的区域板块,成为名副其实的"文体设施依托型节事旅游产业集聚区"。

文体设施依托型节事旅游综合体,主要是以各类会展设施集聚区为空间依托载体,并在此基础上形成与发展起来的一种节事旅游产业集聚区。如上海的八万人体育馆板块、虹口足球场区域、东方艺术中心板块等区域板块因为经常会有一些体育赛事、文化节目演出等节事活动举办,餐饮、住宿及娱乐休闲及游览设施比较密集,以各类文体节事活动(如上海闸北马戏城的"上海时空之旅"杂技表演,梅赛德斯奔驰文化中心及虹口足球场、八万人体育场的经常举办的明星演唱会等)为吸引源,带动整个区域甚至城市的节事产业和旅游休闲产业的融合发展,使之成为节事旅游产业集聚区的又一种发展模式。

第八,综合依托型。综合依托型节事旅游产业集聚区的空间区域特征则是各种活动设施、场所融合在同一个板块,并形成一个将多元节事活动场所及资源融为一体的综合集聚区。这样的区域可能是旅游景区、公园、游憩商业区、文化及会展场所、文化(创意)园区、主题乐园等场所的重叠或聚合,形成比较庞大的区域板块,集文化、体育、游览、娱乐、休闲、会展、商业等多种功能为一体,往往是一个城市或区域的核心板块,所以也是节事旅游产业集聚区发展的一种常见空间载体。

综合依托型节事旅游产业集聚区,是以融合各种节事活动设施场所为一体的综合区域为空间依托载体,形成与发展起来的一种节事旅游产业集聚区。作为一种节事旅游产业集聚区的发展模式,其最大的特征就是,令节事活动设施的综合集聚区的各种节事旅游活动的体验与游憩休闲游览完美融合。

单独根据所依托的基础节事资源的类型特色的不同,节事旅游产业集聚区的发展模式又可以分为演艺活动依托型、会展活动依托型、赛事活动依托型、节庆活动依托型及综合依托型等不同类型。同时,这也是节事旅游产业集聚区的一种分类方法,所以节事旅游产业集聚区又可以分为演艺旅游集聚区、会展旅游集聚区、赛事旅游集聚区、节庆旅游集聚区、混合节事旅游集聚区等类型。其与上面的分类方法具有一定的对应关系,比如演艺旅游集聚区大部分集中在景区依托型、文体场馆依托型、主题乐园依托型的节事旅游集聚区,赛事旅游集聚区大部分分布在文体场馆依托型的节事旅游集聚区,节庆旅游集聚区主要和游憩商业区依托型、文化(创意)产业园区依托型、公园依托型节事旅游集聚区对应,会展旅游集聚区基本上与会展场馆依托型、文体设施依托型、文化产业园区依托型等模式类型的节事旅游集聚区相对应,而各种类型的节事旅游集聚区都有可能在综合(混合)依托型的节事旅游集聚区中呈现。

4. 节事旅游产业链生态的均衡优化

产业链除了在时间上具有分段性——表现为产业链各个环节的环环相扣、连续推进上,还在空间上具有集中性——在产业链的整合作用下,各环节的产业部门及相关企业在空间上规模化集聚、相关要素上集中,无论是资源(开发)、产品(生产),还是营销(传播),甚至有时从资源到产品再到营销、人才培育、金融资本等各要素层面全部都集中在某一个区域范围内,促进产业内部各部门之间的协同、共生发展。因此,加强对作为节事旅游产业集聚化发展的背景依托和基础保障的节事旅游产业链(生态)的均衡优化分析,对节事旅游产业(在空间上)的集聚化发展也非常重要。

1) 节事旅游产业链生态的均衡优化对节事旅游产业集群发展的作用

产业集群的内部是按照一定的逻辑构架有序推进的,是不断优化的节事旅游产业的生态链。节事旅游产业生态链对节事旅游产业集群的形成与可持续发展起到基础性的保障作用,具体如下。

第一,有利于企业提高生产效率。通过产业生态链的优化与整合,集群内部企业的生产成本可以得到大幅度降低,生产效率可以得到提高。

第二,有利于企业抵御风险和稳定集群势态。节事旅游产业生态链可以聚集大量的同业企业,这些企业在市场上既竞争又结盟,有助于增强抗风险的能力,并间接地起到稳定集群的作用。

第三,有利于企业找到最优区位。经过生态链优化的节事旅游产业集群,能对那些为了寻求最大的经济集聚效应的企业具有更大吸附作用,方便它们找到最优的区位,以获得更好的发展。

第四,有利于企业及集群的整体效益最大化。经过生态链优化的节事旅游产业集群内部的企业可以更好地整合各种资源,并实现企业整体效益最大化,并带动集群整体的效益最大化。

从整体而言,完备的产业生态链体系是优质的产业集群发展的根本,如果集群内出现链条缺失的话,那么整个节事旅游产业的可持续发展就会受到很大影响,集群内的相关企业也将遭遇更大的损失,甚至还要支付更多的成本才能弥补回来。因此,系统、完备且均衡稳定的节事旅游产业链生态体系是节事旅游产业持续稳定发展的基础。要实现产业生态链的整体均衡,急需构筑与优化完备的节事旅游产业生态链体系。综上可知,节事旅游产业生态链是节事旅游集群发展环境和核心竞争力培育的最基本的依托和保障;对节事旅游产业生态链进行整体、均衡的优化,对节事旅游产业集群发展非常重要。

2) 实现产业生态链的纵向均衡

要实现产业生态链的纵向均衡,即要匹配均衡协调的产业生态链各环节的关系。完备的产业生态链体系构筑好之后,链条上各环节的关系协调问题便接踵而来。节事旅游产业本质上是文化创意产业,纵向看,文化创意产业发展需要构建一条不断增值的产业链,激活产业链各个环节,实现产业有效资源整合和良性循环。因此,为了实现节事旅游产业生态链的纵向均衡,节事旅游的资源创意开发、产品设计与生产,以及后续的商业营销与推广,都应均衡化发展。

纵观节事旅游产业生态链上的各个环节,上、中、下游产业和配套产业之间在资源丰裕度、技术水平、创意策划能力、接待能力、管理水平和档次等方面应该相适应,不应出现过大的落差,不然的话难以实现产业生态链的各环节之间的纵向均衡。

节事旅游产业集群在规划建设初期及后期的发展中,要注意进行科学谋划、动态调整,使得产业链上各环节圈层上的企业比例适当,以促进相互合作;要通过中盘运作,打通上下游,从资源开发、创意策划,到产品设计和制造,以及后续营销,以实现资产增值;通过整合上下游资源,有效融合产业链各个环节,形成一条不断增值的产业链条。

3) 实现产业生态链的横向均衡

均衡产业生态链各个节点上企业的集聚程度,即要实现产业生态链的横向均衡。产业集群是在某一特定领域中大量产业联系密切的企业以及相关支撑机构在空间中集聚,并形成强劲、持续竞争优势的现象。横向看,集群中相互联系的企业和关联机构通过价值链和各种联系渠道,相对集中在特定的地理空间,既有竞争又有合作,彼此间形成一种互动性的横向产业链。因此,为了更好地发展节事旅游产业集群,应吸引适量相关企业入驻,以方便形成协同共生的产业生态圈。

要建设好节事旅游产业集群,应加强相关企业的合作,合理配置优化各种节事及旅游资源,使资源在单位企业的流动中获得有效利用。此外,还要构建完善的信息系统,促进产业集群内的企业之间,以及企业与管理部门之间的联系,从而让它们能更好地共享与整合资源。具体而言,要从两个层面来实现节事旅游产业生态链的横向均衡。

第一,要注意节事旅游产业生态链内部与外部关系的均衡。注意节事旅游产业生态链内部的各圈层之间要均衡发展,具体指节事旅游产业的核心层、外围层和相关层之间均衡发展,既不能只注重核心圈层的发展而忽视了外围层与相关层的发展,更不能将外围层和相关层发展得很好而核心层却跟不上。甚至有时候,在外围层和相关层具有一定的发展的基础上再来发展核心层,效果反而还会更好。

注意节事旅游产业生态链整体与支撑要素之间均衡匹配。从产业发展的角度来讲,当地的节事(旅游)资源、信息通信、产业政策、专业人才、政府监管、资本来源等要素,甚至其他产业经济的发展基础,都是节事旅游产业生态链的支撑要素,一定要能适应节事旅游产业的发展。在不同阶段有相应的匹配跟进,才能支撑一地节事旅游产业的持续健康发展。

第二,注意节事旅游产业生态链各环节圈层上企业数量的均衡。在节事旅游生态链的每一个环节圈层上,必须有相当数量的企业才能平衡产业链之间的供求关系,才能够支撑集聚效应的产生。但也要注意,如果企业集聚过多则会引发恶性竞争,破坏旅游产业集群,这就需要进行优化升级,实行优胜劣汰的机制。具体而言:①节事旅游产业集群在规划设计时就应该根据当地各方面的环境条件确定一个适度超前的集群容量值(但可以根据现实动态调整);②在这个值域内,动态调整产业链每个节点上的同类企业的数量规模、层级结构等,如当初期各节点上的企业的数量不够,要设法引导和刺激对应的企业入驻集群区域,当发展到各节点上有的企业集聚过多导致结构层级不合理时,则要进行优化整合、升级淘汰,以避免集群内的恶性竞争。

(二)节事旅游产业的营销集聚化

在节事旅游产业,只有经过营销与推广才能将资源转变为资本,将产品转换为效益,所以节事旅游产业的集聚化运营除了要关注其空间的集聚化之外,还要深入研究其营销的集聚化,从而取得节事旅游产业发展的集约化效果。节事旅游产业营销的集聚化,不仅能更好地整合目的地的各类营销资源,发挥整体目的地营销的综合优势,更能突破节事旅游项目(产品)的单独营销的影响力的局限,有效降低营销的单位成本。因此,它是一地节事旅游的产品营销与产业营销交叉融合的理想选择。

1. 节事旅游地形象的塑造

在节事旅游(目的)地营销(即节事旅游产业营销)的集聚化中,构建及完善旅游地的形象体系是首要问题,因为这样能解决节事旅游形象塑造的关键问题。然后,应在此基础上寻找旅游地形象的亮点突破,利用临时性节事活动为节事旅游地形象的传播制造聚焦点,形成轰动效应。

1) 节事旅游(目的)地解读

第一,节事旅游(目的)地是指作为节事活动举办地的旅游目的地,节事活动是当地旅游吸引力的重要内容,有的甚至还成为当地旅游吸引力的核心。根据一地节事活动的举办频率及其对旅游地形象的影响程度的不同,旅游地可分为暂时性(临时性)节事旅游地和长期性(恒常性)节事旅游地两类。

暂时性节事旅游地:基于某一次临时性节事活动背景下的旅游目的地,它在旅游者心目中形成临时性的旅游地形象。

长期性节事旅游地:某一旅游地因经常举办节事活动,成为形象鲜明的旅游目的地,进而在旅游者心目中形成持久稳定的旅游地形象。在这样的旅游地,节事活动往往常年不断,一系列节事的举办构建了当地完整的节事活动序列,形成节事活动产业,甚至有的地方还极力塑造以节事活动为重要特征的"节庆城市"的感知形象。

第二,节事旅游地形象。与"节事旅游地"的概念相应,"节事旅游地形象"可以分为。

(1)短期性节事旅游地形象,指根据短期性节事旅游地的特点来塑造的城市形象。由于其主要目的是通过临时性的节事活动的举办来创设一种短期的聚焦效应,进而提高节事旅游地的知名度,但很难形成一个连续性的传播效果,往往很难在受众心中形成一个形象鲜明、稳定的节事旅游印象,更难形成美誉度和忠诚度。

(2)长期性节事旅游地形象,指根据长期性节事旅游地对形象的要求来塑造的旅游形象。其主要目的是通过一系列活动的举办,提高城市的知名度,并试图创造一种长期连续的形象传播效果,最终塑造一个特色鲜明、稳定的旅游地形象,有利于在目标游客心中形成良好的美誉度和忠诚度。由于不同节事活动的作用是有差别的,不同性质类型的节事旅游地,在其节事旅游地形象塑造和传播上的要求也会各具特点,表现出不同的类型特征。

由于节事活动的城市营销传播和产业促进功能的效应日益被各级政府所认识,当前很多城市都基于"长期性节事旅游地"的定位去塑造与传播城市的旅游形象,为当地旅游业及社会全面发展寻求突破点。同时,随着节事活动的发展,很多地方会根据自身节事的发展情况,从最初的短期性节事旅游地逐渐发展为长期性节事旅游地。

2) 节事旅游地形象塑造

节事旅游地形象塑造的关键任务是要建构科学适当的节事旅游地形象(识别)系统。节

事旅游地形象不同于传统意义上的城市形象,其形象体系构建除了要遵循传统城市形象营造的基本原则外,还要围绕节事活动的特点进行。

对于节事旅游地形象(识别)系统的构建,可基于城市旅游形象识别系统理论进行创新。该系统由表面的显形象系统和内在的隐形象系统构成,显形象系统和隐形象系统表里合一、相辅相成。显形象主要影响受众的视觉识别,隐形象则主要影响受众的行为识别和理念识别,通过这个完整的形象系统的构建,可对节事旅游地形象进行全方位设计。

显形象系统主要由当地的基础设施(即公共服务设施)、节事产业设施、旅游专门设施等能明显直接感受到的要素构成。

隐形象系统主要由一些不是非常明显就能直接感受到的要素构成,如城市风格(当地的地脉及文脉、风格特征及其鲜明程度);当地居民的素质(文明程度、友好程度等);城市服务及管理水平(城市的公共服务、旅游接待服务与管理水平等);专业的节事旅游行政管理水平(当地的节事策划与运作机构运作风格及水平、旅游行政管理的体制机制法制、管理风格及水平等);旅游形象传播能力(由专业媒介和泛媒体构成的宣传机构的形象传播能力、形象大使的代表性与影响力、节事传播水平等)。

节事活动本身对节事旅游地形象的塑造与传播有着特殊的作用,这种作用主要通过节事的名称、识别标志、吉祥物、时间地点与内容、类型与主题等要素来表现。

2. 节事旅游地形象(营销)传播的路径策略

节事旅游地形象传播的核心就是概念的突破与表现的创新,其本质就是对节事旅游地形象所要表现的意象的内容策划与形象设计,应首先从概念突破开始,然后进行表现创新。与此相应,节事旅游地的形象(识别)系统中的理念识别是概念突破的基础,视觉识别和行为识别是表现创新的路径。

1) 准确定位形象,明晰核心理念

这是对节事旅游地形象进行传播,对节事旅游地进行结构剖析,进而实施形象创意的过程。这需要传播主体对当地的总体和个性特征进行分析,然后在此基础上抓住该旅游地形象的灵魂,这种灵魂令该旅游地形象区别于其他旅游地形象,最终实现对当地旅游形象内涵认识上的概念突破。从具体策略上而言,理念识别是节事旅游地形象传播的基础,只有清楚地了解当地的主导文化,把握当地的特色,弄清形象定位与功能定位、产业发展定位之间的区别,才能合理地把脉区域的形象识别系统。

政府主管部门应该找准具体区域的主导文化,其具体实施方法可以是向各阶层市民发放调查问卷或进行民意调查,将收集到的信息进行筛选整理,选择出最符合当地的历史、现在及未来趋势的区域主导文化。

政府主管部门应该确定区域的特色,包括特色旅游吸引物、特色产业、特色氛围等,方法同上,同时也可以采纳外来旅游者对区域文化以及特色的感知。

确定文化以及特色之后,应该明晰形象定位。分清区域形象定位(尤其是旅游形象定位)与区域功能定位、产业定位的区别,不要把区域功能定位或产业发展定位当成形象定位,这样能避免落入"区域核心形象模糊"陷阱。

2)视觉识别与行为识别

第一,提炼形象符号,诠释形象定位。城市的视觉识别符号不论是旅游景观,还是形象大使都不只是单纯的"符号",符号连接的是一个地方的文化与内涵以及整体形象,所以城市视觉符号的选择要让不同的受众能够产生联想。换句话说就是,这种符号要与当地的氛围、文化、优势产业等融为一体。例如,法国巴黎的"时尚之都"形象就是与其浪漫的城市氛围、具有影响力的时尚产业紧密相联,而其地方符号埃菲尔铁塔也成了浪漫的代名词。

第二,规划活动系列,演绎城市形象。区域旅游形象的确立,需要从当地行动表达和视觉表现两方面同步进行。行动表达是指通过调整区域结构、制度、文化,开展区域的新活动,使当地整体的行动统一化,并借助视觉识别不断推广。节事旅游地,特别是长期性的节事旅游地,应该规划完善的活动体系,利用各类活动来展现独特的区域形象。

3)节事旅游目的地形象营销传播路径的运行保障

第一,创建目的地营销机构。当前我国各级政府还没有专门的大目的地营销机构,往往是各领域为了自身的宣传需要而由相关部门组织推介活动,如旅游局的旅游形象宣传、招商办的招商宣传。这些部门基本上都是仅仅从某个角度出发,进行碎片式、局部性的宣传,既消耗了资源,又不能充分展现一地的综合形象。因此,急需成立大目的地营销机构,其主要职能是团结和协调各利益相关者的利益诉求,促进大目的地的整体推广,在现有的一些政府部门(如宣传部、旅游局、贸促会、商委、文化局、招商办、合作交流办、外办、侨办、台办等部门)、相关行业协会学会(如会展协会、饭店协会、旅游学会等)及业界单位(如旅游集团、节庆赛事会展公司等)的信息资源、客户资源、分销渠道资源的基础上,组建一个直属于各级政府,为各地的对外目的地营销服务的目的地营销专门机构。因为其具有公益性,所以应归类于公益性机构,方能真正为当地的旅游、会展、赛事等行业的可持续发展服务到底。

第二,完善目的地整体营销机制。运用DMS原理,从整体营销的角度看,尽管目的地营销系统是由旅游界最先提出来的,但与旅游产品一样,节事会展业产品对城市的综合环境要求很高,而且同样适合通过目的地营销机构来开展大目的地营销活动。即运用DMS的基本原理来开展节事会展业的整体营销活动。在具体执行时,甚至可以将节事会展业营销和旅游目的地营销有机结合起来,以整合各类资源,并有效降低营销成本。

任务四 节日文化促进"家风"与铸牢中华民族共同体意识发展

一、春节促进良好家风

"除夕更阑人不睡,厌禳钝滞迎新岁"。春节是中华民族最聚人气的传统节日,当举家欢聚一堂,当整个房间弥漫着年味和亲情,就来到了一年最舒心的时刻。每到佳节思民俗。传统文化就"躲藏"在一个个民俗之中,就跳跃在一个个有文化的细节之中。以春节团圆饭为

例,无论座次安排还是举筷夹菜,无论敬酒还是言谈,都是有讲究的。这些都是规矩,也都涉及文明;都关乎家教,涉及家风。

习近平总书记在春节团拜会及有关讲话中都强调家庭、家教、家风的重要性,希望国人重视家庭建设、弘扬传统家庭美德,形成优良家风。春节是家家团圆的日子,也是很多家庭传承家风的时机。各地弘扬"孝老敬亲、尊老爱幼"传统美德,鼓励培育良好家风、构建和谐家庭。

家是最小国,国是千万家。以家风带民风,以民风带社风,就能形成一个良好的、和谐的社会风气。如江西南昌深入开展"兴家风、淳民风、正社风"主题活动,通过故事会、最美家庭评选、好家规好家训征集等活动,挖掘出一大批榜样人物和感人故事,崇德扬善。

"不以规矩,不能成方圆",这些规矩永远都不会过时,也不应过时。父母将家风传给我们,我们又把家风传给孩子,子子孙孙无穷匮也。这就是家风的魅力,也是传统文化的力量;这是父母的责任,也是子女的义务。优秀的传统文化之所以始终散发生机,灿烂的风俗民俗之所以灿烂悠远,正与一个个家庭善待传统文化有关,与薪尽火传的文化使命有关。在言谈举止中,在潜移默化中,我们感受到了家教和家风的巨大分量。要求孩子懂礼貌、讲规矩,只是家风的一种。父母有时并未耳提面命,而是将家风包含在一次次的言传身教中,使我们印象深刻、终生难忘。

二、昭君文化节,铸牢中华民族共同体意识

共同体是指让成员在其中具有自主认知和共同目标的,并且让成员感受到归属感的群体。中华民族共同体认同既是国家认同,也是民族认同,更是一种共同体认同。"中华民族"这个概念从提出到现在,经历了很长一段丰富内涵的过程,从开始对56个民族的指代发展到今天的对于整个国家相关内容的涵盖。在一些情况下,"中华民族"这一概念是一种爱国情怀的体现,而在另外的一些情况下,中华民族指的是中国五千年的民族传承。有时,中华民族也可以指代中华人民共和国。在国家内部,中华民族是56个民族的总称;而在外部,中华民族则更多地具有整体性。国家内部的中华民族主要是指那些在不同地域中产生不同文化认同的群体的总称,而外部的中华民族概念是世界民族之林中我国的民族整体、总体称谓。

"昭君出塞"是促进我国民族和谐的一段历史佳话,昭君文化的提出和倡导,有助于唤起少数民族地区群众对地区和谐发展重要性的认识度和接受度,昭君文化所带来的巨大的经济效益也不容小觑。昭君文化节起源于民间的昭君庙会。1999年,昭君文化节首次被确立,由呼和浩特市委、市政府主办,以此弘扬草原文化,增进民族友谊,促进经济社会发展,提高文化软实力,构建和谐社会和互助民族关系。昭君文化节之所以获得巨大成功,并且为呼和浩特市民族和谐治理做出了巨大贡献,得益于民族性、大众性、娱乐性、经济性、社会性。文化节的发展和成功举办是各方群体共同努力的成果,它集合了社会不同团体的参与和支持,与此同时,文化节的举办也为企业贡献社会、优化社会氛围提供了一个机遇和平台。

昭君文化节积极传播了中华优秀传统文化,推进了我国民族团结。民族团结是一种精

神、一种思想整合力量、一种追求,它对凝聚人心、整合社会起着重要作用。加强民族团结是顺应历史发展趋势的国策,是符合全国广大人民群众情感和意愿的大举。

铸牢中华民族共同体意识,不仅能加强各民族交往交流交融,促进各民族团结,实现共同繁荣发展,还能表达出中华民族追求民族复兴的共同理想,表达先进、正确、积极的社会意识,彰显中华民族共同体的优秀品格。

实训四

假设当地某种植园发展比较繁荣,每年春季,会吸引大批市区游客前来观赏品尝草莓。于是,该地区政府决定举办草莓盛宴节事活动。针对以下问题制订一份草莓盛宴旅游节事方案:

问题一:节假日游客众多,一些当地居民担心游客破坏自家草莓园,在其周边设置了带刺的树枝,此类安全防护措施的布置使游人看不到里面的景观,令游客非常扫兴。

问题二:只采摘蔬果单调,无法满足游客的旅游体验。

问题三:如何满足游客对垃圾处理、车辆停放、卫生间等相关基础设施的需求。

项目五

奖励旅游

奖励旅游是一种现代的管理工具,目的在于协助企业达到特定的企业目标,对目标的参与人员给予一个非比寻常的假期作为鼓励,同时也是大型公司安排的以旅游为表像,以开发市场为最终目的的客户邀请团。本项目内容包括奖励旅游概述、奖励旅游的市场分析。

任务一 奖励旅游概述

一、奖励旅游内涵阐释

(一)奖励旅游的主要特征

1. 参加者特定,行程与众不同

参加奖励旅游的旅游者不同于一般的旅游者,其成行的原因不只是有闲暇时间加上可自由支配收入充足,参加者必须通过特定的资格审核。其行程也需与众不同,要让参加者感觉到尊重,并在活动结束后留下毕生难忘的经历。

2. 高消费、高档次、高要求

一些有实力的企业为了更好地激励其参与对象,会设置豪华奖励旅游团,其消费通常是普通旅游团的几倍。奖励旅游不但在交通工具、住宿、餐饮等方面体现出了高档次的特征,如豪华饭店、大型晚宴、特殊的旅游线路等,而且在旅游活动内容、组织安排以及接待服务上也要求尽善尽美。同时,奖励旅游原本就不同于一般意义上的观光和商务旅游,它通常需要专业的旅游服务公司为企业量身定做。奖励旅游活动中的计划与内容要尽可能地与企业的经营理念和管理目标相融合,并在奖励旅游的开展过程中逐渐体现出来,这对奖励旅游产品本身和设计奖励旅游产品的专业公司都提出了较高的要求。

3. 奖励旅游效用显著

一些研究管理问题的心理学专家在经过大量调查和分析后发现,用旅游来奖励员工、客户时,其所产生的积极作用远比金钱和物质奖品要大。奖励旅游是刺激员工积极性行之有效的方式,奖励旅游中的一系列活动,如颁奖典礼、主题晚宴、企业会议、赠送贴心小礼物等,可有机地融合企业文化和企业理念。一般企业的高层人物会出席活动,与受奖者共商企业发展大计等,这对参加者是一种殊荣,同时也可以增强员工对企业的认同,激励其更好地为企业服务。

奖励旅游为企业与员工、企业与客户、员工与员工、客户与客户之间创造了一个比较特别的接触机会,大家可以在旅游这种比较放松的情境中做一种朋友式的交流,员工与客户不但能借此了解到企业与企业管理者富有人情味的一面,而且员工之间、客户之间也能趁此机会加强彼此间的沟通与了解,为今后工作和业务的开展提供便利。

一次较大规模的奖励旅游完全可视为是企业的一次市场宣传活动。例如,可在一架奖励旅游的包机上印上醒目的企业标志,或包场某一有名的旅游景点,人们先瞩目的将会是举办奖励旅游的这家企业,这是企业展现自身实力、宣传企业形象的一个大好时机。

4. 利润高,季节性不强

由于奖励旅游团的消费较高,因此相对而言它的利润也较其他普通的旅游团高,使奖励旅游越来越受到一些旅游公司、旅行社的关注。奖励旅游团在季节上一般都错开了旅游旺季的月份,而这无疑可以增加旅游公司、旅行社淡季的业务量。

5. 会奖结合,大交流

奖励旅游与会议旅游已由过去的泾渭分明转向了相互间的交融结合,且半数以上的奖励旅游中包括各种会议,造成这种结合的原因有对价格的敏感、会议带来的税收减免以及越来越多的在家办公人员需要有机会与同事见面等。所以,会议旅游和奖励旅游相结合将成为奖励旅游的新形式。

(二)奖励旅游的类型

1. 按旅游目的划分

(1)慰问型奖励旅游。作为一种纯粹的奖励,此类奖励旅游的目的主要是慰劳和感谢对公司业绩成长有功的人员,纾解其紧张的工作压力,旅游活动以高档次的休闲、娱乐等消遣性活动项目为主。

(2)团队建设型奖励旅游。此类奖励旅游的目的主要是促进企业员工之间以及企业与供应商、经销商、客户等之间的感情交流,增强团队氛围和协作能力,提高员工和相关利益人员对企业的认同度和忠诚度,旅游过程中注重安排参与性强的集体活动项目。

(3)商务型奖励旅游。此类奖励旅游的目的与实现企业特定的业务或管理目标紧密联系,如推介新产品、增加产品销售量、支持经销商促销、提升服务质量、增强士气和提高员工工作效率等,这类奖励旅游活动几乎与企业业务融为一体,公司会议、展销会、业务考察等项目在此类旅游过程占据主导地位。

(4) 培训型奖励旅游。此类奖励旅游的目的主要是对员工、经销商、客户等进行培训，最常见的是销售培训。将旅游活动与培训结合能达到寓教于乐的培训效果。

2. 按旅游活动模式划分

(1) 传统型奖励旅游。这类奖励旅游有一整套程式化和有组织的活动项目，如在旅游中安排颁奖典礼、主题晚宴或晚会，赠送有象征意义的礼物，企业高层出面，请名人参加奖励旅游团的某项活动等。整体思路是通过豪华、高档和大规模来体现奖励旅游参加者的身价，通过制造惊喜使参加者拥有终生难忘的美好回忆。

(2) 参与型奖励旅游。越来越多的奖励旅游者要求在旅游日程中加入一些参与性的活动，如旅游目的地当地的传统节日活动、民族文化活动，安排参与性强和富有竞争性、趣味性的体育娱乐项目，甚至要求加入一些冒险性的活动。参与型奖励旅游使受奖励的旅游者通过与社会和自然界的接触，感受到人与社会、人与自然的和谐，有助于唤起他们的责任感。

(三) 奖励旅游的主要作用

奖励旅游是一种现代化的企业管理手段，本质是对企业本身的奖励。奖励旅游具有激励作用，可以提高企业业绩、增强员工的荣誉感和向心力、加强团队建设、塑造企业文化，是达到企业管理目标、增强企业实力、促进其良性健康发展的重要手段。大规模的奖励旅游应视为企业一项重要的市场宣传活动。对于较大规模的奖励旅游，通常需要包机、包车、包场，相应设施都会标注醒目的企业标识，这对企业的宣传具有积极作用，可树立企业良好形象、增强企业知名度，倘若有相关媒体报道则效果更佳。奖励旅游的资金来源是在实现了企业特定目标后，员工创造的超额利润。

一般的旅游更强调主要服务内容，而奖励旅游大到行程设计、小到宣传标语的悬挂都非常讲究，需要反映整个企业的文化，因为这个旅程也是企业的一次整体宣传。奖励旅游可以延长奖励对员工的刺激效用，相对于金钱和物质奖励更为有效，而且更受员工的欢迎。在奖励旅游过程中，企业可以将企业文化建设融入其中，增强员工对企业的认同感。同时，在分阶段性的目标实现过程中，奖励旅游这种形式一张一弛地调节了员工的状态，更易于不断激发企业员工的工作热情，达到事半功倍的效果。

奖励旅游这种形式对于增进员工之间的感情很有帮助。企业员工都有自己的岗位，上班时间负责各自的工作，下班就各自回家，一起交流的机会很少。奖励旅游给员工和管理者创造了一个比较特别的接触机会，大家可以在旅游这种比较放松的情境中做一种朋友式的交流，从而增强管理者的亲和力、企业的凝聚力。

二、奖励旅游项目策划工作

(一) 奖励旅游策划前期准备工作

(1) 筹备工作。奖励旅游计划的时间应适中，搭配合宜的竞赛计划，一般以3—6个月为宜，并有专人负责。如果竞赛的时间太长，会失去鼓舞与激励的作用，尤其在人数众多时更应提早作业。

（2）预算编列。预算多少是企业主根据企业的规模、业绩的达成度来决定,预算的确定有利于后续作业的进行。

（3）择时。开展奖励旅游的时间应避开旅游旺季,这样可减少成本。

（4）适当的旅游地点。应考虑大众化的、符合需求的观光条件的目的地。

（5）安排行程内容。奖励旅游的行程内容安排需兼顾预算、时间、旅游天数及旅游目的等,除必要的食宿交通外,所有的参观活动、会议及主题宴会等都应事先规划安排,行程不能过于紧凑。行程内容安排宜以半天或一天的会议或训练课程为开端,使接受奖励旅游的人员相聚一起,培养团队精神或参与学习训练,其次为旅游活动与主题晚宴,通常将主题晚宴安排于行程的最后一夜,为整个旅游活动之最高潮,让参与者感到永生难忘。

（6）展开作业。企业在办理奖励旅游时应选择信誉优良的旅行社来安排旅游活动,并做事前的沟通与规划。对旅行社来说,奖励旅游团有别于一般旅游团,因需安排会议及主题宴会等,须先与各单位及饭店沟通,并展开作业与联系工作。

（7）结束后的后置作业。奖励旅游对企业而言是一种有目的的旅游,其效果评估对企业而言非常重要,因此,必须视被奖励者的满意度来评估奖励旅游是否办得成功。此外,企业也可累积经验,将其作为下次制订奖励旅游计划的参考。

（二）奖励旅游信息库

奖励旅游不同于一般的观光旅游和商务旅游,非常专业的旅游形态是由提供奖励旅游的旅行社（或专业公司）为企业量身定做并实施运作的,所有活动和形式中将尽可能多地融入企业理念和管理目标。因此,并不是所有的旅行社都具备开发奖励旅游项目的能力的,如何推出更具特色、更具吸引力的旅游线路与服务项目,如何使行程顺利进行等,这些都是旅行社保障奖励旅游成功落地要思考的重要命题。机场作业、通关、行李分送、车次安排等工作,完全考验着旅行社的事前准备功夫与团队合作的默契度,承办旅行社必须具有相当高的专业素质、临时应变能力和危机处理能力。不论是已开发奖励旅游的旅行社,还是有意开发者,建立下述三个信息库是必要的。

1. 专业知识信息库

如能拥有一套完整的专业知识来进行奖励旅游的行程规划与设计,就跨出了成功的第一步。此类奖励旅游专业知识信息库由以下两部分组成。

1) 奖励旅游相关知识库

（1）了解奖励旅游的实质目的。深入领会企业热衷于奖励旅游的目的所在,并在此基础上根据企业的奖励目标来计量明确的人数,并协助企业进行内部宣传及配额的选定,以更好地树立正确观念,提供更好的产品与服务。

（2）了解客户的企业特性与背景。了解企业特性与背景,是提供令企业满意产品与服务的基础。主要企业特性包括重视个人隐私、希望受到团体注目、喜好团体热闹或注重个人享受等,不同类型的客户则有不同的内容规划。

（3）了解行程的特殊要求。企业往往会因其自身特殊情况,对奖励旅游的行程提出特

殊要求,旅行社最忌讳提供千篇一律的产品,这就迫使旅行社注意企业的特殊要求以及注重每次组团的特殊之处,若团体人数较多、有特殊的饮食要求、有主题晚会或惊喜派对的安排等,均需事前与企业做充分沟通。

(4)了解企业的预算分配。根据企业所能承担的经费来进行财务分配并实现预算的有效合理运用是旅行社安排任务的财政基础。其基本原则为一方面报价要令企业满意;另一方面旅行社可获得足够的经济收益。

2)案例数据库

旅行社案例数据库既包括本社从事奖励旅游的案例,也包括所能收集到的国内外其他旅行社之案例,尤其是在此领域的经典案例。而后对其进行分析、分类、存档,无论是成功经验,还是失败教训,都应加以充分研究,以增长经验值,从而使本旅行社实力提升,在竞争中立于不败之地。

2. 相关企业数据库

奖励旅游必须事先针对委托企业进行评析,明确企业主办奖励旅游的目的与期待达成的目标,再依经费预算、企业运营性质来配合企业制定完整的行程规划。但事实上,在受委托前,旅行社就应该对企业做诸多工作。

有意开发奖励旅游市场的旅行社,应对企业的特性与市场背景有适当了解,收集关于企业的各类商业资讯,另外对企业已经进行的奖励旅游状况,包括次数、特殊要求、规模、合作方、满意度等都要有充分了解。要注意,并不是所有企业的奖励旅游都会给旅行社充足的准备时间,只有做足准备工作,才能使旅行社有的放矢,有针对性地开展工作,或开发新客户、或早做准备、或主动为企业提出年度或是阶段性的奖励旅游企划。

3. 竞争对手数据库

建立主要竞争对手(其他从事奖励旅游业务的旅行社与专业公司)数据库,主要是组织人员对调查收集到的情报和历史资料进行分析,了解对手近几年从事奖励旅游的状况、其客户群、优势所在、未来趋势等,以找出己方的优势和不利条件,扬长避短,根据自己特长,在日益激烈的市场竞争中做大奖励旅游业务。

(三)奖励旅游策划书

奖励旅游的策划书,或者称为奖励旅游的活动计划书,是旅游企业获得客户信任、赢得奖励旅游活动项目最关键的部分。

1. 奖励旅游策划书前言

前言一般是公司或者集团首脑针对某一具体的奖励旅游活动撰写的致客户的一封信,其主要内容是表示对能够参加本次奖励旅游活动投标表示荣幸,表明本企业对这次活动的重视程度,同时对自己的公司进行简单的概括,突出主要优势。

(1)公司的概况。对公司目前的机构设置、自身品牌优势、在行业中的地位等情况做总结性的介绍。

(2)公司的优势。主要介绍公司在业务操作层面的具体优势,包括专业化的操作、规范化的流程、独特的设计、丰富的资源、网络化的经营等,要让客户感受到本公司在操作奖励旅游方面具有其他旅游企业所不具有的特色。

2. 奖励旅游策划书主体内容

奖励旅游策划书的主体内容是其核心部分,具体内容如下。

(1)本次奖励旅游活动的行程。奖励旅游活动的具体行程是需求企业非常关心的一部分。客户给每一个参加投标的旅游企业的信息都是一样的,而根据客户所给的信息,设计出一个独具特色、别出心裁的奖励旅游行程,便是投标的重点之一。在行程的设计上,旅游公司需要搜集大量的旅游目的地资料,在传统线路的基础上创造性地巧妙构思。如果奖励旅游活动中有表彰大会、主题晚宴、团队建设等活动,则需要在这些特色鲜明的活动中突出自身的创意,并将客户企业的相关元素融入具体的活动,这样才能在众多的标书中脱颖而出。需要特别强调的是,活动行程要非常具体,要制订具体的行程计划。

(2)航班信息。大型的奖励旅游活动,参与人员多,一般有成百上千人,而这么多人出行,无法乘坐同一个班次的飞机,所以出发地与目的地之间的空中交通便成了奖励旅游活动的一个重要的组成部分,特别是出境旅游。国际航班往往有具体的时间限制,所以需要将具体的航班信息以及计划的航班安排告诉客户企业。这需要旅游企业有着强有力的票务代理,特别是国际票务代理做后盾。

(3)签证办理。对于出境进行活动的奖励旅游项目来说,签证的办理是一个重要的组成部分。应该详细介绍本公司在办理该目的地国家或地区签证方面的优势,具有公司自己的送签部门会成为赢得该活动项目的重要因素之一。同时还要介绍清楚办理该国签证需要准备的材料,以及具体的送签领区。

(4)酒店信息。根据客户的要求,搜集目的地酒店资料,向客户企业推荐三家左右的酒店,并简单介绍酒店的客房、会所以及相关的娱乐设施等方面的信息,让客户对即将入驻的酒店有一个大体的了解,并通过介绍从中选择出最满意的酒店。

(5)旅游景点介绍。对设计的旅游线路中涉及的旅游景点进行简单的介绍,穿插相应景点的图片,让客户公司对将要参观的旅游目的地景点和景区有一个直观的感受,从而更容易接受公司的提案。

(6)服务特色及质量保证。主要介绍本公司为保证奖励旅游活动顺利进行所做的工作安排,包括项目组的人员构成及各自负责的主要工作、服务的重点和本次活动的增值服务。

(7)公司的承诺。告知客户具体的操作流程、必要的投诉和监督机制,以及处理投诉的具体解决方案。

(8)付款条件及要求。主要说明本公司可以结算的币种、可以接受的结算方式和具体的团费结算期限。

(9)附件。奖励旅游活动报价表。奖励旅游活动报价表是标书的重要组成部分,关系整个投标过程的成败,所以报价表是作为一个特殊的部分单列出来的。特别需要强调的是,报价表一定要足够详细,每一项费用,例如机票、酒店住宿、会场、用餐、导游等的费用都要分门别类地写明具体的数额。

（四）奖励旅游执行流程

旅行社成功策划奖励旅游的流程有广义与狭义之别，狭义的流程是指从旅行社接受企业委托开始到本次旅游活动结束后的效果评估阶段；广义流程除包含狭义流程外，还包括前期的准备工作及后期保持密切关系阶段，下面重点论述狭义流程。

经营奖励旅游的客户，较一般传统的旅游团体更为复杂，需花更多的心思及更长的时间做好活动前了解、规划、安排、设计等工作，要成功办好一次奖励旅游，需要充分且完善的规划，并且谨慎安排每一个细节，然后按计划认真执行。旅行社奖励旅游具体执行流程如下。

1. 预算审核

奖励旅游与其他旅游项目的不同之一即表现在预算上。它区别于向旅行社购买现成的产品的普通的包价旅游，是一种很特殊的旅游，类似于企业的定价旅游。它要求旅行社依企业所能承担并愿意承担的费用，根据企业的特殊需求，设计出令其满意的奖励旅游产品。而这些企业用于该次奖励旅游的经费，一般不会有较大的实质性变动。旅行社要发挥自己的主观能动性，依企业经费多寡，在奖励旅游活动次数、主题活动、出游时间上做相应调整，并据此进行适当的财务分配以及有效掌控，特别注意处理好增加旅行社利润与将钱更多地利用在活动上之间的关系。

预算审核得好，本次奖励旅游也就有了一个良好开端。

2. 企业评估与分析

在进行奖励旅游行程规划之前，旅行社应对企业进行准确细致的评估与分析，然后依企业的特性而个别设计最具特性的旅游行程，这是成功的不二法门。奖励旅游的最高指导原则是独一无二的行程安排，不同企业对奖励旅游的行程安排、主题设定、时间安排有差异。旅行社要对企业进行评估与分析，企业财力、经营背景、先前奖励旅游状况、市场竞争对手以及企业特性都要调查清楚，企业本次旅游人数多寡、出游日期选定等也要明了。

如果企业数据库建设得好，在本步骤，旅行社将感觉容易许多。旅行社对企业评估与分析得准确与否，将直接影响到奖励旅游行程活动规划的质量。

3. 制定奖励旅游行程规划

1) 决定执行人员及工作分配

旅行社是多部门机构，不同机构有不同的职能。一次奖励旅游任务的完成，是各个部门团结协作、共同努力的结果。旅行社应根据任务的具体情况，如奖励旅游人数的多寡等，分配相应的执行人员及工作，以便各部门分工协作、职责明确地分头进行准备。

2) 召开动员会议

在进行更进一步工作之前，召开有关人员的动员会议是必要的。在会上，领导应就本次活动做具体说明，并就预定目标等提出要求。动员会议的召开可以明确任务、鼓舞士气，动员会议是任务大范围展开的号角。

3) 行程设计与规划

本步骤其实就相当于旅游线路的设计。旅游线路是旅游产品的主体，包括旅游景点、参观项目、饭店、餐饮、购物、娱乐活动等多种要素。奖励旅游线路设计是旅行社根据企业的特点和要求,结合旅游资源和接待服务的实际情况,专门为企业量身定做的包括整个旅游过程中全部旅游项目内容和服务的旅游浏览路线,它通常含有特殊要求。旅游线路设计主要包括明确线路名称;策划旅游线路;计划活动日程;选择交通方式;安排住宿餐饮;留出购物时间;策划娱乐活动。

在本步骤中,还应注意国际上奖励旅游出现的新趋势,如参与性奖励旅游的崛起、奖励旅游的会议旅游倾向、带家属参与等,使设计与规划的行程活动更具创意与竞争力。旅游线路设计要在体现旅游活动的表面价值外,创造更高的附加价值,因此在基本的规划上结合不同种类的产品、增加不同的市场考虑,才能创造出好的旅游设计。任意搭配组合,不仅在市场上无法上市销售,在执行上也会有相当的困难。

4) 考量食宿交通设备质量

根据行程设计与规划的要求,考量饮食、住宿、交通以及其他相关设备的质量及准备情况,看其是否符合本次奖励旅游的要求,是旅行社必须进行的工作,它将影响到本次任务完成的质量。

5) 专案执行方式与条件

专案是活动全部行程除去行程设计与规划之外的部分,其中行程部分是每次奖励旅游活动必不可少的;而专案则不是每个企业都有需要,是根据企业的不同需求定做的。该部分主要由两方面组成:一是企业要求的特殊行程;二是特殊的活动安排,而又以第二方面为主。

(1) 会议。奖励旅游期间如需安排会议,旅行社可负责联络及执行各项会议的工作,如会议场地租洽,大型活动或会议所需各种设备,如灯光、音响、特效等的准备等。

(2) 培训。将工作与奖励旅游活动联系在一起,成为奖励旅游发展的一种新的趋势,现已被许多国外企业在奖励旅游期间对员工进行培训。

(3) 主题宴会。主题宴会是最常使用在奖励旅游行程中的特殊安排。通过主办企业、旅行社、当地业者及酒店(或其他相关场地)共同研究策划,可设计出风格独特的主题晚会,但仍需以企业需求为主。主题晚会设计重点是让参与者感到惊喜。

(4) 其他活动。其他活动包括竞赛活动、惊喜派对等。

6) 决定奖励旅游主题

每次的奖励旅游都会有一个主题,尤其在旅游目的地有众多的观光胜地、文化景点、观光园及活动可供选择时,表现则更为突出。在此种状况下,旅行社应建议企业选择数个景点以体现奖励旅游主题。如香港为目的地,有美食文化之旅、流行风尚之旅、安逸悠闲之旅、活力运动之旅等主题旅程可供选择。倘若目的地景点较少,可选择该地较具有代表性、特色的行程,以目的地名称为主题,更具纪念性。

4. 企业确认行程活动规划

虽然旅行社的行程活动规划是在对企业进行了评估与分析,了解了企业奖励旅游方案、意愿的基础上进行的,且一些相关行程活动规划是在与企业有一定的沟通基础上而做出的,旅行社拟好行程活动规划后,还是应充分与企业相关人员协商,以按企业要求做适当修改,并最后在双方满意的基础上定稿确认。

5. 奖励旅游行程变动

在奖励旅游进行过程当中，一些预先无法预知的意外发生，从而打乱规划的行程是在所难免的，如意外天气、交通事故、时间路线变更、旅游者意外事件等，这就要求临时对行程作一定修改，以保证本次任务能圆满完成。因此，旅行社组织人员应具有较高的随机应变能力，较高的专业素质，相当丰富的经验，这样才能不动声色地予以化解，并争取达到或超过预期的效果。

6. 评估奖励旅游效果

企业进行奖励旅游的特点之一是其持续性与稳定性，即存有奖励旅游需求的企业在形成一定惯例后，每年都会开展若干次的奖励旅游活动。因此，旅行社要想在激烈的市场竞争中立于不败之地，拥有稳定的客户群，并在此基础上不断拓展新客户，不失为明智之举。而这些假设建立的基础是企业对旅行社提供的产品及服务满意，旅行社给受奖励人员出乎意料的惊喜，让他们体验愉快的服务经历。这就需要旅行社对奖励旅游效果进行评估，不断改进。

（1）对奖励旅游参与者满意度的调查。奖励旅游的参与者直接体验了奖励旅游产品，他们对各项工作及安排是否满意以及满意程度如何，是奖励旅游活动是否成功的一个重要指标，关系到旅行社是否能继续承办公司后续奖励旅游活动的问题。对直接参与奖励旅游活动的参加者的满意度调查主要包含围绕目的地、酒店、餐饮以及会议等进行的提问，最常采用的方法是发放调查问卷。活动结束时邀请部分参与者进行面谈，或者之后打电话给参与者，征求他们的意见和评价，也是获得满意度的重要信息来源。

（2）征询企业意见。奖励旅游对企业而言，是一种有目的的旅游，效果评估对企业是非常重要的，评估结果直接影响到二者合作关系的持续问题。因此在奖励旅游活动结束后，征询企业意见是旅行社的一项必要举措。

（3）旅行社对本次任务的总结。旅行社应在充分征询企业意见的基础上，结合旅行社内部看法，对本次任务进行总结，找出成功之处、失败教训，提出改进的方案。当总结完毕后，将其纳入案例库，以备后用。

任务二　奖励旅游的市场分析

一、奖励旅游市场需求分析

（一）奖励旅游的需求方

奖励旅游的需求方与具体的消费者之间存在着差异。奖励旅游市场的消费主体，即奖励旅游消费者与市场主体，与奖励旅游购买者（企业）是相互分离的。奖励旅游的消费者主要为企业员工、经销商、特定消费者等。而奖励旅游的需求者为奖励旅游的购买者，即企业等。

奖励旅游的需求方构成了奖励旅游的客源市场。奖励旅游有别于传统旅游的一大特点是，旅游活动的具体参加者并不是旅游产品的需求者，真正的奖励旅游产品的需求方为企业、行业协会、政府机关、高校和科研院所等。

1. 企业

企业是奖励旅游需求的主体。以利润最大化作为最终目标的企业，在激烈的市场竞争中根据激励理论的发展和对人性的认识而不断改进其激励政策，希望激发企业员工的积极性以获取市场上的竞争优势。企业的人力资源管理政策一般会带来个人绩效和组织绩效的同时提升，而奖励旅游作为一种行之有效的激励措施被越来越多的企业采用。

企业在获得利润，得以生存和发展的同时，更希望效益可以不断增长。在企业拥有了一定的财力之后，如何满足员工真正需要、提高员工的工作积极性成为企业管理层的工作需要。这种需要转化之后，会成为企业对奖励旅游的需要。企业的经济基础是企业对奖励旅游需要的来源，也是需要产生的动力。因此，奖励旅游的费用来源于企业，其出游时间也主要是由企业来安排的，使得个人的余暇时间和可自由支配收入不再是奖励旅游者出游的决定性因素。

同时，企业作为经济组织，最终目的是赢利，无论奖励旅游的功能有多强，成本永远都是企业关注的对象。这一特征也使奖励旅游购买者和消费者的出游目标出现了一定的差异。在共同关注激励作用的同时，购买者侧重于企业文化、企业形象和向心力等；消费者则关注荣誉、技能等。

2. 行业协会

行业协会作为市场经济的主要成员之一，在促进产业进步、产业内整合等方面发挥着越来越大的作用。为了更好地提高协会工作人员的积极性，同时也为了更好地推动协会工作的开展，一些行业协会也将奖励旅游作为一种重要的激励协会会员、协会成员的方式。因此，行业协会也是奖励旅游客源市场的一个主要组成部分。

3. 政府机关、高校和科研院所

奖励旅游在激励员工积极性、促进团队建设等方面所表现出来的优越性，不仅被广大的企业看好，也受到了越来越多的事业单位，例如政府机关、高校和科研院所等单位的青睐。众多的事业单位也成为奖励旅游需求市场的重要组成部分，一些大型旅行社的奖励旅游部门还专门设立了相应的业务部来开发这一市场。

（二）奖励旅游市场需求类型与对象

1. 奖励旅游市场需求类型划分

对奖励旅游需求企业而言，奖励旅游可视为企业一项重要的市场营销活动。奖励旅游不仅是对个人的奖励，也是对企业本身的奖励，能实现宣扬企业文化、扩大企业知名度、为企业带来附加值的目的。企业开展奖励旅游的目的是组织购买行为差异化的主要原因，导致对奖励旅游的需求形成了不同的类型。根据奖励旅游的三种主要目的——激励业绩、奖励、提高全员福利，奖励旅游的市场需求主要有下述三类。

（1）激励型的需求。以保险业、化妆品行业、直销行业企业为代表的一类企业所需求的奖励旅游的使用对象是经过选拔的业绩突出的员工、经销商；旅游档次高、频率高，是市场中的"先行者"与"示范者"。在这些企业中，奖励旅游已作为一种纯粹的激励型"管理工具"融入日常管理。

（2）奖励性质的需求。此种需求对应的奖励旅游的活动与常规商务旅游中的会议、展览等不同，后者以商务活动为主，参与人员不能自由决定目的地、时间、活动类型；而前者则相反，参与人员可自由决定出行目的地、时间与活动类型，但前者也或多或少与商务活动结合在一起，如参观、培训、交流、讲座等，参与人员的选择随机性较大，弱化了其奖励性质。

（3）福利性质的需求。此类需求对应的奖励旅游在组织市场的认可程度最高，作为福利产品的一种形式，效果被普遍认可。参与人员通常是组织内的全体员工，线路策划的个性化要求不高，但需要有鲜明的主题特色。在目的地选择上有一定限制，红色旅游目的地、爱国主义教育基地等较受欢迎。服务规格高于常规的散客旅游团，对价格较敏感，不要求拆分报价。

2. 奖励旅游市场需求对象

奖励旅游作为一种奖励形式，可包含员工、供应商、经销商的海外研讨会，或不同层次的进修、必修、选修等相关培训。与这些活动相关的企业都可能成为奖励旅游市场需求的对象。

我国不少企业在关注短期效益的同时，也开始注重长远发展和以人为本的成熟管理思想，这与发达国家奖励旅游需求对象的理念是基本一致的。

二、奖励旅游市场细分

从国家和行业的角度来看，不同国家社会经济发展水平不一、行业利润率有所差异。虽然从经济学角度讲，在一定的周期内，资本转移等现象可以使社会利润率平均化，但高利润行业和较低利润行业是客观存在的。由此，不同国家、不同行业的奖励旅游出现了层次性。

（一）按照行业角度细分

奖励旅游是近年来兴起的一种企业人事管理手段，主要存在于企业内部。根据企业所处行业分类，奖励旅游主要有以下五种。

（1）金融保险行业奖励旅游。我国保险企业众多，对于奖励旅游的需求很大。银行业在中国金融业中处于主体地位。银行业，包括商业银行业与投资银行业，都是高效益的行业，是开拓奖励旅游市场时可优先选择的行业。保险业的奖励旅游主要针对业务骨干，说明了保险业重视个人业绩，愿意利用奖励旅游激发员工的潜能以达到企业目标。由于多数的保险企业规模较大，因此，参与旅游的人数较多，旅游团队的规模较大，并且多半的金融保险业中奖励旅游都伴随着开会。

（2）汽车行业奖励旅游。汽车行业奖励旅游是汽车企业对在销售和生产工作中有突出成就的员工及经销商的奖励。通过奖励旅游，企业管理者将与他们进行更多的交流或合作，以增加销量。汽车行业奖励旅游一般分为经销商奖励旅游、内部员工奖励旅游和忠诚客户奖励旅游。其设定了很多具有吸引力和形式多样的奖励旅游，最终是为了整个企业的长期有效发展。

（3）化妆品行业奖励旅游。该行业奖励旅游主要有两大类：一种是精英类（顾客类），其参与人数少，要求旅游产品质量高、精致；另一种是员工类，其参与人数多，一般为100人以上。此外，企业会根据不同的目标消费群体的不同需求对会员进行有效分类，并针对消费能力较强的消费者开展奖励旅游。

（4）直销行业奖励旅游。会议旅游、培训旅游、邮轮旅游等不同的奖励旅游方式都被直销企业用来进行企业文化的宣传以及提升公司的凝聚力。从某种意义上来讲，奖励旅游为直销企业提供了一种健康、人性化的企业营销模式。

（5）教育行业奖励旅游。奖励旅游在教育这个行业中还算是比较发达的，特别对于高等院校来说，开展奖励旅游可以提高教师对教育事业的热情，从而提升院校教育水平，也有利于塑造高等院校的形象，提升学院的知名度。作为一种年度员工福利，奖励旅游会成为教育行业工作者翘首以盼的大型集体活动。在繁忙的教学工作结束之后，大家能借奖励旅游一同肩并肩走进大自然，放松疲惫的身心，与其他部门的教师进行互动，交流在工作中碰到的困惑，谈一谈各自生活中的趣事。奖励旅游将提高员工士气，增强企业凝聚力与员工归属感，对于构建教育行业的企业文化起到极大的推动作用。

（二）按照活动内容细分

奖励旅游可分为传统型和参与型两类。

传统型奖励旅游在美国较为流行，旅游中会安排会议、培训、观光、颁奖典礼、主题宴会等传统项目，受奖者由企业高层或名人陪同。企业通过豪华、高档和大规模的奖励旅游来体现受奖人的身价，从而使其产生终生难忘的回忆。

参与型奖励旅游主要兴起于欧洲，并逐渐成为世界奖励旅游新的发展趋势。这种旅游会安排如爬山、徒步、划艇、漂流、攀岩、热气球等冒险项目，主要通过鼓励受奖人亲自参与各种新鲜刺激的旅游活动，为其创造与众不同的经历。

（三）按照旅游主体细分

1. 按奖励旅游的实施主体划分

一般国际公司与国内公司实施的奖励旅游，大企业与中小企业实施的奖励旅游，学校与其他事业单位实施的奖励旅游，在行程安排、项目选择和消费等方面有一定的差异。这些主体之内也存在着细分市场。

2. 按奖励旅游的参与主体划分

以政府和其他事业单位人员为主要参加者的奖励旅游，以代理商为主要参加者的奖励旅游，以职业经理人为主要参加者的奖励旅游，以"白领""灰领"为主要参加者的奖励旅游，

以企业普通员工为参加者的奖励旅游等会存在明显的差异。

因此,在分析具体市场需求和市场细分定位时,要明确区别各种类型的不同。

三、奖励旅游市场开发策略

我国相关主体应积极应对经济、文化等多层面的障碍和挑战,挖掘奖励旅游在中国发展的土壤环境中的特色,有效发挥其内在价值,通过各种途径有效提高奖励旅游市场需求。

(一)提升政府对奖励旅游的支持力度

奖励旅游活动涉及多个行业,政府要明确对奖励旅游发展的主要职能,包括制定行业法规、进行市场管理、组织整体促销、提供优惠的政策、优化服务环境和开展人才培训等。奖励旅游市场的发展需要政府政策上的支持和信息导向方面的帮助,具体包括下述三个方面。

第一,加强调研,规范奖励旅游市场。政府相关部门应该增强对奖励旅游产业对经济贡献度的实践调研和数据收集整理,推出具有约束力的规章制度并鼓励良性竞争,建立优胜劣汰的市场机制,发布公告帮助购买者和消费者理解奖励旅游的内涵与作用,有效培育和扩大奖励旅游市场需求。

第二,采取一系列优惠措施。政府相关部门可以推出优惠税收政策等,通过给奖励旅游企业或本地奖励旅游供应商营销补贴等方式来拉动奖励旅游市场的发展,制定有利于奖励旅游产业发展的各项相关政策。

第三,积极组织行业交流与学习。政府相关部门可以邀请一些实力雄厚的旅游企业赴国外参加部分大型的旅游会议和展览活动,或出面邀请国际奖励旅游旅行商来国内考察,聘请国外专家开展奖励旅游培训讲座。

(二)了解奖励旅游市场开发的深层次目标

奖励旅游从本质上讲是一种激励手段和管理手段,这种属性决定了奖励旅游市场开发的深层次目标并不在于代订机票、酒店订房、提供接送等表面文章,而是深入企业的管理层面,通过调查企业的管理政策提出建议,制订合理的奖励旅游计划,在有效地控制奖励旅游成本的同时协助企业达到"凝聚企业向心力、提高生产力、塑造企业文化"的目标。简而言之,奖励旅游的深层次目标就是做企业的战略伙伴和管理顾问,而不仅仅是奖励旅游产品与服务的提供者。

开发奖励旅游市场的首要任务之一就是深入地了解现实的或潜在的目标市场——企业,从其建立的背景到经营的内容直至企业的文化都要有总体的把握,为有针对性的奖励旅游市场开发做好准备。此外,奖励旅游作为企业的管理手段并不是一次性的,为了持续激励对企业的发展做出突出贡献的人士,企业在适当的时候会不断地进行奖励旅游活动,以至于每位参加者都想再试一次。了解奖励旅游市场开发的深层次目标、深入企业的管理层面也是令奖励旅游公司长期稳定发展的关键。

（三）准确选择奖励旅游目标市场

奖励旅游的市场开发目标很明确，就是有奖励旅游倾向的企业，一旦采用奖励旅游作为奖励方式，每年都会有相应的工作。当某旅行社与企业建立了合作关系，且旅行社的旅游产品令企业满意，获得充分信任时，在相当长的一段时间内，企业可能都会找其作为供应方。客源的特殊性要求旅行社在巩固老客户的基础上，不断拓展新客户。

我国的奖励旅游产业是基于外资企业及跨国公司或集团发展而来的，奖励旅游的理念和作用在国内还没有得到充分的认知，许多企业仅仅将其归于企业福利，这为我国奖励旅游市场的开发造成了一定的困难。在这种情况下，选择相对成熟的奖励旅游目标市场进行开发是奖励旅游公司的必然选择。

外资企业（包括独资企业、合资企业和三资企业）的奖励旅游机制较为成熟，是目前我国奖励旅游重要的目标市场。此外，我国的大型国有企业、民营企业，尤其是金融、保险、汽车、电器、机器制造业和其他高科技行业均有开展奖励旅游的良好基础、潜力和需求，是我国奖励旅游市场开发中重要的、现实的或潜在的目标市场，也是亟待培育的奖励旅游目标市场。

（四）明确奖励旅游市场促销的特殊性

一般的旅游市场购买者和消费者是同一个群体，奖励旅游市场则不同，绝大多数情况下奖励旅游的购买者和消费者是分离的，即奖励旅游的购买者是企业而消费者却是企业的员工、经销商以及特定的消费者，但这并不完全等于奖励旅游的购买者就是奖励旅游市场促销的关键，实际情况要复杂得多。

从表面上看，企业对员工、经销商和特定的消费者进行奖励，员工、经销商和特定的消费者接受奖励，但由于奖励旅游目的的特殊性和奖励旅游消费者（企业的精英人士等）的特殊性，二者之间并不是简单的给予与接受的关系，而是近似于协商的关系。奖励旅游的消费者在奖励旅游公司的促销过程中的作用是不可忽视的，奖励旅游市场促销已经不仅仅是促销的问题，这种促销已经涉及了企业的管理层面，在促销的过程中，奖励旅游公司的角色也不仅仅是促销者，而是企业和员工、经销商与特定消费者之间的信息传递者以及关系协调者。

明确奖励旅游市场促销的这种特殊性之后，奖励旅游公司在开展促销时除关注企业管理者关注的内容如成本控制、管理理念之外，还必须对奖励旅游消费者做进一步的了解，以便融合二者的需求，真正实现与企业的长期合作。

（五）厘清奖励旅游市场开发各影响因素的关系

奖励旅游的市场开发直接受三个方面因素的影响，包括作为购买者的企业，作为消费者的企业员工、经销商和特定的消费者（如企业产品的忠诚支持者、中奖的幸运者等），还有开展奖励旅游的公司。

在影响奖励旅游开发的三个方面因素中，购买者从宏观上对奖励旅游的方案进行评估与分析，对奖励旅游的总体预算进行审核并预先对工作进行安排，以保证奖励旅游按计划实施；消费者影响着旅游目的地的选择、旅游项目的安排等；奖励旅游公司负责奖励旅游的策划、奖励旅游项目的安排、内容的实施及提供相关服务，并在奖励旅游购买者和消费者之间

起协调作用。这种关系决定了奖励旅游公司在开展奖励旅游的时候必须综合考虑两个方面:其一,要考虑企业管理者的需要,其二,要满足奖励旅游参与者的需求,即站在企业管理者的角度实现奖励旅游消费者的最大满足,从而获取利益。

(六)把握市场动态,量身定做奖励旅游产品

奖励旅游产品是奖励旅游活动集中指向的目标,是企业文化、企业管理理念、旅游服务项目的综合体现,因此,其质量的好坏在一定程度上成为奖励旅游活动能否成功的主要标志。但事实上,不同的企业实力有别,管理理念不一样,企业文化也存在着差异。同时,不同的参与者对奖励旅游也有不同的期望,即便是同一个企业、同一批旅游者,在不同时期的需求也不完全一致。作为创造性旅游活动的奖励旅游,其产品往往是一次性的,不能重复使用。奖励旅游产品的打造与组合,必须结合奖励旅游购买者和消费者的实际来确定,要针对奖励旅游消费者的年龄、职业、性别、爱好等,安排一些既能调动大家游兴,又能满足消费者需求的旅游活动项目,绝不能模式化。

同时,奖励旅游的购买者和消费者对奖励旅游的认知正在不断发生变化,奖励旅游也不再局限于商务性休闲旅游,奖励旅游的内涵更多地被赋予了工作、获得技能的内容。与此同时,美国运通公司最近发布的全球旅游趋势研究报告显示,全球商务旅游成本正在持续上升。在这种情况下,企业开展奖励旅游的理念发生了转变,最为明显的就是单纯的奖励旅游市场逐渐衰微,与会议、培训结合在一起的综合性的奖励旅游市场发展迅速。把握奖励旅游市场变化的趋势无疑是我国奖励旅游市场开发的重要内容。

(七)通过供给引导需求

在奖励旅游发达的国家和地区,奖励旅游产品的开发会从高的回头客比率的思路出发。然而在我国,回头客的比率明显偏低。"需求引导供给"虽然是旅游市场发展的金科玉律,但是目前我国奖励旅游市场的发展首先是"供给",其次才是"需求"。一方面人们对奖励旅游这种新产品的需求还比较盲目甚至不知所措;另一方面则是有效供给非常不足,即旅行社提供的奖励旅游产品与普通旅游产品无太大差异,更无特色。目前供给的奖励旅游产品大多质量不高、档次偏低、内涵不深刻。

因此,解决我国奖励旅游发展问题的关键应该是提高供给水平,确保有效需求得以满足。首先,旅游部门要深入对奖励旅游的市场调研,找准目标市场,并通过足够的投入,将满意的奖励旅游产品提供给市场;其次,要加大对奖励旅游的营销与推广力度,注重对奖励旅游本质特征的宣传,向企业以及相关政府部门证明其高回报率,吸引潜在买家;再次,旅游行业在开发奖励旅游产品时应充分把握购买者和消费者的心理偏好及其变化趋势,突出需求;最后,还可以采用旅游管理部门主要支持、奖励旅游供应商赞助筹资等多种多样的形式建立针对奖励旅游的研究基金,加强多方合作,聘用专业的调研公司及专家进行专项研究,提升奖励旅游的专业操作水准。

奖励旅游的主要市场需求来自企业,依据企业的奖励目的,可以将奖励旅游的市场需求划分为激励型、奖励型和福利型。奖励旅游产品具有高端性、多效能性、奖励目的由企业绩

效导向、目的地选择要求高、时间选择广泛、市场需求分异等特点。未来奖励旅游需求会朝着文化性增强、与商务活动相结合、参与性增强,更加多样化和深度性的方向发展。

奖励旅游在不同行业之间的市场需求差别较大,金融保险、直销、汽车等行业企业是奖励旅游市场的主要客源。奖励旅游市场的开发还需要政府的大力支持,以供给引导需求,鼓励奖励旅游企业量身定做奖励旅游产品,把握市场动态等。

四、奖励旅游产业链

产业链是由具有特定内在联系的产业环节共同构筑的产业集合,这种产业集合由围绕某种特殊需求或进行特定产品的生产与服务提供所涉及的一系列互为基础、相互依赖的产业构成。奖励旅游属于会展活动的一类,为了更好地了解奖励旅游的产业关联,本书从会展产业链的角度进行分析。

(一)奖励旅游产业链的构成

奖励旅游产业链是围绕某一主题,以所在区域行业对奖励旅游的需求为依托,借助场馆等设施配备,以人流、物流、资金流和信息流相互交融的价值链为内核,将与之相关的需求方、供给方和中介机构联合起来,所形成的一个推动经济发展的产业关系。

奖励旅游产业链与传统意义上的旅游产业链是有一定区别的。传统的旅游产业链就是人们经常提到的"食、住、行、游、购、娱",然而奖励旅游产业链要素不只涉及这六要素,而是扩展为"食、住、行、游、购、娱、体、会(会议)、养(养生)、媒(媒体广告)、组(组织)、配(配套)",它们相互交织组合,形成了九个类别的行业,带动了酒店、餐饮、旅行社、旅游景区、交通运输、装修、物流、物品租赁、会计等行业以及中介、保险、媒体广告、金融、公关礼仪、娱乐和购物等的全面发展。

奖励旅游的供给最突出的就是其对需求者的吸引力,为了实现增加需求和满足供给的目标,提高其自身的吸引力是必不可少的。而奖励旅游发展吸引力是指奖励旅游目的地对于奖励旅游参与者或者组织者的吸引程度,主要分为物质性吸引和非物质性吸引两大类,目的地以设施和服务两种类型分别被归入物质性和非物质性吸引系统。从功能上看,吸引力系统(目的地系统)主要是指为已经到达出行终点的游客提供游览、娱乐、经历体验、食宿、购物或某些特殊服务等的综合体。

奖励旅游中介是奖励旅游发展各要素的协调互动系统,是在支持系统下客源地系统与目的地系统有效对接的产物。要使奖励旅游持续健康发展,除了有持续的需求和长足的吸引之外,还需要有积极主动的中介引导。

奖励旅游方案的制订主要有三种类型:一是由企业通过自己的下属部门制订;二是由专门规划设计奖励旅游的顾问公司制订;三是委托旅行社代办,并交纳一定佣金。奖励旅游方案的制订虽不皆由旅行社负责,但制订并实施奖励旅游的具体计划,绝大部分要通过旅行社进行。一般来讲,如有值得信赖的旅行社,企业还是极愿予以委托的。旅行社是企业与旅游

服务部门联系的纽带,也是主要行程的规划者、组织者、联络者、执行者,在奖励旅游的成功运行中意义非凡。

(二)奖励旅游产业链的主要特性

1. 群体性

单一个体组织无法从事奖励旅游活动,必须联合上、中、下游相关的组织才能发挥作用,从这个意义上来说奖励旅游产业链具有群体性。

2. 沟通性

奖励旅游产业通过旅行社和相关企业为具有商业目的或非商业目的的群体提供口头交流或信息交流的渠道和平台,从而使信息得到了充分的沟通,确定哪些企业需要奖励旅游,以及做出相关的路线安排等。

3. 效益性

奖励旅游产业链各链条上的组织通过某种途径的整合,能带来巨大的经济和社会效益。奖励旅游业不仅带来自身的经济收益,还集政治、经济、科技、商业于一身,涉及社会各个领域,能将交通、住宿、餐饮、购物、娱乐、观光等串成一条旅游消费链,推动旅游城市宾馆、旅游、运输等产业的发展,提升城市的知名度,带来相关行业的经济效益和巨大的社会效益。

4. 重复性

企业对提供奖励旅游业务的公司的选择一般都具有重复性,这就要求中间的产业链不断提高自身的服务水平,不断提高企业中员工的满意度,从而使产业链可以运转,给各方带来利益。不同的产业对奖励旅游产业链的整合都发挥着核心组织作用,后者在奖励旅游的策划、宣传、计划、组织中都起着主导作用,调动宾馆、餐饮、交通、金融、保险、邮电、广告设计等中下游的相关方参与奖励旅游活动,并从中创造价值。

5. 空间集聚性

完整的产业链各环节都有一定的空间指向性,总是处于一定地域范围之内,在一定的经济区域内完成产业集聚,奖励旅游产业链也一样。奖励旅游产业发达的城市在企业附近都集聚了相当数量的配套企业,如旅行社、住宿企业、餐饮企业、交通运输企业、邮电通信企业等。

(三)奖励旅游产业链的延伸与优化策略

奖励旅游产业链间的产业联动性很强,其效应可以分为前向推动效应、后向拉动效应和旁向溢出效应三大效应,通过对产业内链和产业外链的有效调整达到奖励旅游产业链综合效应的最大化。

奖励旅游虽然具有企业管理功能,但由于奖励旅游参加者大多是企业中的佼佼者,不仅具有较高的业务素质,而且办事高度认真,对事情往往要求尽善尽美,企业在实施奖励旅游的过程中,稍有不慎或出现丝毫差错,都将会影响奖励旅游管理功能的发挥,甚至使奖励旅游的管理功能消失殆尽。企业要想通过奖励旅游这一新型的管理方式达到企业的各项管理目标,从而充分发挥奖励旅游在企业管理中的作用,还必须找到切实可行的途径与方法,这样才有可能实现奖励旅游产业链的延伸与优化。延伸与优化奖励旅游产业链,主要突出在以下五个方面。

（1）运用奖励旅游手段实现管理的目标。目前，奖励旅游正呈现出新的走势，即奖励旅游朝着与会议、拓展培训相结合的方向发展，奖励旅游与会议旅游合二为一的奖励性会议旅游成为全球的新趋势。奖励旅游与会议旅游合二为一对达到企业运用奖励旅游手段实现管理目标具有重要的意义，它也是导致全球两大趋势形成的主要原因。至于奖励旅游与拓展培训相结合，其意义在于将拓展培训融入奖励旅游内容之中，不但使员工领略了自然风光和异地风情，丰富了阅历，开阔了视野，而且迎合了员工被认同和受尊重的要求，更满足了员工自我发展的需要，使参与者获得自我成就感，从而终生难忘。此外，拓展培训以培养合作意识与进取精神为宗旨，崇尚自然与环保，利用湖海山川等自然环境，设计出创意独特的户外训练活动，能综合提高受训者的人格品质、心理素质和团队精神。这种以拓展为代表的团队培训方式已被国内一些企业（特别是外资企业）所接受，并有逐渐取代室内的团队培训的趋势。

（2）大力发展奖励旅游商品购物业。积极推动旅游工艺品、土特产品深加工和精包装等开发、生产、销售一条龙经营。扶持一批有一定经营规模和市场开拓前景的旅游商品生产企业，开发具有特色的制品等。

（3）加快发展饭店餐饮业。着力增加娱乐、购物消费，努力使娱乐、购物等消费比重逐年提高。力推各产业之间按照规范化、标准化的要求发展。合理规划布局，加快旅游、宾馆饭店等相关产业链的建设。

（4）扶持发展旅游交通运输业。以构建舒适、快捷、顺畅的旅游交通"绿色通道"为目标，加快高速铁路、高速公路、普通干线公路、旅游环线网络和景区、城区的停车场等交通基础设施建设，大力支持奖励旅游汽车公司发展。

（5）注重奖励旅游的激励性，以达到企业管理目标。如何处理好奖励和员工个人需要之间的关系，使激励的边际效用最大化，是企业管理者必须面对的难题。国外企业十分重视奖励旅游这一管理工具，如新加坡的公司倾向于使用奖励旅游，强调答谢员工和鼓舞士气；美国的公司对奖励旅游参与者的资格审核严格，事先预设激励目标，重视竞争性氛围；而欧洲公司偏重通过奖励旅游增强团队精神和对员工进行培训，与公司业务联系起来。客户企业实施奖励旅游的目的在于塑造企业文化，形成"软性管理"。根据强化理论，单一形式的奖励旅游是消极强化，不断注入新内容的奖励旅游才是积极强化。

企业应在对员工实施奖励旅游计划时，充分了解员工最需要的东西是什么，不断注入新的内容，以达到激励员工、实现管理的目的。

五、奖励旅游的中介类型

奖励旅游的中介负责奖励旅游业务的策划、组织，具体包括下述几类。

（一）奖励旅游公司

奖励旅游的迅速发展，导致了相应经营机构的建立。在美国，这些机构被称为动力所（motivational house），这些机构不仅策划奖励旅游活动，而且还为购买奖励旅游产品的企业

组织安排好活动的全过程。许多组织奖励旅游的企业,都加入了它们自己的协会——奖励旅游管理人员协会(SITE)。

奖励旅游机构在旅游方面的业务职能不包括安排旅游的行、住、食、游、购等要素的所有细节,而是将这些要素有机整合起来,打包售卖给奖励旅游的购买者。奖励旅游机构作为一个旅游批发商,其实是代表奖励旅游的购买者办事,即同航空公司、游船公司、旅馆、饭店、汽车出租公司这样的供应商谈判,获取每次旅行活动的总成本,通常再加15%—20%(这里包括它们的费用和利润),最后给奖励旅游的购买者一个综合报价。所以,奖励旅游的费用取决于奖励旅游机构同饭店、航空公司这样的供应商所获得的价格。

奖励旅游机构的独特职能,是为奖励旅游产品的购买者宣传奖励旅游活动计划,从而调动雇员和客户的积极性。从事这类奖励旅游业务的机构主要包括:

(1) 全方位服务奖励旅游公司。全方位服务奖励旅游公司在奖励旅游活动的各个阶段向客户提供全方位的服务和帮助,即从策划到管理这次奖励旅游活动,从开展内部的沟通、召开鼓舞士气的销售动员会到销售定额的制定,同时还要组织并指导这次奖励旅行。

(2) 完成型奖励旅游公司。完成型奖励旅游公司是单纯安排旅游的奖励旅游公司,通常规模较小,多数是由全方位服务奖励旅游公司原来的管理人员创办的。其业务专门集中于整个奖励旅游活动的销售上,而不提供奖励活动中需要付费的策划帮助。

(3) 奖励旅游部。奖励旅游部是设在一些旅行社里从事奖励旅游的专门业务部门,其中部分奖励旅游部有能力为客户提供奖励旅游策划类的专业性服务。这类机构的优势在于,能直接利用旅行社累积的旅游资源。

(二) 知名商务旅游企业

商务旅游是一个大市场,随着跨国公司进入中国,外国商务旅游公司也会逐步进入中国,从而带来更为激烈的市场竞争。目前,国际知名的商务旅游企业已纷纷进入我国,通过采用合资或独资的方式成立专业化商旅服务公司,一些专业会展公司,如三大世界展览业巨头——德国汉诺威、意大利米兰、德国法兰克福展览会有限公司,都在上海黄浦江畔设立了分支机构。商务旅游企业主要类型有专业商务旅游公司、中国本地旅行社和专业的旅游网站。

1. 专业商务旅游公司

中国在《设立外商控股、外商独资旅行社暂行规定》中规定:外资旅行社不得经营或变相经营中国公民出境旅游业务。鉴于此,外资旅行社便在中国旅游业寻找新的发展机遇,国际旅游巨头们迅速进入中国旅游市场。其中有美国运通以及德国TUI、美国嘉信(CWT)、英国BTI、美国胜腾(Cendant)、澳大利亚福莱森特等国际商务旅游行业的巨无霸。

2002年5月,世界最大的旅行管理公司——美国运通就以合资的方式进驻中国,其最大的核心业务直指集团差旅服务。国际性旅游公司都希望提供高质量、高标准的一站式服务,世界500强企业几乎都在中国设有分支机构。自从运通在中国创建首家商务旅行合资公司——国旅运通以来,它在中国的业务发展可谓有条不紊、蒸蒸日上,为多家在华跨国公司和国内公司提供服务,其中包括福特汽车、麦当劳、百威啤酒、AT&T、SAP、中国网通等公司。

2003年9月8日,中国旅行社总社、德国TUI集团、MB中国投资有限公司三方共同签署了合资合同书,成立了内地首家外资控股旅行社——中旅途易有限责任公司,其主要业务是欧洲人来华商务旅游。TUI拥有庞大的旅游网络系统,业务涉及航运(持有德国汉莎航空公司股份)、酒店、度假区、旅行社等。中旅途易当时的业务主要包括三个方面:商务旅游、差旅管理服务和休闲旅游。

锦江国旅在2003年11月与英国BTI(Business Travel International)公司签署正式合资协议,双方合资组建上海锦江国际BTI商务旅行有限公司,于2004年1月1日在上海正式开业,这是上海首家外资控股旅行社。

另一世界较大商务旅行管理公司嘉信力旅运,与中国境内的国际航空运输协会会员——中国航空服务有限公司强强联手合资成立中航嘉信商务旅行管理有限公司,在上海和广州设立分公司,携手进军中国的商务旅行管理市场。

2. 中国本地旅行社

中国本地旅行社也受丰厚利润的吸引,纷纷涉猎规模庞大的商务旅游市场,主要组织结构模式如下。

其一,在原有的旅行社的基础上增加一个新的业务部门来单独处理商务旅游项目。大多数国内旅游服务企业采用的都是这种方式,并且还只是一种尝试性的业务规划,基本上仍以传统的旅游产品为主。例如,上海中国国际旅行社股份有限公司设立了商务旅游会展中心,其主要业务就是承担国旅所承办的国际国内会务、商务旅游业务。

其二,在旅行社有限公司下设立专门的商务旅游子公司,由子公司独立运作,专门经营商务旅游。商务旅游较为发达的地区的旅行社通常采用这种形式,例如上海中青旅成立了上海青旅盛事会展服务有限公司,专门为各级政府部门、大型企事业单位、跨国公司、外商驻华机构、国际组织等客户提供会务、展览、旅游、庆典等方面的专业服务。

尽管这两种经营模式都是共享原有旅游企业的资源,但是两者对于商务旅游在整体战略中的定位是不同的,因而必将影响到企业在商务旅游市场内的行为和市场份额。

国内旅行社和外资服务企业的业务定位迥然不同。就国内企业来说,商务旅游的经营范围较为宽泛,其业务范围几乎无所不包。而外资企业则专注于高端商务旅行,以专业化为核心,目标市场集中于企业,尤其是大型企业;更确切地说,它们的主要业务是商务旅游咨询或管理,而不是组团或接团。正由于二者之间的目标市场差异,商务旅游的直接竞争还没有激化。

3. 专业的旅游网站

在专业的旅游网站中,杰出代表有携程和艺龙,它们在商务旅游领域的经营取得了突出的业绩。携程在其"旅游"的业务中专门列出了公司旅游,与跟团游、自驾游和自由行属于并

列的旅游业务,而公司旅游的细分项目中第一项就是奖励旅游,其次还有商务考察、会展、特色旅游、境外会议注册、体育赛事和私人定制等。可见,奖励旅游是携程的重要业务之一。

六、奖励旅游目的地

(一)奖励旅游目的地的选择标准

旅游目的地是吸引旅游者在此做短暂停留、参观游览的地方。旅游通道将客源地和目的地两个区域连接起来,是整个旅游系统的桥梁。旅游目的地是旅游活动的中心,旅游目的地把旅游的所有要素,包括需求、交通、供给和市场营销都集中在一个有效的框架内,可以看作满足旅游者需求的服务和设施中心。一定地理空间上的旅游资源同旅游专用设施、旅游基础设施以及相关的其他条件有机地结合起来,就成为旅游者停留和活动的目的地,即旅游地。旅游地在不同的情况下,有时又被称为旅游目的地或旅游胜地。

奖励旅游目的地是那些可以为企事业单位提供奖励旅游项目的空间或区域,除了具有旅游目的地的一般特征外,还应满足组织开展奖励旅游活动的管理、服务和综合需求。

奖励旅游的对象包括企业员工、企业产品经销商、企业品牌的忠实消费者及企业相关客户。为使这些特殊的受众获得终生难忘、值得回味的旅游经历,不仅要求目的地具有得天独厚的旅游资源、高标准的旅游设施与精细周到的旅游服务,而且要求奖励旅游活动项目的设计富有参与性和创造性,这就为奖励旅游目的地及相关企业带来了严峻的挑战。

大部分奖励旅游业务来自跨国性的国际公司,其次是条件优越的企事业单位,它们每年都会举行大型年会、奖励表彰会,并为员工提供相应的奖励旅游活动,而著名的旅游胜地通常是奖励旅游首选之地。此外,一般旅游活动都具有明显的季节性,而奖励旅游活动为达到最佳的效果,一般都在时间安排上错开了传统的旅游旺季,这无疑对旅游目的地平衡淡旺季客源具有积极意义。

奖励旅游对目的地的选择总体要求很高,不仅要具有方便的交通条件和高档次的旅游接待设施,还要有上乘的服务水准和优美的自然环境,尤其是必须拥有特色鲜明的旅游资源或旅游吸引物。目的地要有品位、与众不同,有独特的自然体验。其中,高度发达的目的地和具有独特魅力的旅游胜地比较受欢迎。

(二)奖励旅游目的地的构成

从基本条件而言,旅游吸引物、旅游服务、旅游设施以及旅游可进入性是构成奖励旅游目的地的四个基本要素。

1. 旅游吸引物

旅游吸引物是奖励旅游目的地存在和发展的基础,是促成奖励旅游者外出旅游的首要原因。奖励旅游目的地如果有足够的吸引物,就容易推销给旅游者。通过对年轻白领的市场调研得知,他们喜爱和期待的国内奖励旅游目的地集中在西藏、香港、九寨沟、丽江和张家界等地区。奖励旅游在众多的旅游产品中效益高、前景好,已成为国际旅游市场的热点项目。奖励旅游行程活动安排要求特殊,需根据企业意图量身定做,不仅仅是安排特殊旅游路线、旅游活动就能满足的,一般还包含企业会议、培训、颁奖典礼等。

2. 旅游服务

任何一种产品想要成功都离不开过硬的技术、领先的科技等,但决定其最终成败的因素还是服务,这包括服务理念、服务态度、服务内容、服务项目、服务价格、服务技术等。而要成为奖励旅游目的地,重要的要求是这些服务是否达到了国际旅游的通行标准。奖励旅游目的地为商务人士提供的旅游服务大多不仅是代买机票、预订酒店,更重要的是提供全套旅游管理项目的解决方案,包括各种咨询服务、最大限度地降低旅行成本、提供最便捷合理的旅行方案和打理一切旅行接待服务等。

3. 旅游设施

奖励旅游对设施的要求较高,特别是对会议设施、宴会设施的要求较高,以方便奖励旅游团队举办会议、培训、典礼及宴会。设施包括专有设施和支持设施两种。专有设施通常与旅游活动密切相关,是直接为奖励旅游者提供必要服务和与之相联系的物质条件,如在食、住、行、游、购、娱等方面为奖励旅游者提供直接供给;支持设施是构成旅游目的地的重要组成部分,包括公共设施。

4. 旅游可进入性

除基础的交通条件、通信条件外,奖励旅游目的地还应具备良好的当地居民的可接受性、环境的可承载量和当地的社会秩序等。

(三)奖励旅游目的地营销策略

1. 有效提升奖励旅游目的地的形象

积极运用新媒体力量,针对存在奖励旅游计划的企业进行有效宣传。其一,为提升形象,奖励旅游目的地应根据自身条件完善相应的风景区及配套设施建设;其二,借助新媒体力量(例如奖励旅游目的地官方网站等),积极宣传景区最新动态,为游客及企业提供有价值的旅游信息,吸引游客及企业的注意,从而提升知名度及目的地到访量。

2. 加强对目标市场选择问题的研究

有效的STP(市场细分、目标市场、市场定位)营销策略可以帮助旅游目的地从旅游业大环境中划分出其专属的市场及消费群,有效区分出奖励旅游目的地与普通景区的差别,同时针对奖励旅游的定位制订出完善的服务机制,改善顾客旅游体验。

3. 完善景区资源配备,与当地政府建立良好的合作机制

吸引政府、企业到奖励旅游目的地开展各类展会活动,建立良好的活动氛围,增加景区知名度及宣传点。

4. 针对商务型奖励旅游活动,建立有效的顾客关系管理数据库

对定期举行商务活动的企业,更应及时准确地掌握企业活动的有效信息(如人数规模、消费规模、旅游喜好及企业文化等),在潜在顾客有需要时,给出及时有效的反应,提高服务质量,满足客户需求,建立良好的口碑与长期合作关系。

5. 增加行业参与度

积极运用旅游目的地的硬件设施,如会议室、展厅及多媒体,通过完备的硬件设施吸引各类会展、奖励旅游、人才招聘会等,搭建目的地与企事业单位间深度交流的平台,提升硬件设施的利用率并在奖励旅游领域扩大影响力与公信力。

(四)会议中心与会奖型酒店

根据企业的需要,奖励旅游活动中常常会安排会议。根据会议设施设备和会议服务的相关要求,会议往往安排在会议中心与会奖型酒店举行。

1. 会议中心

会议中心最重要的功能就是它可以作为一座桥梁,一座连接本地和外地的桥梁,人们在此交流信息、联谊沟通。

会议中心(会展中心)不仅是当地的地标性建筑,还是一个城市的形象,如国内的上海国际会议中心因为1999年9月接待"财富"全球论坛而为世界所瞩目,其他为人所熟知的会展中心有中国香港会展中心、澳大利亚墨尔本会展中心、加拿大温哥华会议中心、阿联酋阿布扎比国家展览中心等。这些知名的会展中心向世人传达着城市的活力、风采、魅力甚至是城市的个性,令人向往。从这个意义上说,一个城市的会展中心不应止步于地标性建筑这个目标,而必须成为一个城市的代言人,阐释这个城市的发展目标和积极开放的心态,代表城市的商贸发达水平、对外交流的高度和旅游文化的吸引力。简言之,会展中心是一个城市的符号。

会议中心和在此举办的一系列有影响力的大型活动和固定举办的高水平论坛、峰会,成了名副其实的门户(gateway),一个体现该市的经济水平、人文特征、旅游文化资源的门户,展示的是发展前景。来自外地各行各业的机构和个人通过这个门户得以了解这个城市、喜欢这个城市,继而愿意在这个城市消费、投资,主动向他人推介、宣传这个城市。会议中心就是一个城市的眼睛,本地居民通过这双眼睛了解外面的世界,外地人也经由这双眼睛更好地了解这个城市。

2. 会奖型酒店

会奖型酒店是接待会议最主要的场地。会奖型酒店主要是指那些能够独立举办会议的酒店,某些业界人士甚至认为会奖型酒店接待会议的直接收入应该占到主营收入一半以上。在我国国际会议的发展历史中,会奖型酒店起着重要作用。随着我国经济的迅速发展,会奖型酒店作为一种专门的酒店类型也迅速发展起来。会议旅游在整个旅游市场中占的比重也越来越大。

会奖型酒店有四个特点:一是销售形式不同于传统的酒店,它是综合性销售,不但有客房、餐饮销售,还有会展的设施、会议的设备销售,即会议相关的一些销售。二是服务的对象不同。除了服务中面对每一位参会个体之外,会奖型酒店还要面对会议的组织者,和组织者的沟通是非常重要的环节。三是服务部门的设置不同。在实际中,会奖型酒店要针对专业性较强的会议实施不同的服务模式,包括配置相应的会议设备设施,以保证为会议提供圆满的服务。四是酒店会议功能间的配备不同。多功能间要尽量准备得充足一些。人们经常发现一些客人不喜欢在宴会厅开会,特别是外宾。酒店应具有专业的功能间,以满足客人的特别需求。宴会的独特配置,包括餐饮的独特性等,是会奖型酒店应该具备的特点,和其他酒店应有所区别。

七、奖励旅游服务类供应商

(一) 奖励旅游行业协会

1. 国际性奖励旅游行业协会——国际奖励旅游管理者协会

国际奖励旅游管理者协会(The Society of Incentive and Travel Executives)是全世界唯一个致力于以旅游作为激励和改进工作表现的专业人士的世界性组织。国际奖励旅游管理者协会成立于1973年,总部设在美国芝加哥。国际奖励旅游管理者协会认识到全球文化差异和使用旅游激励战略的重要性,为它的成员提供网络和教育的机会。

国际奖励旅游管理者协会的成员享有的权利包括:①获得分布在全世界80多个国家的2000多个国际奖励旅游管理者协会成员的联系方式,这些成员代表着奖励旅游业的每一个领域。②获得区域内"奖励旅游大学"的折扣学费。奖励旅游大学课程涉及奖励旅游中如何去做的广泛内容。③获得出席国际奖励旅游管理者协会每年国际会议的优惠会费,这些国际会议的重点集中在影响未来奖励旅游的发展趋势上。④能收到大量的国际奖励旅游管理者协会出版物,这些出版物包括《资源年鉴》《奖励旅游介绍》等。

2. 中国奖励旅游行业协会——杭州市会议与奖励旅游业协会

杭州市会议与奖励旅游业协会成立于2011年3月,是由在杭符合会议奖励旅游市场需求的酒店、会议场所、旅行社、专业会奖企业、航空公司、车船公司、重点景区、餐饮企业及部分与会奖旅游相关的企事业机构、社会团体自愿组织的行业性社会组织,具有独立的法人资格。其业务主管单位为杭州市旅游委员会,秘书处设在杭州市旅游形象推广中心会奖旅游部。

杭州市会议与奖励旅游业协会的业务范围:①积极支持会员单位从事会议奖励旅游资源和产品策划、开发和主题包装等活动;②加强会奖旅游信息交流,开展有关会议奖励旅游产品的信息收集,分析评价,做到信息共享;③联合会员单位进行会奖旅游的市场推广,组织会员单位参加各类推广活动,配合旅游主管部门做好会议奖励旅游市场的营销工作;④策划、组织实施会奖旅游的主题活动;⑤开展对外公关交流活动,加强与其他具有会奖旅游需求和资源的企业和团体机构的联系;⑥研究制定会议奖励旅游服务标准及规范,推进会议奖励旅游服务的规范化,在协会会员中开展行业专项评比,促进服务品质提升;⑦发展会奖旅

游专业人才,开展会议奖励旅游的业务培训;⑧协助进行大型会奖旅游项目的协调工作;⑨承办有关部门委托的其他工作。

(二)其他奖励旅游服务类供应商

奖励旅游活动的展开,除了依赖目的地、场所、住宿、交通运输供应商外,还需要一系列其他服务类供应商,综合概括起来有以下类型:

一是为奖励旅游活动提供各种设计与制作服务的供应商,如印刷公司、设计师、会徽制作商、礼品及纪念品供应商、标志制作商等。

二是为奖励旅游活动提供生活、娱乐、旅游服务的供应商,如餐饮供应商、娱乐公司、家具出租公司等。

三是为奖励旅游活动提供声、光等多媒体服务的供应商,如视听设备供应商、灯光效果专家、摄影师、互联网接入服务商等。

四是为奖励旅游活动提供保险、安全、物资供应服务的供应商,如保险服务公司、安保公司、货物发运商、烟火供应商、鲜花供应商等。

五是为奖励旅游活动提供销售与人员服务的供应商,如招聘公司及临时人员供应公司、口译和笔译人员、培训专家等。

六是为奖励旅游活动提供咨询与研究服务的供应商,如公共关系咨询公司、奖励旅游研究机构等。

七是为奖励旅游活动提供宣传、广告服务的供应商,如广告设计公司、宣传展览公司等。

八、奖励旅游案例分析——巴厘岛

巴厘岛面积约为5780平方千米,人口约431.74万人。巴厘岛距雅加达约1000多千米,与雅加达所在的爪哇岛隔海相望,相距仅16千米。由于巴厘岛地处热带,且受海洋的影响,其气候温和多雨,土壤十分肥沃,四季绿水青山、万花烂漫、林木参天。巴厘岛的居民生性爱花,处处用花来装点,因此,该岛有"花之岛"之称,并享有"南海乐园""神仙岛"的美誉。

巴厘岛上多山地,全岛山脉纵横,地势东高西低,有四五座锥形完整的火山峰,其中阿贡火山(巴厘峰)海拔3142米,是岛上的最高点,附近有曾于1963年喷发过的巴都尔活火山。岛上沙努尔、努沙杜尔和库达等处的海滩,是该岛景色最美的海滨浴场,这里沙细滩阔、海水湛蓝清澈,每年来此游览的各国游客络绎不绝。

巴厘岛是印度尼西亚非常著名的旅游景点之一,以典型的海滨自然风光和独特的风土人情而闻名于世。巴厘岛有"花之岛""天堂岛"等美称,岛上不但一年四季鲜花盛开,绿树成荫,还有极美的沙滩,宛如人间仙境。很多人把它作为举办婚礼的首选地。巴厘岛居民的舞蹈典雅多姿,在舞蹈界占有重要的地位。另外,雕刻艺术也非常有名,在岛上处处可见木石的精美雕像和浮雕,所以该岛又有"艺术之岛"之誉。

结婚度假的人们一般不喜欢去欧洲美洲的那些繁华的大都市,反而更向往恬静、幸福的目的地,所以像巴厘岛这种休闲度假区就适合结婚、度假。除此之外,由于当地物价与旅行社报价十分亲民,它也是各大企业追捧的热门奖励旅游目的地。

实训五

选择你所熟悉的奖励旅游行业协会,调查其发展运行情况,并针对其存在的问题提出改进建议。

项目六

会展旅游过程管理

要想促进我国会展旅游行业的稳定、持续发展,就要对会展旅游的过程管理进行深入探析,找到适合中国会展旅游业发展的管理模式。基于此,本项目分别研究会展旅游的餐饮住宿管理、会展旅游的交通管理、会展旅游的导游服务管理。

任务一　会展旅游的餐饮住宿管理

一、会展旅游的餐饮管理

(一)会展旅游饮食安排工作流程

(1)准备工作:统计参加会展旅游的人数;了解参加会展旅游人员的基本情况;研究旅游目的地及当地餐饮情况。

(2)制定饮食工作方案:就餐标准、时间、地点、形式;就餐人员组合方式;就餐凭证;保证措施等。

(3)预订餐厅、选择餐厅要考虑的因素:①餐厅卫生符合国家规定的饭馆(餐厅)卫生标准,餐饮卫生是第一位的;②地理位置合理,可使节约旅游团队用餐的时间;③餐厅的停车位数量合理,方便程度高,洗手间卫生情况良好,确保旅游者有舒适的环境;④餐厅的餐饮质量、餐饮口味符合旅游者的需求。社会餐馆的当地风味餐能体现地方特色;⑤餐厅与旅行社的结算方式、时间、款数明确;⑥餐厅与旅行社的配合度以及处理突发事件的条款明确;⑦餐厅与景点的距离适当,价格合理。

(4)统计就餐人数:根据会展旅游活动的签到情况,分组统计,最后汇总。

(5)商定菜谱要考虑的因素:经费预算、营养科学、宗教信仰、饮食习惯、地方特色风味。

(6)餐前检查:围绕质量、分数、卫生状况等进行。

(7)餐厅布置:团体用餐可以摆在一个独立的餐厅,或者有所分隔地集中在餐厅的里侧一角;餐桌事先应根据人数布置好,桌上摆上团体名称卡;餐桌摆台应考虑到中西文化的差异。

(二)会展旅游客人用餐服务工作流程

会展旅游的客人多数属于团队客人,所以酒店、餐厅在提供餐饮服务时,多数采用团体用餐的服务流程,大致包括以下环节。

(1)客人进入餐厅,礼貌地向客人问好,问清团体名称,核对人数,迅速地引领客人到准备好的餐桌入座,避免让大批客人围在餐厅门口,影响其他客人。

(2)到达该团队的餐桌后,热情招呼客人入座,为年老和行动不便的客人拉椅让座。

(3)迅速递上香巾,尤其是对游览回来、未进房的团体客人更显得重要。

(4)准备茶水,迅速给客人斟茶,根据需要,最好应备有冰茶。

(5)将厨师精心烹饪的菜肴按桌端上,主动向客人介绍当地的特色菜肴,营造愉悦的气氛,解除客人旅游的疲劳。

(6)为客人分菜、分汤。

(7)征求客人对菜肴的意见,收集客人的特殊要求,以便迅速请示落实。

(8)根据需要为客人换骨碟,添酒水饮料。

(9)客人用餐完毕后,再递上香巾,斟上热茶。

(10)客人离座时,应为年老行动不便的客人拉椅、扶持,多谢客人光临。

(11)引座员在餐厅门口笑脸送客,向客人道再见。

(三)会展旅游餐饮主题策划

餐饮主题营销活动是加强顾客体验,促进餐饮销售的重要手段。在安排餐饮服务时,要精心策划餐饮的主题。主题节目可以很简单,如只有一个乐队表演,或尽心安排特别节目。如果预算允许,就可以特别设计,有时常以当地特色为主题。饭店或会议中心宴会人员可以留存一些当地主题的东西,如果需要可借用,这样布置费用就比较节省;如果预算不足,可将主题放在食物上。通常,会展旅游餐饮的主题有以下类型。

1. 民俗地域型餐饮主题

1)国内主题

饭店可以以我国各地文化为契机,推出各种主题餐饮,如咸鲜醇厚的鲁豫风味餐饮;清鲜平和的淮扬风味餐饮;鲜辣浓淳的川湘风味餐饮;清淡鲜爽的粤闽风味餐饮;香辣酸鲜的陕甘风味餐饮等,并在促销活动安排、内部环境装点、外部卖场布置等方面,体现原汁原味的地域特色和文化。

2)国外主题

博大精深的外国餐饮文化也可以作为主题卖点,如清淡精致的日本料理、浓烈酸辣的韩国餐饮、高贵奢侈的法国餐饮、包罗万千的澳洲餐饮、粗犷随意的美式西部餐饮、原始古老的非洲部落餐饮等。

2. 怀旧复古型餐饮主题

1）以历史上的某一时期作为主题

根据历史时期,餐饮主题又可细分清朝主题、明朝主题、唐朝主题、民国主题、近代主题等。这些主题对应的餐饮包括西安的"仿唐宴"、开封的"仿宋宴"、湖北的"仿楚宴"、北京的"仿膳宴"、南京的"随园宴"、济南的"孔府宴"等。

2）以历史上某一事件作为主题

餐厅可通过搜索历史上某些有特殊意义的事件来创设主题,借助于"时光隧道"回到那些特定的历史事件中。如"老三届乐园"回忆的就是知青下乡的岁月,在它的墙上挂着干红辣椒、老玉米棒子、煤油灯、军挎包,每一件都能把知青朋友们带回往日的岁月。

3）以历史上某些著名人物为主题

典型的例子是以红色为主题的餐厅,其菜肴以韶山当地的土特产为原料,制作的地瓜、红烧肉、米豆腐炖泥鳅等都是毛主席生前喜好的口味。历代雅士也有其特殊的偏好,从而也引发出许多独特的餐饮文化。如清代著名诗人袁枚所著的《随园菜谱》就是很好的主题吸引,国内有许多餐厅围绕《随园菜谱》开发了许多特色餐饮。

4）以文学作品中的历史事件作为主题

我国流传有许多精彩的文学作品,这些文学作品也因其巨大的影响而成为人们的兴趣焦点。创设主题可从这些文学作品中寻求切入口,如湖南常德的"梁山寨酒家"和扬州宾馆的"红楼厅"就是围绕文学作品设置主题。

3. 娱乐休闲型餐饮主题

餐厅可借助慵懒的音乐、随意的环境、休闲的餐具、淡雅的色彩营造一种无所不在的休闲气息。休闲餐饮赋予了餐厅新的功能,使其日益成为社会交际、休闲娱乐的舞台(如商业洽谈舞台、朋友聚会舞台、公司非正式聚会舞台等)。

4. 回归农家型餐饮主题

在回归自然成为人们主导需求之一的今天,一批"农字号"的回归主题餐饮应运而生。在设计各类回归主题餐饮时,饭店可通过细致分析"农家"特有的各种景观来做"农"字号文章。

1）植物主题

可选择其中一种或几种有代表性的植物作为塑造主题的突破口。如餐厅以大豆为主题,推出各种以大豆为原料的食品或饮料,并介绍相应的烹制方法,了解大豆的营养价值,传授种植大豆的经验技巧。餐厅还可引导客人参观大豆的生长过程——将大豆生长的各个过程以录像的方式向客人做介绍;为增强趣味性和灵活性,也可借助电脑软件或动画技术,形象地模拟大豆的生长过程,增强节目的互动性。

2）动物主题

以动物为主题的餐厅应考虑动物的观赏性和趣味性,不能以奇特性取代基本的饮食常理要求,在动物的选择上,应有意识地选择那些具相当观赏价值和一定美感的动物作为吸引物。随着高新技术的发展,在餐饮经营上也可借助科技手段。如风靡全球的热带雨林餐厅,就借助于现代电子技术,形象地再现了亚马孙河流域特有的一些动物以及一些存活于万年前的动物,如大象、恐龙、豹、蟒蛇等,并模拟出相应的声响。

3) 农家生活主题

紧张的生活节奏使得现代人对淳朴的民风怀有强烈好奇。在设计此类餐厅时,应考虑客人心目中最理想的农家生活格调,并在环境布置、菜式搭配、广告宣传等方面联合烘托主题,如以简单的茅草屋作为餐饮消费空间,服务人员穿着宜随意干净,菜式体现农家特色,条件许可的话,还可向客人提供一套农家常用的炊具和菜点原料,让客人亲自上阵,如擀面条工具、烧灶台等。

5. 音乐歌舞类餐饮主题

1) 音乐类主题

音乐类主题包括古典音乐、流行音乐、民族音乐、爵士乐、摇滚乐主题等。此类餐厅一般拥有较好的音响器材以及各类唱碟。如某地有一家"岁月如歌"餐厅,以怀旧为主题,以怀旧乐曲伴餐,经典的曲目有《闪亮的日子》《在那遥远的地方》《昔日重来》《卡萨布兰卡》等,让客人邀老友、品岁月、唱老歌、吃美食,得到全方位的非凡享受。

2) 戏剧歌舞主题

此类主题餐厅以各类戏剧舞蹈文化为主题吸引客人,包括各种剧种和各类舞蹈等。这类餐厅应具备较宽敞的空间和特殊的装饰,可在餐厅中间设置一至两个突出的舞台,以照顾所有客人观赏表演的视线。

二、会展旅游的住宿管理

会展旅游住宿服务是会展旅游过程管理的重要一环,它对会展旅游来说是不可或缺的。对于规模不是很大的会展活动,主办方可以安排在会议举办地点的酒店或与展览配套的酒店进行,这样参会/展代表就不需要往返于不同地点,住宿安排也相对简单。对于有大量住宿需求的会展活动,主办方应利用采购数量的优势,向酒店要求较低的折扣,这样有利于吸引更多自费且对价格敏感的参会/展观众。大型的会展活动参与人员众多,主办方通常难以满足所有人的住宿需求,应将与会人员集中安排在会展举办地点附近的酒店,这样可以减小管理的难度。

(一) 会展旅游客人住宿需求统计工作

会展旅游住宿的安排要充分考虑客户的住宿需求,在住宿之前首先要对需求情况做全面统计,统计内容需涵盖以下五点。

(1) 需要住宿的客人总人数:包括需要住宿的家属。

(2) 每位客人对住宿标准的要求:如标准间、单人间、双人间或者套间;或者其他特殊要求,如海景房、连通房等。对重要客人的需求一定给予足够的重视,包括VIP(Very Important Person),如政府人士、新闻媒体、社会名流等;CIP(Commercially Important Person),主要指大公司、大企业的高级行政人员;SPATT(Special Attention Guests),主要指需要特别

照顾的老、弱、病、残客人及孕妇等。

(3) 具体住宿价格的承受范围。主办方要留意酒店价格的变动,因为酒店的价格浮动较大,不仅跟季节性因素有关,不少酒店为收益最大化,在一周甚至一天的不同时段可能采取不同的价格,同时折扣手段也较为多样化。主办方可利用酒店的折扣策略、常客计划等将采购成本降至最低。

(4) 每位客人及家属的到达及退房时间,尤其是提前到达或延迟离开的情况,不能只按统一的到离时间准备。

(5) 付费的方式:现金、信用卡或者其他。

(二)会展旅游客人入住酒店选择工作

酒店的选择关乎到会展旅游活动的成败,因此一定要慎重。高端的会展旅游活动,如奖励旅游,主办机构需派人亲自考察酒店的管理水平和服务质量以及相关的旅游线路、配套服务。

1. 酒店的等级与档次

选择酒店时应优先选择已经参加星级评定并获得较高星级的酒店(如四星级、五星级),但不能单纯依照这种方式,因为有些质量很好的酒店并没有参加星级评定活动。另外,划分酒店星级的标准体系在不同的国家会有所不同。尽管如此,选择酒店时,遇到"准四星""相当于四星级""本地区最好的酒店"这样的介绍时,要谨慎考虑。

2. 住宿质量

关注酒店的房间数量是否充裕,尽量将参会/展人员安排在少数几个酒店里;关注酒店是否具有各种类型的客房,客房设施是否完善、质量是否可靠,康乐服务及相关配套服务质量如何等。

3. 地理位置及交通条件

酒店地理位置是非常重要的。以前由于道路的窄陋、通信的阻碍、交通工具的短缺,酒店一般在繁华市区或者著名景区,但会展旅游主办方则需要结合具体的活动来选择酒店的位置。总体来说:①要考虑其地理位置,它是在商业区、政府所在地、大学城,还是在风景区、住宅区,根据周边的消费群来确定酒店的规模档次、功能布局、建筑格局以及外形等。②关于交通,酒店不一定非得选在闹区,只要通往酒店的道路通顺,不堵车,路广路多,这样的酒店也可以考虑;若酒店距汽车站、火车站或机场不远或交通很方便,这就更好了。③停车要方便。现在私家车越来越多,来酒店消费的客人多半是开车来的,如果酒店没有足够的停车场所,客人以后就不愿来消费,所以高档酒店应在选址时考虑尽可能多的地面停车场面积,地面停的车多,也表明酒店生意很旺,也可成为吸引客人的一个亮点。

4. 设备齐全,质量可靠

对于会展旅游客人来说,酒店的一项基本功能就是提供一个好的休息环境,客房设备设施应能为客人高质量的睡眠提供保证。小到窗帘的选择、家具的设计、灯光的配置、冰箱的噪声大小,大到酒店服务理念、当地文化特色、客房档次、人体工学等,都要围绕这个进行。主办方在考察酒店时,不仅要考虑这些细节,还得考虑客房是否考虑到客人的个性化需求。

对于会展旅游来说,满足客人商务需要非常重要,所以除了客房要体现这点外,酒店还应具备标准完善的多功能会议室,以满足客人举办新闻发布会、小型展览的需求。

(三)会展旅游住宿酒店排房工作

1. 制定酒店排房方案

(1)了解酒店地点、规格、费用以及房间分配原则。

(2)统计住宿人数:主要包括参会/展代表,记者;参会/展人员的随行人员,会务工作人员。

排房方案要的制定要点:①住处相对集中,距离旅游地较近;②规格适中,设施齐备,可满足商务客人的配套服务要求;③突出个性,房间分配合情合理。

2. 住宿酒店排房原则

(1)酒店应严格按照公司合同及客人订房要求安排房间。

(2)客人所订房间种类若缺,只可升级,不可降级,升级必须经部门经理签字认可。

(3)针对性原则,酒店应根据客人的身份、地位等特点有针对性地排房。如VIP一般安排较好的或者豪华的客房,要求有极好的安全保卫、设备保养、环境等。

(4)同一团队客人尽可能安排在同一楼层、同一标准的房间,并且尽量是双人房,这有利于导游(领队、会务组人员)的联络及酒店管理。

(5)新婚夫妇应安排在安静的大床房间,房间布置最好喜庆,并注意有无送餐服务的要求。

(6)可将老年人、伤残人或行动不便者安排在较低楼层近服务台或电梯口的房间,以方便服务员的照顾。

(7)家人或亲朋好友等一起住店的客人一般安排在楼层侧翼的连通房或相邻房。

(8)特殊性原则,即要根据客人的生活习惯以及民俗不同来排房,比如将一些客人的房间拉开距离或分楼层安排。

(9)在淡季,可封闭一些楼层,而集中使用几个楼层的房间,可从底层至高层排房,以节约能耗、劳力,便于集中维护、保养一些客房。

3. 住宿酒店排房技巧

(1)了解订房信息:①仔细阅读预订单、预计抵店名单、特别喜好提示单、团队接待通知单等。②熟悉电脑中所提供的各个种类房间预订情况,在排房时做到心中有数。③统计出当日已订的各种类用房数,以便事先掌握房控情况,做好调整准备。④检查VIP和已确认房是否已空出。

(2)安排房间:①首先将未空出的VIP调整出来(注意,若该房种缺,请示是否升级)。②安排有特殊要求的客人用房。如到店时间早(10:00前)、有合同规定需事先布置的房间(长住客系列、订房时要求特别服务的房间)、特别朝向、特别指定房号、床型及楼层。③按订房要求安排入住时间较长的客人。④安排三间房以上的同行客人。⑤安排普通订房客人。

注意事项:淡季时,尽量安排干净房。旺季时,为到店时间为下午的客人安排走客房,将干净房留给上午进店的客人。团队客人尽量套排当日离店团队后。

4. 酒店常见客房状态

（1）住客房（Occupied Room，OCC）：客房已被客人租用。

（2）空房（Vacant and Available for Sale Room，VAC）：已完成清扫、整理工作，可供出租的客房。

（3）走客房（On-Charge Room，C/O）：住客已退房，客房正处于清扫、整理过程中。

（4）待修房（Out-of-Order Room，OOO）：客房有问题，需要维修。

（5）保留房（Blocked Room）：这是一种饭店内部掌握的客房。饭店会为一些大型的团队预留他们所需的客房；同时还有一些客人在预订客房时，常常会指明要某个房间；对于一些回头客的预订，订房部往往会为该客人预留其曾经住过的房间。

（6）携带少量行李的住客房（Occupied with Light，O/L）：为防止发生客人逃账等意外情况，应在计算机中做相应标记。

（7）请勿打扰房（DO Not Disturb）：有些住店客人为了不受干扰，会开启"请勿打扰"灯或挂"请勿打扰"牌。

（8）双锁房（Double Locked Room）：出现双锁客房的原因较多。有时，住客为了免受干扰，在房内将门双锁，服务员无法用普通钥匙开启客房门；有时，客人操作失误，无意将门双锁；有时，客人外出一段时间但不退房，为保证客房的安全，客房部会在客人离店时将客人房间双锁，客人返回时再解锁；当饭店发现房内设备严重受损或客人消费行为不轨时，饭店管理部门也会做出双锁客房的决定。

（9）其他客房，如非卖房、团体房、会议房、散客房、免费房、长包房、内用房、预离房、预到房、保密房、矛盾房、留言房、VIP房、团队/会议房、外宾房、生日用房等。

三、会展旅游餐饮住宿管理案例

上海世博园区共有128家餐饮店，提供餐位32万个以上，供餐能力达到40万套，另外还有9个便利店，6个糕点、面包零售店。在这些餐饮店，参观者可以品尝到我国各地的美味佳肴和来自世界五大洲的风味餐饮，包括中式正餐、西式快餐、中式快餐、日式快餐、清真餐、咖啡简餐、非洲餐、意式餐、素餐等多种美食风味，所以世博会也是名副其实的美食博览会。

住宿服务方面，近1000家酒店与世博官方合作，从经济型到豪华型，从三星级到五星级应有尽有。世博期间，部分酒店预订返真金白银，提供高达房费10%返现，房源有保障，价格最优惠，提供24小时网络及电话预订等一系列住宿服务保障，为游客们提供舒适、便捷、经济的住宿服务。

任务二　会展旅游的交通管理

对于大型会展活动来说，交通管理可考虑采取与交通运输公司结盟的形式进行，如指定某家航空公司或出租车公司为首选。通过结盟形式，会展活动举办方可以拿到较低的价格，对于运输公司来说亦可获得稳定的客源,这是个双赢的局面。会展举办方通过结盟方式,还可就某些服务细节要求运输公司进行定制化服务。比如奖励旅游,通常可在旅游包机时要求飞机上有公司或主办方的标志;在和出租车公司合作时要求提供优先叫车服务。

一、会展旅游航空公司服务工作

与其他交通工具相比,航空交通工具有快捷、舒适、安全的特性,尤其是在长距离旅游、国际旅游中占据主导地位。

(一)航空交通工具的选择

在选择航空交通工具时,需要考虑以下因素。

(1)舒适度指标:客舱宽敞高大,噪声小,飞行平稳,娱乐设施齐全,如可调节气温、气压,配备有大屏幕投影电视和液晶屏袖珍电视、耳机,有通过卫星转播的电话和网络等。

(2)机票折扣情况。

(3)航班的时间。

(4)气候条件、最小飞行距离和机场建设用地等限制。

(5)机位数量能否满足团队需要。

(6)航班密度是否高,以便灵活安排。

(7)与会展旅游操作方工作配合度如何。

(二)会展旅游包机工作

旅游包机是旅行社因无法满足旅游者乘坐正常航班抵达目的地的要求而采取的一种弥补措施,这种情况多发生在旅游旺季的旅游热点地区或正常航班较少的地区,一些高档旅游如奖励旅游也可能使用旅游包机服务。一般来说,申请旅游包机的情况包括单独包机、联合包机、特殊团队包机和突发事件。

旅游包机不仅要考虑到以上提到的因素,还要考虑到企业宣传的要求,因为在一架奖励旅游的包机上印上醒目的企业标志,或包场某一有名的旅游景点时,人们首先瞩目的将会是举办奖励旅游的这家企业,而非那些被奖励的个人,所以无形之中旅游包机也是企业展现自身实力、宣传企业形象的好方法。

二、会展旅游铁路交通服务工作

火车具有价格便宜,沿途又可以饱览风光的特点,特别在包价产品中具有竞争力。近年来,我国铁路加大力度改善交通环境,使火车运输仍具优势。目前,国内多数旅游者仍选择火车作为首选出游交通工具。出票率、保障率是衡量铁路服务采购的重要指标。

（一）订票工作

（1）火车票是旅客乘车的凭证。旅客乘车应当持有效车票。对无票乘车或者持失效车票乘车的，应当补收票款，并按照规定加收票款；拒不交付的，铁路运输企业可以责令其下车。

（2）旅客须按票面载明的日期、车次、席别乘车，并在票面规定有效期内到达车站。持通票的旅客中转换乘时，应当办理中转签证手续。铁路的旅客票价，货物、包裹、行李的运价，旅客和货物运输杂费的收费项目和收费标准，必须公告；未公告的不得实施。

（3）身高1.2—1.5米的小孩乘车时，应随同大人购买座别相同的半价票，超过1.5米的需购全价票，每一大人旅客可以免费携带身高不够1.2米的小孩一名。

（4）部分列车实行团体购火车票"20免1"的优惠措施，即凡购买同一时间、同一车次、同一到站车票满20张的，给予减免一张票款的优惠。

铁道部设有官方售票渠道如https://www.12306.cn和电话95105105，全国铁路统一客服电话12306已经开通，24小时接听旅客的查询。2011年开始，我国的高铁和动车全面实行了车票实名制，目前我国铁路已全面实施网络订票和车票实名制。网络订票具有方便、快捷、支付电子化等优势，既方便旅客，又减轻了车站的压力。

（二）退票工作

2013年9月1日起，我国铁路部门调整火车票退票和改签办法，同时实行火车票梯次退票方案。铁路总公司官网发布《中国铁路总公司关于车票改签、退票有关事项的通知》。其中明确退票费计算不再四舍五入到元，而是以5角为单位，分三个档计算。梯次退票方案为：

（1）票面乘车站开车前48小时以上的，退票时收取票价5%的退票费。

（2）开车前24小时以上、不足48小时的，退票时收取票价10%的退票费。

（3）开车前24小时之内的，退票时收取票价20%的退票费。

三、会展旅游汽车旅游服务工作

尽管汽车已成为人们普遍采用的旅行工具，但乘汽车旅游的距离不宜过长，短距离最好控制在50公里（一小时）左右/景点间；长距离控制在300公里（不超过五小时）以内/天，否则客人会感觉疲劳。在采购汽车服务时应考虑：①车型；②车况；③司机驾驶技术；④服务规范；⑤准运资格。通过考察，最终选择管理严格、车型齐全、驾驶员素质好、服务优良、已取得准运资格，且善于配合，同时车价优惠的汽车公司，并与之签订协议书。旅游汽车设施设备要求。

（1）所有座椅应装置安全带，其他技术要求应符合GB 7258—2017《机动车运行安全技术条件》的规定。

（2）车长大于9米或成员座位数多于40人的客车，如车身右侧仅有一个供游客上下的车门，应设有安全门或安全出口。安全门（安全出口）上应有明显的红色标志。

(3)车内备有符合规定的灭火器、救生锤。

(4)车内装有冷暖风设备。

(5)车内设有垃圾桶,配备一次性环保垃圾袋。

(6)19座以上车内装有影视、收音、音响设备。

(7)应有照明设备,照明设施保持完好。

(8)配备有常用药箱和急救药品。

(9)应安装符合要求的车辆GPS系统。

四、会展旅游水运交通服务工作

(一)会展旅游水运交通服务要点

在采购水运交通服务时,应根据会展旅游者或旅游团队的旅行计划和要求,向轮船公司等水运交通部门预订船票,并将填写好的船票订票单在规定日期内送交船票预订处。采购人员在取票时应认真逐项核对船票的日期、离港时间、航次、航向、乘客名单、船票数量及船票金额等内容。购票后,如情况发生变化,采购人员应及时办理增购或退票手续,保证旅游者能够按计划乘船,同时减少公司的经济损失。

鉴于我国的大陆形态,除去三峡、桂林等内河及少数海路,轮船不是外出旅游的主要交通工具。旅行社向轮船公司采购水路服务,关键是做好票务工作。如遇运力无法满足,或不可抗力因素无法实现计划,造成团队航次、船期、舱位等级变更,应及时果断地采取应急措施。

(二)会展旅游游船设施设备要求

1. 公共区域

(1)游船布局合理,设有与游船规模相适应的接待服务区域,能为游客提供舒适的活动场所。

(2)根据所在区域气候条件,船内应有取暖制冷设备。

(3)船内醒目处挂有时钟。

(4)船内应有供娱乐用的音、视设备。

(5)设有接待/问询台、商品柜等。

(6)备有旅游服务指南、景区景点游览图、逃生提示说明书(图)及乘船规章。

(7)设有旅客意见簿。

(8)配备餐具、茶具等。

(9)有符合规定的垃圾回收及防污设施。

2. 厨房

厨房至少应具备下列条件:

(1)墙面要做防油污处理,用防滑材料铺设地面。

(2)布局合理,食品处理应在室内,冷菜间应有专门隔间,有充足的冷柜,有专门的餐用

具洗涤消毒和垃圾处理区域。

（3）有充足的排风设施。

（4）与餐厅之间设有隔音、隔味和隔热的措施。

（5）采取有效的消灭蚊蝇、蟑螂等虫害措施。

3. 照明设施

游船应有照明设备，照明设施应保持完好。

4. 安全防护设施

（1）危险或不宜进入的区域应设置警示标识或禁止进入标识，安全防范设施齐备。

（2）应及时排除各类危及游客安全的因素，无法排除的应采取必要的防护措施，并在游客容易看到的位置设置规范的中英文警示标识。

（3）应在指定位置放置救生艇、救生衣等救生设施。救生设施设备符合国家规定。

（4）有残疾人安全通道和残疾人使用的设施。

（5）各种安全标志应随时检查，发现有变形、破损或变色的，应及时整修或更换。

（6）配备有常用药箱和急救药品，并保证药品在有效期之内。

5. 消防设施

（1）应根据需要配备消防设备、器具和火警监控系统，应设置消防通道并保持其畅通。消防设施的完好率达到100%。

（2）必需的易燃、易爆和化学危险品应在规定区域内存放，并设置必要的安全隔离带和严禁游客进入的警示标识。

6. 卫生设施

（1）设置全封闭式垃圾桶、一次性使用环保垃圾袋。

（2）对连续营运时间2小时以上的游船应分设男、女卫生间并正确悬挂标识，卫生间设施完整，有通风系统和排水系统。配备必要客用品和消耗品。

7. 旅游通信设备

旅游通信设施设备应保证线路畅通、完好，音质清晰并保证联络正常。

8. 游船设施质量要求

（1）车船内座椅舒适、牢固，椅套干净、铺装整齐；汽车座椅调节按钮灵活。

（2）各种服务设施标志悬挂位置应合理、醒目，所使用的中英文字、图形、符号及颜色符合规范，无涂改，无错漏。

（3）服务指南和乘坐规章齐全完好，宣传品（册）适量放置。

（4）影像设备工作性能、抗震性能良好。电视画面流畅、声音清晰，内容符合国家规定。

（5）残疾人轮椅、雨伞架、垃圾桶等设施外形完好，使用功能有效，无灰尘，无污迹，无锈迹，无破损，无变形。

（6）游船内的时钟完好，位置醒目，走时准确，悬挂稳固、规范、整齐，时区标志清晰。

（7）窗帘挡光效果好，悬挂整齐，清洁卫生。

五、传统旅游交通方式与特种旅游交通方式

传统旅游交通主要指的是以人力或畜力为动力的、具有地方特色的交通工具,能满足旅游者某种特殊需求。常见的有人力车、轿子、竹筏、骆驼、雪橇、独木船、木帆船、牲畜车、乌篷船等。

现代特种旅游交通方式主要是指除人们常规的、传统的旅游交通方式以外,为满足旅游者某种特殊需要而开展的现代专项旅游活动所产生的运输方式。它们是四大现代交通方式(水运、公路、铁路、航空)以外的对旅游起着辅助作用的交通方式,主要为旅游者提供新奇、惊险、独特的感受,让单纯的旅行观光具有趣味性、参与性。

现代特种旅游交通方式可以分为两类:一类是用于景点(区)内的专用运输工具,如索道、雪橇等;另一类是用于旅游城市的专用运输工具,如地铁、轻轨、有轨电车等。

传统旅游交通工具与特种旅游交通工具在会展旅游过程中被使用的概率并不是很大,但在旅游活动中安排此类交通工具,可以提高游客的积极性,深化游客的体验,但一定要注意安全问题。

任务三　会展旅游的导游服务管理

一、会展旅游景区管理工作

旅游业以其服务对象的异地流动、异地消费和受季节更替影响的特征,被称为"候鸟经济",会展活动也因为商品的流动、贸易与交换而具有了同样的特征。

会展与旅游的互动可以更为充分地利用当地的旅游景区资源,全面地展示所在地的经济、文化和社会风貌,扩大对外的影响力和知名度,促进当地经济的繁荣与发展。在会展与旅游景区的互动发展中,旅游景区资源是会展旅游发展的基础,旅游业的繁荣必将为会展活动提供更为完善的服务,加速会展业的发展。同时,会展业的进步可以优化社会资源的组合,带动其他行业的发展,也为景区带来更多的客人、更多的消费,延长客人的逗留期,增加旅游景区淡季时设施设备的利用率。

会展旅游对景区的主要作用具体如下。

第一,会展旅游有助于提升目的地景区形象。会展或者大型活动的举办对东道主地区来说就像是地区的外交活动,对地区的形象塑造会产生积极影响,有助于形成其作为潜在旅游目的地的良好形象。

第二,会展旅游有助于改善景区旅游吸引力。会展旅游最重要也是最基本的作用就在于吸引旅游者,旅游吸引力一方面是从本源上吸引旅游者前往某个地区进行旅游活动,另一方面指旅游者在某地进行旅游活动时,当地提供某些活动或者会展项目以便其参与。

第三,会展旅游有助于降低景区季节性。季节性问题是许多旅游景区一直非常困惑的

问题,从现在的旅游经济发展实践来看,已经有许多旅游目的地通过在旅游淡季举办相关会展活动的方法来解决这一问题,会展项目和大型活动甚至还成为旅游景区延长旅游旺季或者创造一个新的"旅游季"的重要手段,会展或者大型活动在解决目的地旅游景区季节性问题方面具有独特的作用。

(一)会展旅游景区开发管理工作

会议的召开和展览的举办一般在日程安排上都考虑到了与会人员的旅游要求,都会提前安排好游览线路。一地能够成为会展的举办地,除了与会展活动紧密联系的硬件设施以外,其整体形象和旅游资源也是会展的举办者和参与者着重考虑的内容之一。同时,会展为举办地引人入胜的旅游资源、多姿多彩的民风民俗和别具一格的参与性旅游休闲活动提供了一次展示的机会。

1. 会展旅游景区开发策略

1)深入开发景区文化旅游产品

由于会展游客的文化程度普遍较高,文化旅游因其独具的文化底蕴和特有的文化氛围而受到广大消费者的青睐。根据游客的需求和消费指向,文化旅游产品可以分为五类:一是适应精神放松需求的休闲型文化旅游产品;二是满足游客文化好奇心的奇异型文化旅游产品;三是满足游客求知学习需求的修学型文化旅游产品;四是满足游客文化憧憬和追求的理想型文化旅游产品;五是满足游客发现自我潜能、挑战文化极限的发展型文化旅游产品。

2)积极开发景区体验式旅游产品

体验式旅游是指为游客提供参与性和亲历性活动,使游客从感悟中感受愉悦。在开发景区会展旅游产品时需注意七点:一是在开发理念上增加游客体验,满足消费者需要;二是重视游客的个性化及情感需求;三是突出游客参与性、互动性;四是注重体验主题化,强化体验的品牌形象;五是广泛采用现代科学技术;六是关注绿色消费,开发可持续绿色旅游产品;七是拓展节日文化旅游产品。

3)积极开发景区夜光旅游产品

夜光旅游的吸引物,即在黑夜中将人造光源投射于外表覆盖各种矿物质的地质旅游资源,并进行艺术化的设计,随着光源的变化形成千变万化的景观。这种景色有别于以往的夜景,带动的旅游被称为夜光旅游。夜光旅游具有普通旅游不具备的功能:①利用了游客晚上的闲暇时间。夜光旅游活动在夜晚进行,并且具有其他旅游产品没有的内容,因此对会展游客具有极大的吸引力。②加强旅游和休闲的双重性。目前,中国积极发展旅游和休闲经济的困难之一就是旅游景区往往不能很好地作为当地居民的休闲场所,夜光旅游景观的多变能使景区休闲范围扩大。③提高了游客的夜生活质量。与会者夜间休闲一般为唱歌、跳舞、美食、看电视、健身和购物等市区内的活动,其实他们更愿意到户外的旅游景点消除疲劳,却苦于黑夜不能游览,以及旅游景点没有好产品。夜光旅游的出现为他们提供了野外休闲的选择,也正由于夜光旅游的景色多变以及景观的不确定性,促使会展游客走出酒店,游览艺术化的大自然景色。

2. 会展旅游景区基础配套设施开发

1）交通

加强基础交通设施建设,增强旅游车辆的安全及有效运行,方便"旅游＋会展"这种特殊旅游市场人员的进出、旅行等。

2）游览

加强与具有专业经验的旅行社的合作,通过特殊旅游活动和游览路线的有效安排,增强会展、文化和其他自然生态文化资源的有效整合,延长会展游客游览时间,刺激其消费欲望。

3）娱乐

针对商务游客需求特点,在商务接待内容中增加娱乐项目。如在温泉养生中增加商务俱乐部,并通过各种高科技设备的设置,加强交流、远程联络等;增加水上休闲项目,如水上高尔夫、水上射击、温泉游泳等项目。

4）购物

供应的商品主要以满足商务游客日常生活需要的商品为主,而具有当地特色的旅游纪念比例要小。

3. 会展旅游景区社会保障体系开发

1）生态环境

由当地政府和旅游主管部门牵头,出台一系列生态环境建设规划和评定标准,使整个地区展现出具有一定文化主题的优美意境,从而吸引会展游客的目光。

2）文化环境

充分发掘本地区民风民俗和民族节庆文化的内涵,并通过饮食、住宿、旅游纪念品以及各种娱乐活动进行展示,创造独具特色的文化意境。

3）社会环境

加强社会治安和安全管理,保证社会环境的和谐、稳定。

（二）会展旅游景区游览管理工作

1. 会展旅游景区线路创新工作

旅游线路是旅行社将包价或半包价旅游产品中的旅游景点（景区）按一定顺序排列而制定的旅行路线。其中包含两个要素:一是旅游景点（景区）,二是顺序排列。其实,会展旅游线路创新是一个排列组合问题。

1）组合创新

组合创新是在众多的旅游景点中,针对目标市场,围绕某一主题,选择旅游景点的方法。由于会展游客的个性强、消费档次高,休闲、体验、美食和娱乐是他们旅游中不可缺少的部分。这就要求旅行社在了解游客需求的基础上,选择顾客最为需要的活动类型作为主题,再将其他要素搭配其中,以此构成一条精品旅游路线。

2）排列创新

排列创新是在不改变原来会展旅游产品线路中的旅游景点的情况下,对旅游路径进行调整。例如,"济南、大连、旅顺双飞七天豪华游"的旅游顺序是"广州—济南—大连—旅顺",

几位会展游客由于商务原因会先去旅顺和大连,那么这条路线对他是不适合的。如果旅游顺序是"广州—旅顺—大连—济南",他们就会参与这次旅游。

2. 加强景区导游服务质量

旅游景区应注重质量管理规范和监督工作,加强对景区小商品、旅游纪念品市场的管理,培养一批具备专业知识的会展旅游导游人员,为商务游客提供内容更加翔实的讲解,使会展旅游者真正领略到景区的文化精髓。

二、会展旅游旅行社管理工作

(一) 旅行社会展旅游服务工作特性

旅行社的会展旅游业务就是指旅行社为满足会展旅游者旅行与游览需要而提供的各种有偿服务,包括为会展旅游者提供接待服务、委托代办服务及组织旅游服务。

(1) 会展旅游与会展服务具有主体的同一性,会展旅游服务具有会展旅游对象的特定性。会展旅游服务是由于会展参加者(特定群体)到会展地(特定地方)去参加各类会议、展览、大型活动等而产生的一种旅游方式。因此,会展活动的参加者即为会展旅游者,会展旅游与会展活动具有主体的同一性。旅行社会展旅游服务的对象就是会展参加者。这一特点要求旅行社在发展会展旅游业务时必须主动融入会展活动,积极提供相关服务。

(2) 旅行社会展旅游服务业务具有复合性,会展旅游者既是一名会展参加者又是一名旅游者。这种属性的双重性决定了旅行社的会展旅游业务应包括针对会展活动其中的旅游服务(旅行社对会展的多元化经营业务除外)和一般游客的旅游服务两类。旅行社一方面应利用其完善的旅游接待体系对饭店、交通、餐饮、票务等供应商的产品进行购买、组合或加工,为参展商、与会者提供高品质的预订客房、餐饮、票务等配套服务;另一方面,应在会展之余,积极组织会展旅游者参观游览、娱乐、购物等消遣活动,拓展会展旅游服务,引导旅游消费,促使会展旅游者延长停留时间,提高综合消费。

(3) 旅行社会展旅游服务业务强调对会展活动的关注性,旅行社只有关注会展活动的内容与特征,才能了解会展旅游者的特点并预测其需求,从而提供有针对性的相关服务,继而争取进一步在游览、购物、娱乐等方面创造需求。由于会展旅游者是因会展活动而来的会展活动参与者,从一定意义上说会展活动就是会展旅游的旅游资源。旅行社只有了解与研究这一旅游资源,才能有效地开发相关旅游产品。但要注意的是,旅行社关注会展活动,需要关注了解的是会展活动的类型、特色、时间、议程安排等,并不是如何举行会展活动。

(二) 旅行社会展旅游服务业务空间拓展途径

旅行社所开展的会展旅游服务业务并不是举办各种会议和展览,而是让旅游企业发挥其行业功能优势,为会展的举行提供相应的外围服务。

1. 会展旅游客源市场的拓展

(1) 利用会展活动吸引、招徕普通游客。会展旅游者包括以参加会展商务活动为目的的会展代表和将会展活动作为游览娱乐消遣为目的的普通游客。前者的旅游方式为会展商务旅游,后者的旅游方式为主题式旅游。普通游客也是会展旅游的另一重要客源,这为旅行社拓展会展旅游客源市场提供了思路,即在积极服务好会展代表的同时,要重视利用会展活动这个旅游吸引物招徕普通游客,以扩大会展旅游客源市场。

(2) 开发高品质的会展旅游产品。会展代表是会议和展览活动的主要参与者,任何会议和展览活动都离不开他们的参与,他们是会展活动的主要群体。这一类会展旅游群体以参会、参展等会展商务活动为主要目的,具有商务旅游者的属性。他们大多是企业实体或政府机构的代表,通常文化修养较好、个人素质比较高、独立意识强,在旅游活动参与上随机性大,可能仅限于参加会展商务活动的旅游,也可能在会展商务活动之余参加各种形式的旅游活动,并且受会展商务活动时间和财务报销的限制,通常其他旅游活动时间较紧张。因此除考察旅游外,会展旅游者对其他形式的旅游的地点的要求是就近与顺道,要求内容新颖、环节紧凑,喜欢有一定内涵的旅游产品,讲究舒适、方便。

(3) 用特色旅游吸引游客。会展旅游的普通游客群体具有一般旅游者的属性,只不过他们是以各类会展活动为主要观光游览对象,以会展活动地为主要旅游目的地的旅游者。这类旅游群体一般以中青年为主,他们文化层次较高,喜欢新奇、寓教于乐的学习型旅游产品。不同会展活动内容的会展旅游者又具有明显的特定指向性,与一般旅游者不同的是,他们在旅游方式上注重体验、参与和人文因素,希望借助会展旅游进行学习交流,获取时尚流行信息。

2. 会展旅游产品的拓展

会展旅游产品的拓展表现在两方面:一是针对会展代表开发设计其他适合的旅游活动,引导会展代表的其他旅游需求,拓展会展旅游活动空间;二是针对普通游客开发以会展活动为游览观光对象的主题式会展旅游。

旅行社可采用两种方法来开发拓展会展代表的会展旅游产品。

(1) 丰富会展商务旅游。这种方法意在模糊会展商务旅游与休闲旅游之间的界限,丰富会展商务旅游的内容。会展商务旅游通常是会展代表工作的一部分,大多数情况下在工作时间进行,并不是在休闲时间进行。其实,休闲旅游与商务旅游之间存在着很强的联系。会展商务旅游者在会展活动工作之余,可转变为休闲旅游者,同时,会展代表通常会带有完全是休闲旅游者的同伴,因而将休闲度假与商务旅游链接在一起可以很好地满足其需求。

(2) 延长会展商务旅游链。这种方法是通过延长会展商务旅游链来拓展会展旅游。会展代表通常商业意识较强,在参加会展活动后希望能进一步了解产业的实际状况,学习先进的经济发展模式。一些产业部门也希望有更多的营销机会。本着共赢的原则,以共同利益为纽带,旅行社和相关产业联合开发诸如经济探秘、产业考察等旅游,在保护商业机密的前提下,有针对性地为会展代表提供高质量的服务,从而将会展商务旅游从会展活动延伸至产业部门。

3. 会展旅游地理区域的拓展

从我国目前会展活动的空间布局来看,会展活动的举办地通常都是现代化都市和风景秀美的城镇。为更好地扩大会展旅游的吸引力和影响力,应注意会展活动举办地之间,会展

活动举办地与其他相关性文化景区、线路之间,会展活动举办地与相关性产业基地之间的渗透和拓展,充分发挥其关联作用,促成各旅游区域之间资源共享、产品互补、客源互流。

这种旅游目的地的拓展与联动,首先必须进行主题凝练,通过文化内涵将其串成一条线;其次要进行类型组合,通过对客源市场需求调查分析,进行特品、精品、名品、普品的多种组合;再次进行活动内容的组合,多方式地为会展旅游者提供体验意境。

4. 会展旅游服务方式的拓展

首先,旅行社要树立与会展企业共赢的观念。从特征来看,会展旅游兼具旅游业和会展业的特点,具有引发性、边缘性、综合性、依赖性等特点,它紧紧依托会展,不能脱离会展而独立存在。旅行社通过全方位的优质服务为会展活动营造了良好的支撑环境,提升了会展活动的品质。反过来,高品质的会展活动提高了会展活动的凝聚力与号召力,吸引了更多的会展参加者,保证了会展旅游的持续、健康发展,使旅游与会展达到互动和双赢的效应。

其次,旅行社会展旅游服务应贯穿于会展活动的始终。会展活动包括除会展组织策划与设计布局外的食、住、行、游、娱等诸多要素,与旅游活动存在极大的共性,这些共性使得会展企业在产品组合、宣传、接待等业务操作上与旅行社具有很强的互动关联性。因此,旅行社应自始至终提供相关的会展旅游服务,以保证会展活动的顺利进行。在会展前,旅行社应利用其成熟广泛的销售网络,主动开展会展活动的宣传促销;在会展期间,应调动自身的协调与组织能力,为会展活动参加人员提供食、住、行、游、购、娱一条龙服务,全面服务于会展;在会展后,应协助会展企业开展展后总结服务工作。旅行社还可以利用在会展活动一线服务的机会,为会展企业调查有关参加者的相关资料及征集反馈意见提供服务。

再次,服务方式上提供从一般性到个性化的会展旅游服务。会展旅游者的客源层次不一、需求不同,并且对服务的个性化要求较高,旅行社不仅要提供一般化的服务,还要提供个性化的服务:开发多样化服务产品,通过灵活组合,满足会展旅游者个性化的需要,这通常适用于规模较大的旅行社;细化会展旅游市场,集中优势,最大限度地发挥自己的优势,以满足目标会展旅游者的需要。

三、会展旅游导游人员管理工作

(一)导游人员的类型划分

1. 按业务范围划分

按业务范围划分,导游人员分为海外领队、全程陪同导游员、地方陪同导游人员和景点景区导游人员。

(1)海外领队。海外领队是指经国家旅游行政主管部门批准可以经营出境旅游业务的旅行社的委派,全权代表该旅行社带领旅游团从事旅游活动的工作人员。

(2)全程陪同导游人员。全程陪同导游人员(全陪)是指受组团旅行社委派,作为组团社的代表,在领队和地方陪同导游人员的配合下实施接待计划,为旅游团(者)提供全程陪同服务的工作人员。这里的组团社或组团旅行社是指接受旅游团(者)或海外旅行社预订,制定和下达接待计划,并提供全程陪同导游服务的旅行社。这里的领队是指受海外旅行社委派,全权代表该旅行社带领旅游团队从事旅游活动的工作人员。

(3) 地方陪同导游人员。地方陪同导游人员(地陪)是指受接待旅行社委派,代表接待旅行社实施接待计划,为旅游团(者)提供当地旅游活动安排、讲解、翻译等服务的工作人员。这里的接待旅行社是指接受组团社的委托,按照接待计划委派地方陪同导游人员负责组织安排旅游团(者)在当地参观游览等活动的旅行社。

(4) 景点景区导游人员。景点景区导游人员(讲解员)是指在旅游景点景区,如博物馆、自然保护区等为游客进行导游讲解的工作人员。他们只负责讲解而不涉及其他事务。

从业务范围看,海外领队是率领中国公民到海外旅游并为其提供全程导游服务的工作人员;全程陪同导游人员是带领海外来华游客或中国游客在中国境内旅游并为其提供全程导游服务的工作人员;地方陪同导游人员是接待海外来华游客或中国游客在其工作的地区旅游并为其提供当地导游服务的工作人员;景点景区导游人员是指接待海外来华游客或中国游客在其工作的景点景区旅游并为其提供景点景区导游服务的工作人员。前两类导游人员既有当地旅游活动的组织、协调任务,又有进行导游讲解或翻译的任务。第四类导游人员的主要业务是从事所在景点景区的导游讲解。在通常情况下,前三类导游人员,即全陪、地陪和领队组成一个导游集体,共同完成一个旅游团队的接待任务。三位导游代表三方旅行社的利益,他们大多互不认识,要共同完成一定时空中的导游服务自然就牵涉到协作。这种内部协作的愉快与否,直接影响着游客的旅游经历的质量。从这一点上,我们可以说,游客能否有一次舒心愉快的旅行,取决于导游服务质量的高低;导游服务质量的高低则取决于三位导游人员是否能精诚合作。

2. 按职业性质划分

按职业性质划分,导游人员分为专职导游人员和兼职导游人员。

(1) 专职导游人员。专职导游人员是指在一定时期内以导游工作为其主要职业的导游人员。目前,这类导游人员大多数受过中、高等教育,或受过专门训练,一般为旅行社的正式职员,他们是当前我国导游队伍的主体。

(2) 兼职导游人员。兼职导游人员(业余导游人员)是指不以导游工作为其主要职业,而利用业余时间从事导游工作的人员。目前这类导游人员分为两种:一种是通过了国家导游资格统一考试取得导游证而从事兼职导游工作的人员;另一种是具有特定语种语言能力受聘于旅行社,领取临时导游证而临时从事导游工作的人员。业余导游的来源主要是:具有大中专文化水平并能熟练掌握一门外语的高等院校师生和中学的教师、科研人员、企事业单位的干部;旅游院校、外语院校的在校学生;社会上自学成才的青年等。他们经过短期培训并取得上岗证或合格证。业余导游员不仅缓解了旅行社在旅游旺季专业导游人力不足,而且也在一定程度上降低了旅行社的人力成本,同时能广泛筛选、吸收高素质的兼职人员短期固定为其所用。这种旅行社、业余导游、游客三方面皆满意的行为极有可能产生导游队伍中的一支生力军,成为旅游业的一个发展趋势。

3. 按导游使用的语言划分

按导游使用的语言划分,导游人员分为中文导游人员和外语导游人员。

（1）中文导游人员。中文导游人员是指能够使用普通话、地方话或者少数民族语言,从事导游业务的人员。

（2）外语导游人员。外语导游人员是指能够运用外语从事导游业务的人员。目前,这类导游人员的主要服务对象是入境旅游的外国游客和出境旅游的中国公民。

4. 按技术等级划分

按技术等级划分,导游人员分为初级导游人员、中级导游人员、高级导游人员和特级导游人员。

（1）初级导游人员：获导游人员资格证书一年后,就技能、业绩和资历对其进行考核,合格者自动成为初级导游人员。

（2）中级导游人员：获初级导游人员资格两年以上,业绩明显,考核、考试合格者晋升为中级导游人员。他们是旅行社的业务骨干。

（3）高级导游人员：取得中级导游人员资格四年以上,业绩突出、水平较高,在国内外同行和旅行商中有一定影响,考核、考试合格者晋升为高级导游人员。

（4）特级导游人员：取得高级导游人员资格五年以上,业绩优异,有突出贡献,有高水平的科研成果,在国内外同行和旅行商中有较大影响,经考核合格者晋升为特级导游人员。

（二）包价旅游的主要形式

随着旅游业的发展,旅游活动形式不断增多,包价旅游可以细分为全包价、半包价、小包价、零包价等几种形式。这几种形式各有其特点与优势,包价旅游合同也就随之而变。

（1）全包价旅游是由旅游者一次性向旅行社支付食、住、行、游、娱五项服务内容的费用的包价旅游。全包价通常适合团体旅游,采用一次性全包旅游费用以方便旅游者。

（2）半包价旅游是指在全包价旅游费用的基础上扣除午、晚餐费用而由旅游者自行选择现付午、晚餐费用的包价形式。实行半包价形式可降低旅游产品的直观价格,提高旅游产品的市场竞争力,同时可以更好地满足旅游者在用餐方面的不同要求。

（3）小包价旅游又称可选择性旅游,它是将全包价旅游费用分为非选择部分和可选择部分。非选择部分包括接送服务、住房、早餐和导游服务、午晚餐、参观游览、文娱活动等,旅游者可根据时间、兴趣和经济情况自由选择,费用既可预付,也可现付。

（4）零包价旅游是一种独特的旅游活动形式,多见于旅游发达国家。参加这种旅游的旅游者必须随团前往和离开旅游目的地,而在旅游目的地的全部活动均由旅游者自行安排。参加这种零包价旅游的旅游者可以享受团体机票的价格优惠,并可由旅行社统一代办旅游签证。

参加不同的包价旅游,旅游者签订的包价旅游合同是不同的,旅行社会根据安排好的行程,提供相应的旅游服务。而同时。许多因素也会影响包价旅游,例如旅游者的需求,是否需要对残疾人或老年人进行特殊照顾;季节性旅游习惯差异;目的地的气候条件;旅游线路内或对旅游行程有影响的特殊庆典活动;可能影响费用的汇率问题及其他变数等。这些因素就需要旅游者认真考虑,慎重对待,根据自身需求,选择合适的包价旅游,认真签订履行包价旅游合同,享受美好旅行。

任务四　导游人员如何践行社会主义核心价值观

党的十八大提出,倡导富强、民主、文明、和谐,倡导自由、平等、公正、法治,倡导爱国、敬业、诚信、友善,积极培育和践行社会主义核心价值观。"富强、民主、文明、和谐"是国家层面的价值目标,"自由、平等、公正、法治"是社会层面的价值取向,"爱国、敬业、诚信、友善"是公民个人层面的价值准则,这24个字是社会主义核心价值观的基本内容。社会各界应结合会展旅游实际,设计开展具有行业特色、职业特点的社会主义核心价值观宣传教育活动,让导游从业人员能够从中有所学习,并倡导文旅行业从自身出发,学习贯彻社会主义核心价值观。

"富强、民主、文明、和谐",是我国社会主义现代化国家的建设目标,也是在国家价值目标层面对社会主义核心价值观基本理念的凝练,在社会主义核心价值观中居于最高层次,对其他层次的价值理念具有统领作用。

"自由、平等、公正、法治",是对美好社会的生动表述,也是在社会层面对社会主义核心价值观基本理念的凝练。它反映了中国特色社会主义的基本属性,是我们党矢志不渝、长期实践的核心价值理念。

"爱国、敬业、诚信、友善",是公民基本道德规范,是在个人行为层面对社会主义核心价值观基本理念的凝练。它覆盖社会道德生活的各个领域,是公民必须恪守的基本道德准则,也是评价公民道德行为选择的基本价值标准。

一个国家的强盛,离不开精神的支撑;一个民族的进步,有赖于文明的成长。导游从业人员应该认真学习社会主义核心价值观的国家、社会和个人三个层面的内容,更加坚定作为中国社会公民的信心,看到中华民族伟大复兴的希望。具体到工作实践中,应做到如下几点。

一、树立"爱国"意识,夯实导游思想根基

我国旅游业的发展起步于入境旅游,得益于入境旅游,不同文化、不同民族、不同信仰的各国游客需要通过导游来认识中国的历史、文化和建设成就,导游也可能是外国旅游者在中国旅游期间接触最多的中国人,导游事实上扮演了中国文化的解读者和国民形象的展示者角色。导游要扮演好这一角色,必须牢固树立"爱国"意识,忠于自己的文化和民族属性,把国家、民族利益置于个人利益之上,牢记自身形象是国家、民族形象的一个组成部分,这正是社会主义核心价值观落实到导游人员身上的一项核心要求。好的导游是传播知识的良师、传递友谊的益友,他们传播的是国家、民族的正能量,展示的是国家、民族的自信心。牢固树立"爱国"意识,是导游忠于职守的奠基石、履行好职责的导航仪、激发职业荣誉感的强心剂。

二、坚守"敬业"理念,把握导游职业规律性

服务的特点是人对人,导游服务的特点是面对游客食、住、行、游、购、娱等多方位的需求,既有按照计划逐项落实的责任,又有独立工作和应对各种变化的能动性。旅行社线路设计得再好,如果没有得到恰当的执行,也会引起游客的不满;一个地区景点和游览设施再精彩,如果没有准确的讲解,效果也会大打折扣。有时候,一段平淡的旅程因为有了出色的导游而变得令人难忘,一些晦涩难懂的历史、地质、建筑文化等知识因为导游的出色讲解而变得饶有趣味,一些旅途中意外发生的不愉快也会因为导游的机智处理而消于无形。

导游坚守服务理念,就是要认清自己的工作性质是服务,服务的过程首先是履行职责。导游坚守服务理念,就是要认清导游服务是一门科学,科学是要勤学苦练的,来不得半点投机取巧和虚情假意。有的导游被称为"活词典""问不倒",被游客啧啧称赞,为所在企业带来一批批回头客,不是靠片面讨好和迎合游客的低级趣味,而是靠扎扎实实的知识积累、扎扎实实的服务经验积累。与其说他们掌握了什么导游服务的窍门,不如说他们比别人更热爱自己的职业,更相信做好导游服务需要有科学的精神和态度。

三、塑造"诚信"形象,提高导游市场美誉度

改革开放40多年来,我国旅游业发展突飞猛进,导游队伍相应迅速扩大,职业性质已经从当初的专职外事干部和事业单位工作人员转变为旅游企业员工和社会导游。在这一巨变过程中,导游队伍学历构成、年龄构成、入职理念、价值取向都不断被环境影响,不断面对市场经济大潮的冲击,于是导游队伍中既有以文花枝、许欢欢为代表的英雄模范,有一大批默默无闻埋头苦干的普通导游,也有被媒体不断曝光的价值观扭曲、欺客宰客甚至甩客和威胁游客的一些导游。在这些负面新闻的冲击下,导游的职业形象受到损害,导游队伍的整体评价受到拖累,导游人员的服务质量受到质疑。

正是在这样的背景下,加强导游队伍建设、以诚实守信重新赢得游客的信赖,成为人民群众的现实呼唤和旅游业发展的迫切要求。自觉塑造"诚信"形象,要从信守旅游合同做起,让游客明白消费、放心消费,让游客不再带着怀疑的眼光看待旅游行程的每一次调整。自觉塑造"诚信"形象,要以"爱国"宗旨和"敬业"理念奠定思想基础,立志在导游服务中实现价值,立志在导游服务中创造价值。自觉塑造"诚信"形象,还要牢记品牌才是竞争力的王道,导游是旅游企业创品牌立口碑的重要环节,砸了品牌,不仅砸了市场和饭碗,还可能面对法律的制裁。

四、践行"友善"理念,增强服务游客自觉性

从市场经济的角度分析,游客是消费者,导游是旅游产品的制造者。没有消费者,产品造出来就没有市场,没有市场的产品就没有生命力,因此游客成为导游职业存在的理由,游客对导游服务的需求越大,导游的职业存在感才越强,导游队伍才能不断发展壮大。从这个意义上讲,游客是导游行业的衣食父母。从社会主义核心价值取向来看,检验旅游业发展成

果的尺子是人民满意不满意,同样,检验导游队伍素质和能力的尺子是游客满意不满意。

在整个旅游行程中,导游处在第一线,与游客接触最多、最直接,对旅行社来说,导游是完成旅游服务合同的主要执行者,对游客来说,导游是整个旅游团队的引导者、组织者和答疑解惑者,导游的讲解直接影响游客对陌生目的地的认知,而游客在遇到突发事件时也最信赖导游,导游在旅游服务工作中的重要作用不言而喻。导游与游客之间这种休戚与共的关系,要求导游必须把"以游客为本"上升为一种理性自觉。这种理性,是建立在遵从全社会共同价值理念和职业道德规范上的理性,它把游客利益放在首位。因此,即使是面对突如其来的生死考验,英雄模范导游也能够毫不犹豫地发出"我是导游,先救游客"这一震撼人心的呼喊。这种理性,是建立在旅游行业法律法规及旅游企业规章制度等刚性约束上的理性,它不会按职业、年龄、地域等消费能力去人为划分游客的层次,不会"看人下菜碟",不会把"以游客为本"扭曲为"以游客的钱袋子为本",而是一视同仁、平等相待,带着责任感去履行旅游合同中的规定,带着责任心与爱心去完成整个旅游行程。

只有我们每个人都把自己的人生理想与价值追求,融入为实现社会进步和国家繁荣昌盛而不懈奋斗的滔滔洪流,才会实现自己的个人理想和人生价值。

任务五　旅游行业如何践行社会主义核心价值观

"游客为本,服务至诚"作为旅游行业的核心价值观,是社会主义核心价值观在旅游行业的延伸和具体化,是旅游行业持续健康发展的精神指引和兴业之魂,也是对改革开放以来业已形成的旅游行业核心价值取向的高度提炼和概括。

一、游客为本

"游客为本"即一切旅游工作都要以游客需求作为最根本的出发点和落脚点,是旅游行业赖以生存和发展的根本价值取向,解决的是"旅游发展为了谁"的理念问题。"游客为本"是以人为本的科学发展观在旅游行业的生动体现。旅游业作为现代服务业的龙头,本身就是以为人服务为核心特点的行业。"游客为本"是行业属性使然,更是行业发展的基石。20世纪80年代,旅游业作为我国率先改革开放的行业之一,与国际先进的经营管理接轨,在与中国传统服务理念结合中,逐步形成了"顾客至上"等基本价值取向。当前,我国已经进入大众旅游的新阶段,旅游已经成为人民生活水平提高的重要指标,满足人民群众日益增长且不断变化的旅游需求成为旅游业发展的中心任务,以"游客为本"作为根本价值取向是旅游行业完成上述历史使命的必然。同时,旅游行业只有以游客为本,才能在满足游客需求的过程中,充分发挥改善民生、推动消费、带动就业、调整结构、促进和谐等产业和社会功能,实现行业自身的价值,获得相应的社会认可。

二、服务至诚

"服务至诚"即以最大程度的诚恳、诚信和真诚做好旅游服务工作,是旅游行业服务社会的精神内核,是旅游从业人员应当树立的基本工作态度和应当遵循的根本行为准则,解决的是"旅游发展怎么做"的理念问题。"服务至诚"是旅游行业特性的集中概括,体现了对服务对象的承诺,展示了对自身工作的追求。"服务"是旅游行业的本质属性,"至诚"是人们道德修养追求的最高境界。"服务至诚"的价值理念,反映了广大旅游从业人员为游客提供更加优质服务的不懈追求。改革开放40多年来,广大旅游从业人员用自己的至诚服务为丰富人民群众的精神文化生活做出了突出贡献,使"游客为本"落到了实处。

当前,我国旅游业处于加快发展的黄金期,"服务至诚"的价值理念尤为重要。首先,行业管理要诚恳。政府要摒弃形式主义等作风,加快服务型政府建设,以服务促管理。其次,企业经营要诚信。旅游企业要摒弃唯利是图、急功近利的经营理念,自觉维护和提升旅游行业形象,要通过为游客提供优质服务获得正当回报,而不是通过欺客、宰客来获取利益。最后,旅游服务要真诚。旅游行业从业人员要端正对旅游服务的正确认识,增强职业认同感和工作主动性,以满腔热忱尽可能地满足游客不断增长的需求,以真诚服务赢得游客和社会的尊重。

"游客为本"和"服务至诚"二者相辅相成,共同构成旅游行业核心价值观的有机整体。"游客为本"为"服务至诚"指明方向,"服务至诚"为"游客为本"提供支撑。二者完美地结合在一起,将指引旅游行业沿着国民经济的战略性支柱产业和人民群众更加满意的现代服务业两大战略目标更好地前进,并在这一过程中实现从业人员、游客、企业、社会等多方利益相关者的共赢。

 实训六

1.在教师指导下分组,模拟一个旅游团队的餐饮住宿安排服务,并以小组为单位组织研讨,在充分讨论基础上,形成小组的课题报告。每小组指定一名发言人做陈述并进行PPT演示。

2.选择自己家乡的一处景区,根据所学知识,设计一套会展旅游交通出行方案。

3.根据导游接待会展旅游团的具体工作设计训练内容,先由教师进行讲解,然后由学生按程序进行情景模拟练习。学生在相互观察后展开讨论,最后由教师补充、纠正。

项目七

会展旅游的危机管理和纠纷处理

目前,中国会展旅游业已呈快速发展之态势,但也存在危机与纠纷,因此,提升会展旅游危机管理能力与纠纷处理能力至关重要。本项目重点探讨会展旅游的危机管理与纠纷管理。

任务一 会展旅游的危机管理

目前,中国会展旅游业已呈快速发展之态势,但仍存在着一些问题。其中,危机管理能力是制约会展旅游业发展的瓶颈之一。由于各种原因,会展旅游业在管理、协调、安全、知识产权等诸多方面会经常爆发一些紧急事件。这些事件,小则影响参展商、参观观众或主办方的人身安全和经济利益,大则会影响到地方政府的声誉。因此对于会展旅游主办方来说,会展旅游危机管理能力就必不可少了。

世界旅游组织将危机概括为:能够影响旅游者对一个旅游目的地的信心和扰乱继续正常经营的非预期性事件。据此,可以将会展旅游危机定义为:影响旅游参展商、观众、相关媒体等利益相关主体对会展旅游的信心或扰乱会展主办方继续正常经营的非预期性事件,并可能以多种形式在较长时期内不断发生。

会展旅游危机管理是指为了避免或减轻危机事件给会展旅游业所带来的严重威胁所进行的计划、组织、协调、控制、指挥活动。会展旅游危机管理要求政府、会展旅游主管部门、会展旅游企业、会展旅游行业协会等众多部门或组织通力合作、具体分工,通过已建立的会展旅游危机防范体系,不断提高经营管理水平来预防和控制会展旅游危机事件的发生。

一、会展旅游危机管理的特性

1. 意外性

意外性是会展旅游危机的起因性特征。

2. 危害性

危害性是会展旅游危机的结果性特征。重大的会展旅游危机往往造成会展终止,有的还会造成巨大的经济损失和社会负面影响。

3. 紧急性

紧急性是会展旅游危机的实践性特征。其应急性实践往往令与会者终生难忘。

4. 不确定性

不确定性是会展旅游危机的本质性特征。具体到某届展会,主办方很难预料危机何时发生,从何处发起,其危害有多大,范围有多广,持续时间有多长,损失有多少等,真可谓"危机无处不在,危机随时可能发生",只有树立全面的危机管理理念,创建科学的会展危机应急管理体系,着力于从"大处着眼,小处着手",加强预测预报,综合治理,才能防患于未然,保证会展旅游顺利开展和可持续发展。

二、会展旅游危机管理的分类

每当会展旅游拉开序幕,来自四面八方的人群相聚而至,从此刻开始,会展旅游危机也就相伴而来。诸如会展活动场馆的规模和区位(社会治安状况、周边交通环境、场馆设施条件等),当地的气候条件和变化,会展活动的时间和性质、特征,会场的食物、饮料、与会人数、现场消防和动力安全等,各种变量因素的积累和变异,将会产生各种难以预测和控制的后果。为此,人们把会展危机分为两大类,一类为可控制会展危机,另一类为不可控制会展危机,并从中找出会展旅游危机管理的分类方法,具体有以下方面。

(一) 社会因素

社会因素主要指由于经济秩序和社会宏观环境变化而导致的危机。这些来自社会环境的巨大冲击,是任何主办方都难以抗拒的,故称之为不可控制的危机。但主办方如能从国家政府部门提前获得危机信息,则可采取应急措施把危害降到最低点。

(二) 自然因素

自然因素指由自然因素引起的危机,诸如突然发生地震、海啸、飓风或暴雨、洪水等重大自然灾害。这是主办方无法抗拒的,当属不可控制范畴。为了防范这些危机,主办方一定要加强与政府相关管理部门的信息沟通,做好会展活动时间调整,及时更改会展日期或变更场地,直至被迫终止而避开危机的发生。

(三) 运作因素

运作因素指在会展运作中,由于项目经理经营不善、管理不当,主办机构财力不足以及参会合作者严重失误或中途退出等诸多原因,导致管理失控和混乱,整个会展活动陷入困境。这些都属于运营层面上的管理危机,也有学者把它称为经营危机、财务危机和合作危机。目前国内会展业中尚存在一些错误倾向,这更是会展危机产生的祸根,应该引起高度重视和坚决根治,这方面的沉痛教训比比皆是。

(四）安全因素

安全因素指除社会因素和自然因素以外的安全问题,诸如工作人员粗心大意、场馆和展位设施的安全隐患、盗窃等,其他如突发性的食物中毒,观众参观时人流拥堵造成倒塌伤害,以及火灾、漏电、严重污染等。这些危机大多源于管理层面上的问题,理应加强管理,制定出会展各项管理职能和规章制度,不断提高会展管理人员的综合素质和与会者的文明素质。

三、会展旅游危机管理的必要性

1. 会展旅游危机管理是确保会展旅游能按期举办的有效措施

对会展旅游危机进行有效管理最重要的作用就是将可能发生的危机控制在萌芽状态,以确保会展旅游活动能够如期顺利举办。

2. 会展旅游危机管理能最大限度地减少办展机构的损失

作为商业性企业,会展旅游企业举办展会的主要目的之一就是获取利润,创造良好的经济效益。但如果在展会举办期间发生了会展旅游危机事故,轻则会展旅游企业难以获取利润,重则企业需承担赔偿责任,经济损失巨大。因此,加强会展旅游危机管理可控制潜在的危机风险,进而最大程度地减少办展机构的损失。

3. 会展旅游危机管理是确保展会安全举办的有力手段

当前,会展活动面临的危机风险越来越大,而且很多风险都是预料不到的,甚至是前所未有的。面对这种形势,会展旅游管理者应充分认识到危机管理的重要性和必要性,提高危机的敏感度,经常地、系统地开展危机教育,以确保展会安全有序举办。

4. 会展旅游危机管理是对参展商高度负责的具体体现

会展旅游企业举办展会不仅要创造效益,也要为参展商提供全面周到的服务。参展商对会展旅游活动的评价是衡量展会是否成功的重要指标之一。如果在展会期间发生了危机事故,会大大影响到参展商的利益,进而会影响到参展商对会展旅游活动的评价。因此,加强危机管理也是会展旅游企业对参展商高度负责的具体表现。

四、会展旅游危机管理阶段

会展旅游危机管理主要包括四个阶段:预警阶段、处理阶段、形象再塑阶段和评估阶段。

（一）预警阶段

在会展旅游危机管理的预警阶段,会展旅游企业通过对政治环境指数、经济环境指数、自然环境指数、商业环境风险等危机预警指标定期或不定期地进行诊断,找出薄弱环节,并利用科学有效的措施和方法对危机进行全方位的监控、分析和判断,以便及时捕捉到可能发生的危机征兆。当有信号显示危机来临时,企业获得警示,这有利于企业自身和会展旅游者发现问题,并主动采取积极的安全措施。加强会展旅游危机管理,首先要增强危机意识,及

时察觉危机的征兆,将可能发生的危机控制在萌芽状态,在危机发生时,尽可能把损失控制在一定的范围之内。

(二) 处理阶段

会展旅游危机管理的处理阶段处在发生旅游危机事件后,会展旅游主办方运用公关宣传、新闻发布会等方式或渠道,与相关部门保持沟通,采用主动说明和积极赔偿等手段。在处理阶段,会展旅游企业需要注意以下四个方面的工作。

(1) 及时发布危机信息。在旅游会展危机事故发生以后,主办方和旅游企业以诚信、透明的态度与各类媒体沟通,设立新闻中心适时向社会公众发布客观、准确、透明的危机信息,同时防止谣言和小道消息的传播,最大限度地消除会展旅游者的恐惧心理。

(2) 控制危机发展,加强保障措施。对于有重要人物参加的会展旅游活动必须要对现场和旅游线路进行安全检查,布置好安全保卫工作,同时应配备专业医护人员和救护设备。对于会展旅游者的安全也应采取必要的保障措施。在比较敏感的政治危机时间,必须加强与政府和会展旅游主管部门的联系和合作,通报危机事件的进展情况,配合政府的权威危机措施。

(3) 加强客户沟通,巩固企业形象。通过与客户有效沟通,保持与新闻媒体、游客、政府机构之间的良好关系。通过用各种联系方式与客户保持沟通,向其通报事件情况,争取客户的理解和支持,保持客户对企业的信心,为危机后开展新的会展旅游业务做好准备。

根据自身实际情况,配合政府和媒体,做大量有利于树立良好企业形象的广告宣传,吸引公众的关注,稳步提升企业形象。同时尽力搞好企业内部沟通,调动员工的积极性。

(4) 转危机态势为机遇。会展旅游危机给会展旅游企业带来的可能不仅仅是损失,在危机中也有可能蕴藏着机遇。会展旅游企业应把握好这些机遇,转危机为生机,使企业获得新的发展,如在危机期间的经营淡季,可以抓紧时间对员工进行培训,提高综合素质,危机过后,企业的服务与管理就能够上一个新的台阶,从而弥补在危机中的损失。

(三) 形象再塑阶段

会展旅游危机的应急和处理主要是为了阻止危机蔓延以及减少其造成的损失,同时也使已经造成损失的旅游目的地恢复到危机前的状态,即重塑会展旅游目的地的形象和恢复会展旅游企业的信心。发生旅游危机后,会展旅游企业要配合会展旅游举办地政府和主管部门尽快有效利用报纸、电视等大众媒体,积极宣传会展旅游目的地的安全形象,尽快恢复国内外会展旅游者对旅游目的地的信心。同时会展旅游企业也要通过科学的市场调查和资料分析,对目标市场采取有针对性的营销措施,做好会展旅游企业形象宣传,引导会展旅游消费,从而刺激客源市场和营销渠道复苏。另外,也要使因危机事件造成损失的企业尽快恢复,重塑企业内部信心,增强内聚力,制定新的发展战略,抓住新的客源,实现企业振兴。

(四) 评估阶段

会展旅游危机事件消除或告一段落以后,会展旅游企业应对危机事件进行详细而全面的评估,主要是针对危机预控管理和对违纪事件管理进行评估。在评估的过程中,一方面应有科学规范的评估体系,另一方面也要对现有危机预防机制进行有效完善。总结工作做完后,会展旅游企业要认真回顾危机处理过程中的每一环节,针对前面的预警系统做反馈,帮助危机管理机构重新修正预警系统的失误,进行相应的改进或调整,以便建立一个更有效的预防机制,从而加强危机管理预案的指导性和可操作性。

任务二 会展旅游的纠纷处理

会展旅游纠纷范围很广,它不仅指会展旅游者与旅游经营者在旅游活动过程中发生的矛盾和冲突,还包括会展旅游者之间、会展旅游经营者之间的矛盾和冲突。常见的会展旅游纠纷是会展旅游者和会展旅游经营者之间的纠纷,当会展旅游者与会展旅游经营者之间的纠纷申诉到国家行政机关或起诉到国家审判机关进行处理时,就形成了旅游纠纷案件。会展旅游纠纷主要是指在会展旅游过程中,会展旅游企业与会展旅游者之间因权利和义务的矛盾以及在饮食、住宿、交通、游览、购物和娱乐方面需求与供应的矛盾而引起的纠纷。这些纠纷在会展旅游过程中时有发生,如果处理不当就会对整个会展旅游活动产生不利的影响。因此,会展旅游经营者应学会对会展旅游纠纷进行科学分析,及时予以避免、调整和解决,这不仅能够更好地保护当事人的合法权益,而且也能够保证会展旅游业的健康顺利发展。

一、会展旅游纠纷的主要类型

1. 食、住、行纠纷

旅游者在旅游时住的酒店、乘坐的交通工具、吃饭的档次未能达到承诺标准。

2. 日程、景点"缩水"纠纷

会展旅游企业减少路线设计中本应参观的景点,或将路途时间算成旅游时间,或将本应旅游的时间用来购物。

3. 随意转团、拼团纠纷

在消费者到达景点后,导游将团队转给当地的旅行社,再次收费。有的导游为减少费用,甚至将自己带的团队和其他旅行社的团队拼成一个团。

4. 景点环境恶劣纠纷

对人文环境不满意:景点旅游车任意改变路线、强行拉客、强行收取过路费、强行兜售物品、设一些圈套游艺骗取钱财,有的饭店、宾馆向不同的消费者出示不同的价目表。

对自然环境不满意:景点内外到处是烟蒂、碎纸、饮料瓶等垃圾,与景致形成极大反差。

5. 变相收费、重复收费纠纷

以聘请当地车辆、人员等理由,向消费者重复收取费用,或者以增加景点为由向消费者收费,牟取暴利。

6. 不公平格式条款纠纷

会展旅游企业为了减少或免除自身义务,将合同条款设定成模糊条款。

7. 误导宣传纠纷

会展旅游企业对景点的设施、参观的项目夸大宣传,误导消费者。

8. 强制收费纠纷

会展旅游企业强制消费者参加自费项目,如不交钱,就在服务上大打折扣,百般刁难消费者。

9. 引诱购物纠纷

景点购物店以"超低价""免关税""保佑""祈福""中奖""拍照免门票"等形式诱导消费者。

10. 旅游安全纠纷

在消费者所住的宾馆、酒店,财物被盗的事件屡屡发生。在有些景点的售货点,不情愿购物的消费者会遭到谩骂甚至殴打。

二、会展旅游纠纷处理的原则

(一)友好热情,耐心听取,服务周到

1. 友好热情

无论是误会还是纠纷,作为会展旅游接待人员都应该具备热情友好的态度和细致周到的工作作风。因为他们是直接面向会展旅游者的,其服务态度和服务质量都直接影响到旅游产品的质量及旅游者对该产品的评价。

2. 耐心听取

会展旅游接待人员只有认真、耐心地听取客人的抱怨,才能发现其实质问题。有些客人是因为不了解或者是对旅游产品有误解。特别是在促销时,推出的某些优惠活动的优惠项目一般都有限制条件,有些会展旅游者只了解了优惠活动的内容而忽略了限制条件,于是就投诉会展旅游企业"信息不对称,虚假宣传"。对于"非正常"投诉,会展旅游接待人员要更有耐心地去听取客人抱怨的问题,有些客人是有意为难,但在投诉过程中暴露出很多不相符的信息,接待人员在耐心听取过程中可以收集信息。同时,假如是客人刻意刁难,与其争辩更会使旅行社处于被动的立场。

3. 服务周到

只有会展旅游接待人员"想游客之所想,急游客之所急",优先考虑会展旅游者的困难和要求,处处替会展旅游者着想,并且设身处地地为会展旅游者做好各项服务,用发自内心的热情来打动会展旅游者,才能避免并化解纠纷。

(二)增强防范,做好预案,确保安全

会展旅游业是非常敏感的行业,一旦发生安全问题就可能给当地整个旅游业带来毁灭

性的打击。在会展旅游过程中,可能会发生的安全问题包括交通、饮食、住宿和行程等各方面。要做好纠纷处理预案,确定处理方案和处理程序。会展旅游企业可将处理投诉的方案和程序形成文件,走正规化流程,这对企业本身的管理也是相当有利的。程序化处理不仅能防止"非正常"投诉的恶性发展,在处理正常投诉时,也能增强会展旅游者对会展旅游企业的信心。为了保证会展旅游的顺利进行,会展旅游企业一定要采取多种安全措施,尽量消除隐患,确保会展旅游者的各项安全,保证会展旅游活动的安全进行,将发生纠纷的可能性降到最低。

（三）寻找依据,适时妥协,果断处理

1. 寻找依据

及时收集证据非常重要,旅行社与合作社签订的合约、与对方预订酒店的价格订单、景点门票合作协议、与客人签订的合同及协议等,都可成为最有利的真实依据。如果会展旅游接待人员无这方面的意识,往往会使旅行社从强势向弱势转变,更使"非正常"投诉的客人有机可乘。

2. 适时妥协

顾客就是上帝。如果发生大的纠纷或是投诉,对会展旅游企业而言后果不堪设想,所以当发生重大投诉时,尽量在本企业的接受范围内,大事化小,适时妥协。但是妥协的原则是不能严重损害本企业的根本利益。

3. 果断处理

对于投诉事件的处理,时效性非常重要。为了避免给旅行社带来更大的损失,增加不必要的人力、财力支出,该处理的就要马上处理,需要采用赔偿方式才能解决问题的,要果断决定。

（四）合情合理,切实可行,积极主动

当会展旅游者的要求不能得到一定程度的满足时,很容易引起纠纷,严重者甚至会出现投诉现象。但是会展旅游企业不能单纯为了息事宁人就盲目答应会展旅游者提出的各种要求,而是应将具体情况调查清楚,分清旅游企业及旅游者各自的职责所在。

(1) 由旅游者自身原因造成的,责任应由旅游者自负。

(2) 由会展旅游企业工作疏忽导致的,应由旅游企业负责并积极采取补救措施。

(3) 双方都有责任的,则应通过协商调解分清责任范围。

(4) 发生不可抗力事件,双方均无须负责的,需通过协商解决。

无论是哪种情况,会展旅游企业对于纠纷都应采取积极主动的态度,不仅要控制纠纷的影响范围,尽量纾解旅游者的抵抗情绪;在处理时还要考虑纠纷处理措施是否切实可行,对于不可能实现和不合理的要求要向会展旅游者耐心解释和说明,始终本着合情合理、切实可行的原则为旅游者处理各种纠纷。

（五）控制舆论，澄清事实，消除负面效应

在会展旅游纠纷发生后，某些游客可能对处理结果不满，或是会因没有得到及时处理而在社会上或是网络、媒体上发布一些负面言论，以达到让公众抵触反感该景区的效果。在这种情况发生后，有关部门一方面要迅速控制舆情，防止舆论的扩散，将舆情控制在最小的范围内；另一方面，要在网络媒体上发布正面消息，澄清事实，还原真相，确保公众不被误导，将负面效应降到最低。对有明确当事人的，有关部门或个人要对其做出诚恳的解释，以得到当事人的谅解，并要求其主动消除负面影响。

三、会展旅游纠纷处理的方式

1. 协商

会展旅游者和会展旅游经营者通过协商解决双方的纠纷是比较直接的方法。它适用于解决一般的旅游消费争议。

2. 请求消费者协会或消费者委员会调解

消费者协会和消费者委员会是专门为保护消费者利益成立的社会团体组织，它承担了在发生消费者权益纠纷时进行调解的职能。在发生旅游消费争议后，如果会展旅游者与会展旅游经营者协商不成，可以到消费者协会或者消费者委员会请求调解。

3. 向旅游质量监督管理部门申诉

当旅游消费争议较大且消费者协会或消费者委员会调解不成时，可以向旅游质量监督管理所申诉。尤其是遇到会展旅游者与会展旅游经营者之间因为旅行社提供的旅游服务质量引起的纠纷，旅游者可以向质监所提起保证金赔偿请求。

4. 根据与会展旅游经营者达成的仲裁协议，提请仲裁机构仲裁

这里要注意的是仲裁机构只对有仲裁协议的旅游消费争议进行仲裁。仲裁协议可以是在旅游纠纷发生前达成的，也可以是在旅游纠纷发生后达成的。通过仲裁解决争议的一个好处是，处理争议的程序不如诉讼复杂，仲裁是"一裁终局"，不像诉讼，还有上诉程序。仲裁终局的案件，若当事人有证据证明仲裁决定的做出违反法定程序或者仲裁员有违法受贿行为，可以提起诉讼请求认定仲裁无效，否则当事人不能再就同一纠纷提起诉讼。

5. 向人民法院提起诉讼

在协商、调解、申诉、仲裁等方法都不能解决会展旅游消费争议的情况下，只有通过诉讼途径来解决问题。旅游者可以以旅游经营者为被告提起民事诉讼，也可以因为对旅游行政管理部门的行政行为不满提起行政诉讼。诉讼是解决旅游纠纷的最终途径。一般来说，发生旅游纠纷，可先与旅行社沟通，协商解决；协商不成，可向旅游质量监督管理部门或消费者委员会投诉，亦可向人民法院提起诉讼。旅游者向法院提起诉讼并已被法院受理的案件，消费者委员会、质监所将不再受理。因旅行社故意或过失未达到或违反合同约定的服务质量标准，造成旅游消费者经济损失的，在投诉中消费者可向旅行社提出索赔，投诉索赔是合理合法的。

经典案例

"我是导游,先救游客"
——记湖南省湘潭新天地旅行社导游员文花枝
（根据中国旅游同业网相关资料改写）

湖南省湘潭新天地旅行社导游员文花枝

文花枝,女,湖南省湘潭新天地旅行社导游员。"我是导游,先救游客!"文花枝在生死关头把生的希望让给游客,把死的威胁留给自己。她不惜以生命为代价向游客证明了自己诚信的诺言。她的壮举令人称颂,她的事迹感人至深,她的精神给人以启迪。"花枝精神"集中体现了中华民族传统美德,充分展示了新时期导游人员良好的精神风貌和崇高的思想境界,也彰显了我国旅游行业的良好形象和风貌。文花枝是千千万万旅游从业人员的优秀代表,是全国旅游战线的一名先进分子。她为我们树立了一个可钦可敬、可望可及的学习榜样。2005年,她当选为湖南省十大新闻人物之一,被国家旅游局授予全国模范导游员的称号。

无私无畏,游客第一

这一幕发生在2005年8月28日下午,在陕西省延安市洛川县境内210国道上,一辆大货车由于雨天路滑,超速超车,突然改道,占用对面车道,与湘潭市新天地旅行社团队乘坐的旅游车迎面相撞,造成6人死亡,22人受伤,其中14人重伤。坐前排的文花枝左腿受伤严重,胫骨断裂,骨头外露,腰以下部位被卡在座位里动弹不得。由于两车碰撞得十分严重,每次救援一个游客都需要很长的时间,在等待救援的时候,文花枝多次昏迷,但每次醒来她都忍着巨痛给受困的游客鼓气,给救援人员加油:"加油!加油!大家一定要坚持,等待救援,要活着出去!"

营救人员赶到现场施救时,坐在旅游车前排的司机和西安古城旅行社的地接导游已经罹难,营救人员想先将坐前排的文花枝抢救出来,但她却平静地说:"我是导游,后面都是我的游客,请你们先救游客。"直到下午4点多,当最后一名游客被送上救护车,她才接受救援。她伤势严重,左腿9处骨折,右腿大腿骨折,髋骨3处骨折,右胸第4、5、6、7根肋骨骨折,由于延误了最佳的抢救时间,伤口已经严重感染,她随时有生命危险,所以院方决定为她做左大腿截肢手术,这个23岁的姑娘就这样失去了自己的一条腿。她的主治医生解放军第四军医大学附属西京医院李教授惋惜地说,如果她能及早得到救治的话,就有可能避免截肢。

一位23岁的姑娘本该和自己的恋人花前月下享受美好人生,但是文花枝却只能躺在病床上,与疼痛做斗争,未来的路是曲折的,但是每一个见到她的人却会被她真诚的笑容所征服。当别人问起她当时在想什么,她谦虚地一笑:"那时候我觉得我是一名导游,客人的安危是第一位的,别的什么也没有去想。"她对她当天的举动并不后悔。

忠于职守,热情服务

车祸发生时,她陷入了昏迷,她苏醒后,第一件事,就是拿起电话用微弱的声音向湘潭新天地旅行社负责人报告了这场事故。从去洛川县人民医院的路上到被送上手术台做伤口清创时,她不时陷入昏迷,但她一直紧紧地将装有3万多元团款的挎包抱在胸前。别人要替她保管,她说:"这是我们团队的团款,我要保管好它。"直到医院的院长亲自给她做保证,她才将挎包交给了院长。

危难时候的英雄举动绝不是一时的冲动,平时的文花枝是个深受游客喜爱的好导游,她在带团的过程中处处为游客着想,总是得到游客的好评。2005年6月18日,由文花枝接待的来韶山参观的湖北省咸宁市广播电视局的游客秦垂世在给文花枝的游客意见表上写道:"真的,她是我遇到的最有素质的导游,她的热情周到的服务,文明的言谈举止,丰富的文化知识和较高的文学修养,给我留下了终生难忘的印象,我们笑在脸上,她笑在花丛中。"在公司同事的眼中,文花枝是个乐于助人的好大姐。公司来了一位叫谭成科的新导游,一次她将带团去一个不熟悉的景区,心里有点着急,晚上九点多,小谭打电话给老导游文花枝请教,文花枝已经连续2周带团没有休息了,刚送完外地的团才回到宿舍非常疲惫,但一接到小谭打的电话,她二话没说把小谭接到自己宿舍,耐心细致地给她画图,不厌其烦地教她,直到晚上12点半小谭对线路了如指掌才结束。第二天早上6点,文花枝自己又要带团出去,她在带团空隙,还打电话给小谭询问团队的情况。

▶ **点评**

文花枝,无愧为一名导游,一名优秀的导游,她是模范遵守和努力践行职业道德的典范。我们学习文花枝,不仅要学习她无私无畏、不怕牺牲的忘我精神,坚忍不拔、乐观向上的人生态度,更要学习她诚实守信、忠于职守,游客第一、先人后己,团结同事、热情服务的道德情操。

实训七

结合相关旅游事件以及旅游企业危机处理的过程,在教师指导下分组搜集资料并进行小品表演的情景模拟,在该小品中体现会展旅游纠纷的产生、解决的全过程,最后总结如何避免危机与纠纷的发生,一旦发生应如何处理和尽量避免损失,在可能的条件下尽可能转"危"为"机"。

项目八

会展旅游策划

会展旅游的发展包含共同打造会展旅游目的地、增强会展自身的旅游功能与吸引力和扩大会展旅游服务开发,因此,发展会展旅游就应加强会展旅游的策划。本围绕会展旅游策划层面、会展旅游策划原则与程序、会展旅游策划书的基本内容、会展旅游策划书的编写展开论述。

任务一　会展旅游策划层面

会展旅游的发展包含共同打造会展旅游目的地、增强会展自身的旅游功能与吸引力和扩大会展旅游服务开发会展旅游市场三个层面,因此会展旅游的策划也分别对应地在会展旅游目的地形象策划、会展旅游功能策划和会展延伸旅游策划三个层面上展开。

一、会展旅游目的地形象的策划

会展旅游目的地形象就是该地在人们心目中形成的总体印象,是由若干要素构成的有机整体。会展旅游目的地形象会对人们是否计划前来该地参加会展活动产生影响。

(一)会展旅游目的地形象要素

会展旅游目的地形象是在各个构成要素有机综合的基础上形成的,各个要素相互作用才能成为会展旅游目的地形象的整体表现,形象的整体表现又会对各个要素的发展产生影响。城市会展形象的构成要素分为核心要素和基础要素两部分。核心要素是该城市会展形象的重要组成部分,基础要素是该城市会展形象的基础组成部分,两个方面是相辅相成的。基础要素的完善,能够为核心要素提供支持和保障,使核心要素表现得更加明显;核心要素的不断提升又会相应地促进基础

要素的不断改进和提高。在这个构成体系中,核心要素包括会展场馆、会展行业协会、会展企业、会展人才、会展服务和会展营销手段;基础要素则分别是城市设施、政府的支持与服务、城市精神、城市经济水平和城市支柱产业以及旅游资源。

(二)会展旅游目的地形象定位

世界上许多著名城市是伴随着会展业的同步发展而闻名于世的,如英国的伦敦、伯明翰,法国的巴黎,德国的汉诺威、多塞尔多夫、莱比锡,意大利的米兰等大城市,都因大型的展览会或国际博览会的巨大影响而提高了城市的国际知名度。每一个会展名城在其成长的过程中都有自己鲜明的会展旅游目的地形象。

1. 形象定位应以要素与市场为基础

要素就是指目的地形象要素构成中的核心要素和基础要素。核心要素方面主要是指拥有举办会展的直接前提条件,实际上就是会展业发展的直接相关因素。基础要素则是目的地会展发展的宏观支持因素,是会展旅游目的地形象的基础组成部分。其中的支柱产业更是决定了该地会展发展主体的内容和主题。

会议有时会选择纯粹的旅游区,而大型的会展通常会选择在大都市举行。一般来说,大都市往往人口密集、高楼林立,古老与现代建筑交相辉映,高水准、高品位的博物馆与艺术馆精彩纷呈,有风格独树一帜的城市广场,舒适现代的星级宾馆,丰富新潮的购物中心,新锐时尚的影视音乐,激情涌动的娱乐体育,多姿多彩的夜生活,便捷顺畅的交通、通信,知书达理的市民,当然完备先进的会展场所更是不可或缺的核心要素。

对旅游资源的分析包括硬性资源分析和软性资源分析。硬性资源分析需包括旅游资源种类、数量,知名景点及数量,景点风格、气候、地形地貌特点,动植物种类与数量,珍禽异木数量及种类,矿产资源种类及数量,宾馆饭店的数量档次,旅游企事业单位数量,服务业从业人员数量、收入、学历、性别、年龄,旅游网站数量、服务内容及模式等。软性资源分析需包括旅游目的地的历史悠久性、当地著名历史名人、高等院校数量、高科技企业数量与总产值、文化艺术团体种类及数量、传统活动的种类与数量,当然更重要的是目的地的文化底蕴等。

每个目的地都具有它独特鲜明的个性与魅力。纽约的繁华、巴黎的浪漫、伦敦的传统、罗马的艺术气质、瑞士的雪域风光、上海的怀旧、香港的自由,有特色的城市往往会有一个别称为其形象明确定位,比如"狮城""水乡""音乐之都""阳光之城"等,不胜枚举。城市形象强调的是在浓郁的文化背景下彰显个性,以此作为宣传促销的卖点,化掌为拳,从而提升某个城市在各种申办竞争中的杀伤力。现代人崇尚注意力经济,一个充满独特形象魅力的城市首先具备的就是引人注目的第一印象,无论是源远流长的历史美名还是新近打造的当代新宠,在城市开始大张旗鼓地宣传其形象时,就为其成功奠定了一半的基础。

会展目的地形象策划可以借鉴区域旅游形象策划中的框架,将目的地作为一个整体,对其分别进行理念识别系统、文化识别系统、视觉识别系统、行为识别系统的策划。

(1)理念识别系统(Mind Identity System,MIS)在RIS(Regional Identity System,区域识别系统)包含的四个子系统中扮演着最重要的角色,处于战略地位,MIS策划的任务是提出目的地的核心理念,目的是构建目的地的知名度、信誉度和美誉度,是目的地形象策划的基础,正确的MIS策划是保证后续研究能有的放矢的关键,核心理念就是在对前述各要素进行分析的基础上,提炼出最能代表本目的地的基本形象和独具特色的价值体系。它是目的地形象的灵魂,其恒久的生命力不会因时间的变化而变化。

(2) 文化识别系统(Culture Identity System,CIS)是目的地旅游形象策划的精髓,CIS设计的主要任务是对目的地的文化系统进行整合,其目的是突出本目的地地方性的文化,增强目的地的形象感知,同时在旅游开发的过程中运用人类学的方法来保护本土文化。它主要包括民族文化与民俗文化两方面的内容。

(3) 视觉识别系统(Visual Identity System,VIS)是RIS策划具体化的、视觉化的传递形式和展开面,目的地旅游形象的VIS设计构成要素包括目的地形象标志系统(包括Logo、标准色、标准字体)、目的地形象符号应用系统、会展场馆的视觉识别和活动型因素(如人、交通)的视觉识别规范等。

(4) 行为识别系统(Behavioral Identity System,BIS)是RIS策划的动态表现行为过程,在目的地旅游规划中BIS策划的重要性下降,目的地越大,其制度性的策划越宏观化,BIS设计的主要任务是对目的地行业服务行为、会展企业管理行为、相关政府部门行为等能够体现目的地形象的媒介活动进行规范化和制度化。

2. 形象定位要准确

形象定位的最终表述往往以一句主题口号加以概括,要遵循的基本原则主要有优势集中原则、观念领先原则、个性专有原则、多重定位原则等。确定主题口号,并不是一件简单的事情。会展旅游目的地形象定位的主题应是使目标公众了解区域或国家会展旅游目的地具有举办会展的充分和诱人的条件、多种类极具吸引力的旅游资源,或拥有相对广泛的内涵,如好客的人民、文化的多元性、狂欢的激情等,这些主题可以在目标公众心目中引起相关的联想。

会展旅游目的地形象要充分体现个性。形象的个性是指一个旅游地区在形象方面有别于其他地区的高度概括的本质化特征,是区域自身某种特征在某一方面的聚焦与凸显。这种特征往往是透过文化的深层面折射出来的。它可以是历史的、自然的或社会的,也可以是经济的、政治的或民族的。比如,巴黎城市形象的个性定位就是时装之都,维也纳就是音乐之城,威尼斯就是水上乐园,瑞士就是钟表王国,埃及就是金字塔。一个地域城市的多种特征的聚焦和凸显不是以人们的意志为转移的,是历史遗留、自然所有、社会需求等多种因素沉淀的结果。现在国内许多城市因定位不准确,或因某种诱惑而移位,像深圳"世纪新城,中华之窗"这样比较准确的形象定位为数不多。

(三) 会展旅游目的地形象推广

一般国际大型会议、地方协会年会或是企业产品推介展示等都会将目的地锁定大都市,至少也是较有知名度的城市。因此"知名度"成为吸引众多"眼球"的无形招牌,城市形象则是"知名度""美誉度""提及率"等数字信息等所依附的载体,将会展旅游目的地的形象进行推广传播的方法如下。

(1) 会展目的地形象与地区特色相结合,突出地区优势,如青岛靠海,海洋资源丰富,有此优越条件,青岛市举办的"青岛海洋节"不仅吸引了大量的海内外游客参与其中,创造了可观的经济效益,还强化了民族的海洋意识,展示了青岛的实力,塑造了良好的会展旅游品牌。

(2) 加强宣传,通过各种新闻媒体的广泛传播。形象宣传要抓住表现时机。抓住良机,展现与推广旅游形象往往可取得事半功倍之效果。会展本身就是城市会展旅游目的地形象表现的最佳时段。形象往往是一种心理感知的抽象事物,而重要事件、节庆活动、体育盛事、娱乐演出、重大庆典都可将其变成可视、可听、有形、有声、有色的具象事物。例如,云南抓住"世博会"良机推出"万绿之宗,彩云之南"的形象定位。夜晚是展现城市之美和城市特色的另一时机,将世界著名建筑景观微缩一园的深圳"世界之窗"若没有夜晚的广场演出则很难传播"世界与您共欢乐"的形象,有湖、河、海等水滨线的城市更应加强夜晚的形象传播。

会展旅游目的地形象策划需要长期投入与持续运作,长远规划也是成功的一个原因。会展专业部门应组织力量研究国内外举办过的各种会展的要求和特点,适时推出各种会展旅游项目,加强对会展旅游的调研和推销工作,以与城市结为友好城市为突破口,重点培育核心会展旅游市场。政府部门应致力于城市整体形象的宣传与推广,城市行政领导应充分重视并身体力行,宣传、促销城市会展旅游产品,去赢得一些有影响力的会展举办权。例如,被誉为"会展旅游王国"的法国,如果举行招徕会展的促销性会议,那么促销主管也许就是市长。为了赢得会展主办权,市长会一直参与会展旅游促销活动。

二、会展旅游功能策划

与会展旅游目的地的宏观层次对应,这里主要站在单个会展的微观层次上探讨其旅游功能策划。在会展策划中应遵循的原则有市场导向原则、主题性原则、特色性原则、文化性原则、参与性原则、经济可行性原则等。

(一) 本质目标:"联欢"

从空间移动上而言,会展不同于旅游之处在于它不仅仅是空间的移动,而且是一种特殊的移动形式——聚集;会展本质上也是具有享受(愉悦)导向的,相对于旅游追求个人的愉悦,作为一项集体性活动的会展则是一群人的愉悦,即强化了"联欢"的意味;其中,会展的沟通本质是联欢的根本出发点和落脚点。

从社会文化的角度看,会展活动实质上是不同文化背景人群之间的跨文化交流。会展活动让来自不同民族、不同地域、不同社会背景的人们在同一时间、同一地点最直接地进行交流,其文化交流的广度与深度都很高。因此,在会展旅游策划时要坚持文化交流的战略,在空间上,要考虑不同地区不同国家间文化的交流;在时间上,要注意不同时期文化的立体再现,最终通过文化交流达到"联欢"的本质目标。

会展的集中性派生出它的事件性,使它能够吸引众多新闻媒体,产生眼球效应,这是联欢形成的焦点效应。达成"联欢"目标的途径有很多,例如,可以通过广告传播、开幕式、会展布置、气氛营造等来造势联欢,可以借助外部资源如旅游资源和内部资源(如名人名事)等借势联欢,还可以通过确立鲜明主题、充分挖掘主题文化等进行联欢。

(二)基本战略:挖掘主题文化

1. 主题策划

会展应有鲜明的主题,没有主题的会展,是不能够吸引观众的,会展市场也就无法获得拓展。"主题"原指文学、艺术作品中所表现的中心思想,它是作品思想内容的核心。会展主题是会展的精髓,是会展的指导思想、宗旨、目的要求等最凝练的概括与表述,是整个会展过程所反映的经济、政治、文化等社会生活内容的中心思想。它是会展的主办者传达给参展者和公众的一个明确的信息,同时也是社会了解展会的首要方面。

会展主题策划是策划会展主题,并围绕主题策划会展活动的过程,是一个对于会展的整体的策划过程,它贯穿于整个会展策划之中,统领着整个会展策划的创意、构成、方案、形象等各个要素,并把各种因素紧密地结合起来。主办者通过会展主题信息的传递,刺激并约束参与者的行为,使他们能够依循策划者的信息去完成。

只有确立一个合适的主题,才能为在策划中提升会展的旅游性提供一个明确并丰富的空间。有时,一个鲜明新颖的主题本身就已经大大强化了该主题下会展的旅游性。无论会展主题具有怎样的特色,会展主题策划都应避免三种倾向:①同一化,会展主题与别的主题类似,使公众混淆不清;②扩散化,主题太多,多主题意味着没有主题;③共有化,策划主题没有鲜明个性,同一主题有时为一个策划服务,有时为另一个策划服务。因此,一个策划必须有明确的主题,策划如果偏离了主题,就成了一些无目的的拼凑。

会展策划的整个过程都是从一个主题出发,并且所有的产品、场景和服务等都围绕这个主题,或者其至少应设有一个"主题道具"(例如,主题区或以主题为设计导向的一场活动等)。并且这些"主题"并非随意出现,而是会展策划人员依据会展内容、产业特色和顾客的需求所精心设计出来的。对于一些旅游性较强的会展,主题策划应首先从整体的角度出发,把目的地所涉及的经济、文化、科技及社会各方面都纳入主题活动营销策划的框架之中,与会展目的地层次的旅游性策划相结合。

2. 文化战略

文化战略是旅游业的趋势所在,也是会展要提高自身旅游性的基本战略。只有采取文化战略,才能真正实现人们不同层次的享受(愉悦),才能强化会展活动的体验性,从而提高其旅游性。本质上,任何文化都是一种价值取向,规定着人们所追求的目标,具有导向的功能。会展策划要达到最佳选择、最佳组合、最佳创意、最佳效益,摆脱平庸、出类拔萃,那就必须要有文化战略来指导。

会展的策划者(企业)要通过文化建设,尽可能调整、提高自己,以便适应公众的情绪,满足顾客不断变化着的需求,跟上社会整体(包括政治、法律等)的前进速度,保证自己的策划方案和社会之间不会出现裂痕,即使出现也会马上弥合。另外,对于策划、举办、经营会展的实体组织来说,即使各自的文化价值观不同,一旦有了共同的文化战略目标,大家就要相互

协调,尽力配合,通过共同的文化战略目标把大家凝聚在一起。

文化的传承战略、系统化战略、整合战略及变异战略都可以用来指导会展的策划。文化的传承战略是集中继承和发扬本民族或本地域特色传统文化的战略,它以本民族或本地域的文化特质为优势,民族特色和传统地域文化特色及传统的历史文化特色是其优点,其战略内容必须充分挖掘历史文化的内涵与特点。文化的系统化战略是一种将多种文化系统化的战略,它以文化的多元性为优势。

当有多种和多类文化存在,需要加以重新归类、组合,并整治、提升,以崭新的面貌出现时,就需要采取文化的整合战略。整合不是简单的归类与组合,必须运用新的理念、新的方式、新的模式,在合并的过程中创新。当雷同很多且不能相互合作协调时,就需要整合;或是虽不雷同,但资源很少、力量薄、规模小、分布散,形不成"拳头产品",产生不了规模效应时,往往也需要运用文化的整合战略来加以重新组合,并将其提升。文化的变异战略,可以说是文化移入后对原有文化的变革,是跨文化传播后引起的文化变异与融合,是一种文化的变革战略。当一种文化特质无法顺利发展时,必须采取跨文化传播的方式来推动发展。

3. 主题文化开发

只有将主题概念进一步提炼、升华成为形象化、情节化,甚至戏剧化的内容,才能对参会者产生足够的吸引力和感染力,从而提高会展的旅游性。会展主题文化开发的表现是多种多样的,而创新求异是最根本的。只有用新的视角、新的创意、新的表现来设计才能做到出奇制胜、赏心悦目。在实际设计策划的过程中一般采取选择、突破、重构三种方法。

(1)选择。选择是对事物本质和非本质的鉴别,即对事物特点、亮点的发现,对其中不必要部分的舍弃。例如,展览门票的设计、印刷和制作方式有许多:简单的单色(彩色)纸单色(套色)印刷、铜版纸彩色印刷、烫金、烫银、过塑、激光图案;各种几何形状、联票、套票、凹凸纹图案;书签形式、邮票形式、金卡形式;条形码、磁卡、电子卡等。要进行创新选择,就要求展览门票的设计者能够画龙点睛地在不同的门票上体现展览会的不同风格与特色。在展览会门票的内容设计方面,除了必须包含的五大要素(展览会名称、举办时间、地点、主办单位及价值)之外,还必须考虑是否公布组委会的联系方式(如电话、传真、电子信箱、网址等),是否设计观众信息栏,如何印展览会标志;若是国际展,不仅要求中英文对照,设计人员还必须考虑个别国家和地区、种族对某些色彩与图案的禁忌。至于门票的背面,是用来刊登广告,还是做展会介绍、参观须知、展览预告、导览图等都需要进行选择。一张小小的门票,可以反映会展主题文化的内涵,是设计水平艺术性的体现,也是信息化、现代化、国际化的体现,有着深刻的文化内涵。

(2)突破。突破是创造性思维的根本手段。会展策划是否新颖独到,最根本的就看是否对常规有所突破。突破主要包括两个方面:①传统思维方式的突破;②表现方法的突破。例如,北京润得展览有限公司为增强企业文化内涵、打造企业品牌,提出了中国会展文化四字真经"文行忠信"的理念,其核心是:视客户为亲朋,不计一时得失,但求宏图共展,创意策划前卫,运作快捷现代,质量一流。创新性的会展策划理念给该公司的发展带来了勃勃生机。

在会展策划中,表现方法的突破常常能带来意想不到的效果。例如,某届上海"工博会"

采用网上开幕式，上海市委书记按下电钮，屏幕上的彩球自然落下。在工博会展览期间，30万人次点击工博会网站，"在线工博会"使"工博会"永不落幕。

（3）重构。重新构建是会展策划中的一种基本方式，它通过不断构建或寻找设计环境以及设计元素之间的关系，然后将这些关系重新组合、重新设计，创造出新的构思、新的意向。现代会展策划在发展趋势上不断趋于专业化、国际化和科技化，不少展会已成为主要的国际盛事，一些会展的主办者不惜重金创新设计来扩大影响。瑞士日内瓦的国际电讯展示会（TELECOM）的主办方为吸引买家的注意，耗资9亿美元力邀国际顶尖设计师领衔精心布展。公司产品利用高科技手段进行展示。展览会现场多为复式结构，备有用于面谈的高级会议间和休息厅，与会者可通过电梯与扶梯自由进出，大手笔的策划使得该展会的设计成为经典之作。

近年来，为创展会品牌，会展的策划者纷纷采取整合营销策略对会展设计进行立体策划，大到设计理念的制定，小到安排展台清洁工以及展位维护的细节处理，都作为一个整体来考虑。

（三）策划关键：增强体验性

体验是指当一个人情绪、体力、智力、精神到达某一特定状态在他的意识中产生美好的感觉，这一特定状态是可以设置引导的。增强会展的体验性，使会展也成为参展者可以享受的一种生活方式，从而提高会展的旅游性，是会展旅游功能策划的关键。

精心策划的展览能为参展者带来一种"体验"，也就是给参观者一种心灵的震撼，带给参观者快乐，体验到一种前来参观之前不曾体验到的东西。"体验"是有价值的，人们花钱旅游、看文艺演出、参观博物馆等，都是在寻求一种"体验"。体验价值的开发是目前商业性展览所缺少的，然而这正是从普通的会展到品牌会展，从基础价值到附加价值转化的一个关键。能给参观者带来体验的会展必定有鲜明的主题、独特的风格，必定能够依次激发参观者的感官、感情与思想，最终激发他的行动。

如果使展会更具特色，使参观展览会的经历更有趣、更激动人心，就能够给参观者带来强烈的体验，就会在参观者心灵上形成一种"极化""磁化"作用，这种作用足够强烈，就可能固化为一种"观念"。而一个会展能够倡导、传播一种观念，就有了自己的"灵魂"，就能够左右消费行为，在消费市场上可能引爆流行，在生产资料市场上可能引起生产方式的革命。这是因为，消费观念是巨大的消费动力。在现代会展中，当一个展览会办到极致的时候，观众参加展会如同步入高雅的殿堂。这里没有吵嚷的人群，没有专盯展台礼品的闲散人员，有的是精致的展台设计，有的是展商与观众和谐而有序的交流。在这里，地域和民族性的文化传统表现得淋漓尽致。

例如，法国巴黎国际运输与物流展最大的特点是美观、秩序、和谐。美观主要是指展台的布置与设计。几乎没有重复的特装展台，各展台争奇斗艳，即使是标准展位也决不敷衍了事，声光电灿烂效果自不必说，就是常青树、绿藤蔓、公司椅也可进入展位，与展示内容浑然一体。

秩序,指的是有人气却无嘈杂人声,数万平方米展会,一张有颜色区分的指示牌,令观众自有目标,来去便捷。有效观众全部经过筛选,分送参观票;不请自来的观众,应花钱购票入场。因此到处可见的是清静中的繁忙。和谐,说的就是参展者的亲和力,没有满堂灌式的信息压迫,而是寓"教"于乐。每个展位都是社交聚会的场所,案上摆的都是供参观者自由选用的美酒和咖啡,还有各色点心,也有糖果和饮用水,加上吧台与圆椅,这一切让参观者仿佛身处酒吧的感觉。宾主举杯对饮之,拉近了人们之间的距离。

展会发展到一定阶段,虽说本质上还是推广产品与服务,但是,由于会展策划者的精心立体策划,会展境界提升了,宾主在全新的体验中不知不觉实现了各自的理想目标,这是会展策划的文化维度。在会展策划中渗透文化因素是增强体验性的必然要求。

此外,人们还可以像在旅游中教育旅游者一样培训参展者和观众。通常参展者在展会上的表现得并不是很好,因为在展览会上的销售不同于面对面的销售,他们不知道如何充分利用这一媒介,从而给买卖双方间的沟通造成了一定程度的困难。适时地推出参展者培训研讨会计划,不仅能增强参展者感受到的体验性,还能提高他们对展会的信心。

(四) 策划的基石:以人为本

在会展策划中,以人为本就是要为参展者提供周到满意甚至超出预期的服务,只有这样才能实现参展者在会展活动中的享受性,达到会展旅游功能中"联欢"的目标。

1. 优质的服务能力

作为第三产业的一分子,优质的服务是会展业发展的前提和基础。接待会展群体的核心是建设会议设施,如各类会议室、展览厅、新闻信息中心、酒会场所等,并对原有的住宿、餐饮、娱乐等设施加以改进完善,以及提供合意得体的会场内外服务。与旅游业一样,会展业与其他行业跨国公司"全球生产,地方营销"相反,其制作模式更像"地方生产,全球营销",因此,追求服务的地方特色是关键。同一地方竞争激烈的几家会议酒店的优劣有时仅仅在于是否有独具特色的餐饮风格,因此整体服务能力的水平与局部细节的处理息息相关。使客户便利地获得其产品和服务则是会展旅游功能策划的另一个重要环节。如果会展旅游企业提供的会展产品和服务,最终不能让会展旅游者便利地、轻松地享受到,那么,产品和服务设计得再好,也不可能很好地实现整合营销的终极目标。

为此,会展企业需要特别注重加强便利性:①快速便捷的物流服务。会展旅游企业在会展旅游者参加展览、出席会议的有限时间内,要研究、组织、协调、解决他们可能遇到的任何物流方面的问题,为他们提供专业的、一流的物流服务,最大程度为参展者和与会者免除后顾之忧。②及时高效的会务展览服务。会展旅游企业应该联合众多的如海关、银行、保险、法律、公证、旅游等专业服务机构为与会者、参展者提供一站式、一条龙的会务展览服务,为他们搭建良好的洽谈平台,积极帮助、促成会展旅游者商业活动获得成功。③细致周到的生活服务。会展旅游企业通过设立电子商务中心、直接服务台和电话服务台等,为会展旅游者提供推荐和预订酒店、组织和安排旅游考察线路等吃、住、行、游、购、娱各方面的多样化的服务,实现服务内容规范化、服务方式人性化、服务网络集群化,真正地让会展旅游者获得宾至如归的感觉。

会展主办者应强化现代营销理念,牢固树立客户至上的观念,加强展前、展中、展后的服务工作,以优质的服务赢得参展者的信任,为此应努力做到:①会展前加强对参展效果的调研,及时发布来展、出展信息,引导企业的参展活动,避免企业盲目参展、办展,为参展者及广告客户提供广告制作、说明书印制、展台搭建等服务工作;②会展期间帮助客户组织信息交流会、贸易洽谈会及行业技术研讨会等,为买家和卖家创造商机;③会展后进行现场调查,询问参展者对展会的看法、意见,并把展览会总结材料提供给参展者,征求他们的意见,了解他们关于下一届是否继续参展的态度及希望解决的问题。

2. 良好的客户关系

良好的客户关系是提供高质量服务的一个重要前提,会展举办成功与否某种程度上取决于参展者的质量。疏通会展渠道、提高参展观众的数量和质量是增强会展竞争优势、推动会展市场发展的重要策略。会展主办者要想办法增加参展者的目标观众。展商参展主要是为了拓展销路和市场,如果观众少,质量不高,参展者没有取得参展效益,下次就不会再参展,长此下去,会展市场就会萎缩。而要增加目标观众,就必须制订渠道策略,建立高效畅通的会展渠道。

西方国家的展览公司都有固定的客户渠道,他们能将众多的制造商、贸易商和批发商集中在一起,形成展览大超市,天天进行展示促销,吸引众多的专业采购人员前来看样品,下订单。例如,成立于1925年的国际展览联盟,就是一个世界展览行业的龙头老大,成员遍布世界60多个国家的140多个城市。因此,会展主办者应努力做到:①建立客户资料信息库,及时了解广大客户的实际需求。在这方面,香港贸发局的做法值得借鉴,香港贸发局建立了世界一流的厂商资料库,根据不同专业将厂商分类,举办会展时,向相关厂商发出邀请,给获邀厂商送条码磁卡,凭卡入场,这样就大大提高了参展者的质量。②加强同专业中介机构的联系。专业技术和经济咨询机构是围绕会展主办者,并为其提供全方位服务的社会系统。它能帮助会展市场调研、联络参展机构,评估参展产品、项目的质量、水平和技术含量,为组展做整体形象设计,策划多种形式的会展活动,开展广告宣传,代办客货运输及出入境手续,组织参展产品的交易和拍卖,以及提供有关经贸、会计、法律的咨询服务。

会展主办者在宣传的时候要把主要精力集中于那些最有希望参展的观众,要把重点放在曾参加过类似展览的观众上,而不是那些从未参加过展览的观众上;还可以通过网上的注册争取到更多的客户;在最后策划阶段,要把重点放在周边地区。

3. 高素质的服务人才

会展市场的竞争,归根到底是人才的竞争。会展市场的发展需要大批高素质的专业人才。只有一流的人才才能创造一流的事业。对会展组织者来说,既要掌握熟练的外语,又要掌握如公关、广告、策划、礼仪、谈判等方面的知识和技能。另外,随着互联网时代的到来,网上展览成为会展业的新亮点,人们可以借助互联网展示产品、交流信息、洽谈贸易、开展电子商务。作为一种虚拟展览,网上展览在发达国家方兴未艾,我国也必须紧跟世界会展业发展的潮流,大力开展网上展览,而这一切都需要高素质的专业人才。因此,造就大批高素质的专业会展人才是摆在人们面前的一项紧迫任务。

然而,目前我国在这方面的人才十分缺乏,会展市场的从业人员大多来自各行各业,没有经过专门训练,缺乏系统的会展知识和相应的技能,从而严重制约着我国会展市场组织水平和服务质量的提高。因此,培养与造就大批高素质的专业会展人才是推动会展市场发展的重要策略。从近期看,可考虑:①组织专门培训,提高会展组织人员的外语水平和经营管理技能。②通过走出去、请进来等多种途径提高会展人员的业务水平。如可以邀请国内外著名的专家教授介绍会展组织、设计、建造及运输等方面的知识,提高会展人员的组织及管理水平等。

从长远看,应做到:①尽快成立全国会展业管理协会,制订培训计划,编写教材,加强对会展行业人才培养的统一领导与管理。②在高等院校开设有关展会的专业课程,培养社会急需的会展专业人才。③推行持证上岗制度,完善考评机制,加强考核和监督,努力提高广大会展人员的专业水平。

作为会展服务的提供者,会展业从业人员本身要树立真心真意为参展者和观众服务的思想,满足他们对会展活动的合理要求。从会展场地的工作人员、会展的主办承办单位的工作人员到相关行业的服务人员,必须明确为参与者服务是会展活动的宗旨。会展活动不应仅追求当时的轰动效应,更应考虑长远效应,考虑参加者对会展活动的追想,对各种服务的回味和展会品牌的树立。

(五)提升:打造会展品牌

品牌打造与会展旅游功能策划可以形成一种互为因果、良性循环的关系。会展旅游功能策划做得好才更有可能打造出美誉度高的品牌,而成功的会展品牌又因其越来越丰富的文化性可以促进会展更好地进行旅游功能策划。

1. 会展品牌意义

会展经济从某种程度上说是一种"规模经济",也是一种"品牌经济"。会展城市要根据城市的资源禀赋条件,选择能发挥城市资源优势的重点,加速培育一批有品牌效应的展会和一批有专业水准和竞争实力的会展公司;就展览项目而言,会展企业应集中优势资源,努力提高展会组织、策划、服务的水准和经营管理水平,不断进行展会活动的创新,争创名优品牌。一个品牌展会必须符合四项基本要求:①权威展览协会的强有力支持和行业代表企业的积极参与;②代表行业的发展方向;③具有现代化的展览设施和技术;④一流的专业化服务。

会展的最高境界是成为一个消费者群体的"精神领袖",这是从传播观念发展而来的。一个达到精神领袖境界的展览就是按照已经设定的一套清晰的价值观念,成为某种生活方式的鉴定者和护卫者,通过会展及多种相关活动,带来人们对所倡导的概念的理解,从而为广大参展者"制造"一个通用型的价值观念或者价值信仰平台,带来巨大的商业效益。名牌展览会如德国的汉诺威工业博览会和法兰克福(春、秋两届)国际博览会,有自己突出的专业特色,代表商品发展趋势,能起到一定导向作用。而且展会本身就代表一种价值和品牌,具有经济效益、社会性能和文化取向。

在欧洲等发达国家,大多数的行业都有一个或两个占主导地位的会展品牌,如德国的科隆五金工具展览会,涵盖了整个欧洲的五金工具生产制造和销售行业;纽伦堡的国际玩具展则是世界玩具最大的盛会;在汉诺威等地区举办的欧洲机床展不仅代表了整个欧洲的机床加工工业,也代表了世界机械行业的发展水平。会展的举办不在于多,而在于精,要形成高质量的核心展会,由此而扩大规模,低层次的重复举办必然造成行业内的无序竞争和资源浪费,也使国际参展者无从着手选择适合他们参展的项目。

2. 会展品牌形象的打造

良好的品牌形象,主要来自策划者的品牌设计和品牌设计完成以后与会展参与主体的沟通。这就要求策划者在充分挖掘主题文化的基础上,精心设计品牌定位、品牌个性、品牌包装、品牌定价等,在品牌设计完成以后选择市场的切入点,进行宣传、营销,依据参展主体各个阶段的不同需求,让不同的传播手段在各个阶段发挥出统一集中的最佳作用。

规模化是品牌会展的一个明显特点。德国之所以会成为世界上的会展大国,主要原因就是世界上绝大多数大规模的展会都在德国举办,德国举办展会的规模一般都达到几万平方米,扩大会展的规模对降低成本、吸引更多展商和观众有着积极作用。专业化、国际化是品牌会展的另一发展方向。随着市场经济的发展,市场的分工会越来越细,从而也要求企业生产更加具有特点与功能的产品来满足细分市场的要求,生产技术也将不断更新换代。因此,会展也将变得越来越专业化来适应市场的变化。

开发会展业的相关产业,形成会展产业群,不仅仅是获取依附会展价值的附加价值,同时也是为打造会展品牌造势的最佳方式。会展产业群的形成,有利于使品牌会展形成众星拱月的局面,全面提高会展自身的价值,从而把会展办成影响消费观念、制造流行趋势、形成热点市场的强有力的市场营销工具。譬如法国每年按季举行的国际时装展,就通过多种活动,向全球消费者推销时装的最新美学观念,制造和引导市场接受流行趋势。

3. 会展品牌形象设计

会展产品越来越多,同质会展产品、类似会展产品越来越多,突出优点,甚至突出特点就越来越难;信息传播手段、途径越来越多,参展主体面临的问题不是信息不畅,而是信息过量,很难进行有效选择。

所谓符号化设计,实际上是对会展进行人为的主题设计,对参展主体进行有意识的引导;是以统一的文化基调、差别化的个性塑造、人工强化的符号,有意识地对会展进行简洁化处理。具体有三个手段:①简洁化。在信息元素多方刺激感官的条件下,人们追求简洁,而且只能接受简洁。因此通过简洁可以引导信息的传播。②统一基调。会展统一的文化基调,是会展统一的风采和精神。统一可导致对游客的多次刺激,形成印象。③树立差别。引入企业识别系统的策划方法,强化、塑造差别,并使之贯穿于会展的经营管理和服务的全过程。

会展的视觉形象以会展徽标、宣传口号以及标准字、标准色和象征图形(甚至吉祥物)为基础,设计并渗透在会展的宣传手册、广告媒体、会场布置、相关服务商品、员工制服等方面,使参展主体形成良好的综合印象,并加以口头传播,以达到行销传播的目的。

4. 会展品牌形象推广

会展品牌推广离不开全方位的公关手段和多角度的宣传策略。品牌目标确立，设计完毕之后，就要对品牌加以推广。品牌推广实际上是品牌策划后的具体行动过程，品牌推广指综合运用广告、公关、媒介、名人、营销人员等多种要素，结合目标市场进行综合推广传播，以树立品牌形象。品牌的推广是一个全面性的工作，应从品牌的各个相关因素着手来进行推广。在这方面，策划者可以多借鉴一些国外好的营销经验，如主动向新闻媒体发布信息、超前宣传、在进入城市的重要通道设置会展信息板和导向图、利用网络资源发布提供会展咨询和赠送纪念品、组合产品联合促销等手段。

选准目标市场，大力进行会展旅游的宣传促销。由于会展的综合性强、牵涉面广，单靠会展企业自身的实力难以在激烈的市场竞争中取胜，特别需要政府的大力支持，有时需要地方行政高层亲自出马。国内会展旅游发达的城市如大连也有类似的成功经验。积极加入各级目的地性的会展促销网络以获取会展信息，增强促销实效。德国会展旅游机构在全世界的办事机构有390个左右；中国香港主要办展机构香港贸发局在全世界50个城市设立了办事处，如此庞大的国际化营销网络，大力促进了德国和中国香港会展旅游业的发展。

"中国北京高新技术产业国际周"是中国第一个以高新技术为主题的综合性国际会展活动，它在品牌推广方面就有很多成功经验：国际周媒体宣传启动早，时间长，力度较大。抽样调查显示，社会公众对国际周的认知率达到73%，主要认知渠道是电视和报刊。国际周期间，共有来自境内外300多家电视台、电台、报刊、杂志等新闻媒体的1619名中外记者到会注册采访报道。中央电视台作为支持单位，在《新闻联播》《现在播报》《晚间新闻》《中国新闻》等多档新闻节目中对国际周进行了大力度、全方位的报道，编发各种活动新闻100多条。《人民日报》《经济日报》《中国日报》等中央主要报刊都在显要位置刊出国际周活动报道并编发了国际周专版。

北京市各主要新闻媒体更是全面介入，通过电视、广播、报刊等进行持续、全面报道；近50家外省市报刊、30家电视台参与了国际周报道；与传统媒体相呼应，网络媒体全面介入国际周宣传。全国四大新闻网站——人民网、新华网、央视国际网和千龙网联手对国际周进行了文字、语音、图像、现场实况等多层面、立体式报道，并分别设立了国际周网页和专区，仅人民网就发出国际周活动消息800多条，同时以五种语言向海外发送消息；新浪、搜狐、焦点、网易等著名商业网站分别在主页或科技频道设立了国际周专题，每日平均页面访问量达50万人次。媒体的广泛介入，为扩大国际周在海外的影响提供了强大的舆论支持。

三、会展延伸旅游策划

会展延伸旅游策划主要指活动策划，活动策划的基本原则是要切合会展的主题，要与会展的主题相得益彰。旨在提高会展旅游的活动策划应有助于吸引目标受众，营造独特的会展氛围，让参展者享受会展过程，最终提高会展效果。

（一）会展旅游策划方法

策划需要从会展的客观实际出发，运用正确的方法，制定低投入、高产出且可持续的策划方案。借鉴旅游开发策划的理论，会展策划中主要可以应用的方法有比较法、逆向思维法、调查研究法、移植法等。

（1）比较法。比较法就是对类似旅游项目的优点缺点进行深入的分析，取长补短，从而使活动项目具有比较显著的优势。在做会展活动策划时，策划者首先想到的是自己过去做过的类似策划是什么样，别人做过的类似策划又是什么样，然后考虑如何取其长而避其短，如何在此基础上创新。

（2）逆向思维法。逆向思维法强调创新，突出自己策划方案的与众不同，以达到吸引游客的目的。

（3）调查研究法。调查研究法是最基本的、最能够深入实际的方法。通过现场调查，策划者能占有策划所需要的第一手资料，并且在头脑中形成一个开发策划的基础模型，之后可以对资料进行深入研究，通过分析最后确定策划方案。

（4）移植法。移植法在实际的开发策划中是最常用的，就是照搬已经成功的方案。

这些方法是旅游开发策划中的一些基本方法。但是，仅仅依靠这些定性或半定量的方法是不够的，还需要把各个领域尤其是策划学、经济学等学科的一些好方法拿过来为会展策划的实际工作服务。

（二）会展旅游策划内容

会展旅游的活动策划，就是充分考虑人的需求和人的全面发展，在会展活动中运用3E（Entertainment、Exciting、Enterprising）原则，设计人们喜闻乐见的、更能产生互动的会展活动。会展的旅游性活动策划须与目的地的地缘文化、民风民俗有机结合，丰富人们的精神生活，符合现代会展"本土化＋全球化"的趋势。

互动性是活动策划的魅力所在。碧海全国钓具秋季展销会上，钓具厂商家成功的宣传、营销活动策划，促进了产品的销售。其成功之处就在于前期进行了体验性较强的活动策划：活动现场人头攒动，气氛活跃，就连活动现场会议室外面的走廊上都站满了人，效果十分好。活动策划成功的关键就在于双向互动，即让客户置身其中，理解与参与。他们安排主持人表演风趣脱口秀，专家、技术人员对产品性能介绍、现场试用、现场抽奖等活动，聚集了人气。三元钓饵还特别邀请专家将"实验室"搬到了活动现场，由专家讲解饵料的成分、性能，邀请台下钓鱼人士上台实际察看饵料在池中的雾化情况、鱼的吃饵情况。他们把产品的信息串在这些生动的活动形式中间，通过口头的、互动的等多种形式，让大家更容易理解，使企业信息的传达更为丰富和准确。

一项成功的会展策划方案应该具有创新性，它应既出人意料又在情理之中，这样才能新奇诱人，吸引观众，获得赞赏。会展策划的创新性涉及形式的定位、空间的想象、材料的选择、构造的奇特、色彩的处理、方式的新颖等多个方面。

例如，在2003年上海国际车展中，上海通用汽车在发布别克中级车时，其发布的形式具

有极大的创新意味,发布者设计了一出颇具特色的多媒体舞台剧,著名古希腊戏剧导演、中央戏剧学院罗锦麟教授倾注激情,将一出话剧以多媒体的手法表现,让观众与主人公共同追寻实现汽车梦的经历……创新的设计策划理念将现代商业与舞台艺术全新结合,在物质与精神的交融中传达出对生活平凡而深沉的热爱,获得了极好的展示效果。

对会展中由其事件性引发的眼球效应和由其集聚性吸引到的名人名事等,策划者都应加以充分利用。展览中这些事物的存在本身就可以吸引更多的参加者,即使是旅游性较弱的会议洽谈(恰恰更是名人云集),也可以通过单独召开参加会议的名人见面会等来提高其旅游性。在会展中举办公益活动除了可以增强会展的旅游性,还可以充分引起各界关注,提高会展的美誉度。因此,在会展中可以充分利用参展商的资金优势进行赞助等各种公益性活动的策划。

此外,会展的品牌化发展给会展带来了附加值——"认证价值"。众所周知"第三方认证"是市场经济中的一种通行的、重要的运行机制,是生产者与消费者之间的见证人。"第三方认证"行业的兴起,说明其需求是旺盛的。办得好的展览也可以发挥这种"认证"作用。或者说,会展具有了"认证"功能。许多商家要在产品宣传中、产品包装上表示获得某某展览会金奖之类,正是这种"认证价值"的重要体现。在展会期间,组织各种比赛则可充分发挥会展的这种"认证价值"。

当然,还可以组织关于展位设计和搭装以及展台布置的比赛,关于展会参展展品的比赛以及其他关于展出内容的比赛,可以派生出许多相辅相成的公众活动。譬如,重庆的汽车摩托车精品展同时举办中国重庆摩托车越野锦标赛,切合主题,又能吸引人气。再如,一个化妆品展览,可以派生出"星姐选举"之类的娱乐活动,形成一些娱乐品牌。这些活动同时也可以充分发挥会展业极强的关联性,开发会展相关产业群,提高会展的附加值。

任务二 会展旅游策划原则与程序

一、会展旅游项目策划原则

一个优秀的会展旅游项目,不仅可以带动更多的相关消费,更重要的是可以增强会展活动的效果。会展与旅游的深层联系,决定了会展旅游项目策划与设计应兼具会展活动与旅游活动的主要内容,在结构上应主次明确且相互协调。一个成功的会展旅游项目策划,是会展与旅游充分结合,促使会展旅游者的满意度达到最佳的基础。与传统旅游项目相比,会展旅游项目的策划表现出一定的特性。

首先,从时间管理上看,会展旅游项目具有区间性,起始时间相当明确,各项活动的安排都有具体的日程。

其次,从内容安排上来看,会展旅游项目具有专题性,围绕会议或展会的主题而展开,各种会展旅游项目都是为展会的主题服务的。

最后，从目标市场的划分来看，会展旅游者一般由两部分构成，即为实现一定经济目的而参展、参观的专业人士，以及出于兴趣、偏好等原因而参与其中的群体。通常，两类旅游者的活动内容不尽相同。

因此，会展旅游项目作为特殊的旅游项目，在策划和设计上都与传统的大众旅游产品有所不同，一般说来，应坚持以下原则。

(1) 会展为主，旅游为辅。参展商前往目的地的根本目的在于"会展"而非"旅游"，因此，在对会展旅游项目进行策划和设计时，必须秉承"会展为主"的原则。

(2) 会展旅游项目须突出会展主题。一般来说，大型的会展活动每一届都会有一个特定的主题，会展旅游项目的策划和设计必须以会展的主题为核心展开。

(3) 适应性强，留有较大的选择余地。与普通的旅游者不同，尽管会展旅游者也是前往异地进行旅行，但这种旅行活动并非基于闲暇时间，而是基于工作时间。因此，会展旅游者在时间的安排上没有太大的弹性空间，这就要求旅行社等服务企业所提供的服务必须具有更多的选择性，这样会展旅游者就可以根据自身的具体情况进行选择。

(4) 进一步细化和区分目标市场。会展旅游者作为一个细分市场，还可以也必须再进一步进行细分。会展旅游策划，应明确区分两个主要的群体，即以参加会展为根本目的的专业参展商和采购商，以及出于兴趣、好奇等原因而前往目的地的普通的旅游者。

(5) 注重文化内涵的发掘。会展旅游是植根于会议、展会等事件的旅游项目，其参与者又是消费能力和文化素质"双高"的群体，因此，必须充分发掘"事件"本身深层次的文化内涵，并最终将文化物化于会展旅游的各项活动中。例如，青岛国际啤酒节的文化核心是"啤酒文化"，其各项活动的设计与啤酒文化或者啤酒产业的发展密切相关。

与传统旅游服务相比，会展旅游服务的专业性、针对性较强，这就对服务人员提出了更高的要求。目前，我国许多会展旅游活动共同存在的一个主要弊端就是服务人员的素质，能力和专业性的相对局限，因此对会展旅游的策划，组织及服务人员进行综合的、针对性的培训是十分必要的。

会展旅游项目的策划工作是会展旅游产品和服务的灵魂，也是目前许多企业在产品设计和开发中最薄弱的环节，应当引起相关主体充分的重视和必要的研究。

二、会展旅游项目策划程序

会展旅游策划大都可以分为五个阶段：策划前期阶段、策划准备阶段、策划设计阶段、策划完成阶段及后续工作阶段。

（一）策划前期阶段：把握策划背景

脱离环境背景而孤立进行的策划绝对不是好策划。要使会展旅游策划收到良好的效果，必须对整个策划背景有充分的了解和沟通。因此，在进行会展旅游策划之前，应组建专门的策划小组并进行合理分工。在此阶段，会展旅游策划方要多方收集企业会展旅游现状，进行充分了解沟通，对当地旅游环境做深入研究，并对会展旅游提供方自身情况做出初步的

分析和判断，为确定会展旅游策划目标提供翔实的背景资料和参考依据。调研的内容包括委托方自身信息、旅游产品的供需信息、外界环境信息、目标受众信息等。

在全面调研的基础上，会展旅游策划方要与会展旅游提供方进行充分的沟通协商，了解并确定组织本次会展旅游活动的目的。

(二) 策划准备阶段：明确工作内容

会展旅游策划准备阶段最重要的是要在了解组织会展旅游活动目的的基础上，进一步明确策划小组的工作内容。一般来说，该阶段包括如下工作内容。

（1）与委托方进行沟通以确定策划的具体各项需求，做出初步预算；协商确定策划提交的时间、形式、方式及地点要求。

（2）在进行充分协商沟通、明确双方各自权利义务后，双方签订合作合同。

（3）在合同签订完成后，委托方项目首期经费到位，策划小组进驻委托方并进行良好的沟通与合作。

(三) 策划设计阶段：理清工作思路

在会展旅游策划前期阶段，策划小组已经完成了初步的信息收集。但是这些初步信息量不但庞大而且无序，无法直接利用。因此，在策划设计阶段，就是要完成对这些信息的筛选分析，从而确定活动目标，设计活动主题，形成策划方案。

1. 分析相关内容

（1）会展旅游发展区位条件分析。区位指一事物与其他事物的空间联系。会展旅游区位主要是指会展旅游目的地、旅游景区（或其他旅游企业）与其他事物的空间联系。这里说的其他事物主要指旅游资源、客源地、交通条件等，旅游区位评价主要是从市场角度对这些空间联系的优劣状况做出评价。

（2）委托方自身信息。其包括会展旅游提供者的性质、规模实力、组织形象、有无开展相关活动经验等方面的信息。对这些信息的分析可以使策划者明确本次会展旅游活动的优势及不足，从而在策划中扬长避短，进行有针对性的设计。

（3）会展旅游市场条件分析。策划方应了解当地已有的会展旅游公司及会展旅游产品，明确当地的旅游相关配套设施情况，从而在策划中能够对会展旅游产品设计有更好的把握。

（4）外部环境分析。旅游与外部环境是密不可分的，不同的外部环境直接影响到会展旅游设计的内容及方向。一般来说，策划方需要分析旅游中涉及的各种因素，尤其是旅游目的地的人文环境、经济环境、社会文化环境、自然环境、技术环境及政治法律环境等因素。

2. 明确策划目标

一次会展旅游活动可以有一个或多个目标，这些目标应尽量明确、重点清晰、层次分明。只有明确了目标，会展旅游策划及其实施才能有的放矢，顺利开展。一般情况下，会展旅游活动的目标包括以下五个方面。

（1）促进目的地会展旅游业的发展。

（2）树立组织者的形象,扩大其影响。

（3）扩大会展旅游的影响,提高其知名度。

（4）从会展旅游中获利。

（5）促进区域合作与交流。

3. 满足目标受众需求

策划的最终目标是满足特定受众的需求。会展旅游是以特定的方式(如会议、展览、奖励旅游等),针对特定的公众展开的,策划阶段首先要对目标受众进行有效的分析。分析内容包括：

（1）初步确定会展旅游活动的参加者。会展旅游的参与者主要包括会展、节事的参加者及其家人、朋友,以及会展活动的异地组织者、其他异地成员及其家人朋友等。

（2）分析影响目标受众行为的因素。不同的受众是否会购买会展旅游产品,如何完成购买行为,选择什么样的会展旅游产品都会受到多种因素的影响。这些因素既包括客观的如国籍、民族、传统文化,也包括主观的如个人爱好、文化水平、心理状况等。因此,会展旅游开发首先必须解决的问题是：目标顾客是谁；这些顾客的需求特点是什么；如何提供优势产品和采取有效策略吸引这些顾客；如何能够留住顾客并最大化地实现顾客价值。无论是市场调研、市场细分、市场定位还是竞争战略的实施,营销组合策略的运用,都必须围绕着如何实现和增强顾客价值这一核心思想来进行。会展旅游产品策划者不仅要找出目的地的特色所在,更需要根据客户的需求进行精心的设计,并通过最恰当的方式加以诠释。先进的旅游策划理念是"策划即营销"。会展旅游产品策划者应用市场营销的眼光、思维、理念来指导会展旅游策划,来衡量会展旅游策划的质量。

4. 设计活动主题

主题是会展旅游活动的灵魂,对整个会展旅游活动策划与操作起指导和规范作用。主题设置得好不好,直接影响到策划的效果。在进行主题设计时,策划者必须重点考虑以下方面,并提出活动的初步创意。

（1）会展旅游策划目标。会展旅游策划主题必须服从且服务于策划目标,策划才不至于无的放矢、与组织的根本目的相违背。由于会展旅游策划目标又分为经济目标和社会目标,好的策划应该能够带来丰厚的收益及良好的社会效应,所以在进行主题策划时要坚持可行性和可持续性原则。

（2）会展旅游策划对象的信息个性。会展旅游策划对象的信息个性是指这种策划对象区别于其他事物的特点。策划者必须能够在纷繁的信息中找到其独特的方面,并使活动提供者向目标公众传播的信息中拥有自己独特新颖、有别于其他的个性特色,这样才能抓住目标受众的"眼球",激发其参与的兴趣。

（3）受众的心理需求。受众的心理需求是指潜藏在人心底里的欲望与追求,一个成功的会展旅游主题策划应能够迎合参与者的这种心理需求并引起其强烈的共鸣。因此,在进行会展旅游策划时,必须对受众的文化、社会、个人及心理需求进行充分了解,并设身处地为其

设计出最适合的旅游产品。

另外,还要注意,并不是说把策划目标、信息个性、地方特色、心理需求四者简单拼凑就能变成会展旅游策划主题,而是应该进行有机融合,相互结合渗透——策划目标构成了策划主题的基础和依据;信息个性及地方特色使策划主题更具有针对性;心理需求则使策划主题更有生机及活力。

(4)地方特色。各个地方由于其长期的历史文化等的积淀形成了其独特的地方特色及文化风格。由这种积淀而形成的旅游地内在吸引力及独特性对游客有着非常巨大的影响力,这也是会展旅游策划的重要基础。在进行主题设计时,设计者要充分把握并发挥好旅游地传统文化对游客的吸引作用,并根据不同的会展旅游地旅游资源类型特点来设计旅游主题。

5. 拟定初步方案

在策划主题确定后,策划者需要围绕主题拟定初步方案,并形成书面材料。方案的拟定要尽量详细,考虑内容要尽可能周到全面。一般初步方案需要包括组织活动的相关机构;确定活动举办时间和举办地;会展旅游的名称、目标、主题宗旨;所选择的会展旅游线路;各旅游活动项目的策划内容和实施步骤;策划营销活动和来宾接待工作;组建突发事件应急小组并编排应急措施;确定活动效果评估标准和方法等。

6. 对备选方案讨论论证

(1)策划者在初步拟订方案后,需要在内部进行讨论论证,从各个方面考虑其可行性及效果,并求得内部的一致通过。

(2)组织专家对备选方案进行评估讨论,并认真记录好各方的意见和建议,多与专家、领导交流沟通。

(3)结合专家等各方意见及实际情况,对备选方案进行整理完善。

7. 财务收支预算

成功的会展旅游活动的组织及实施离不开明确清晰的预算。这一方面可以使组织者心中有数,在具体实施过程中能根据各环节的轻重缓急来对有限的资源进行更好的分配,从而使资金投入能够取得更好的效果;另一方面也可以控制不必要的支出,避免浪费。

8. 形成策划书

会展旅游策划最终的体现就是编写会展旅游策划书。这份文件是根据经过完善的最终最优方案所形成的书面资料。一份详细的策划书可以为会展旅游活动提供依据,确保活动的顺利开展。

(四)策划完成阶段:进行科学评估

会展旅游策划书的完成,并不意味着策划工作的结束。在这之后,还需要组织相关人员对策划方案成果进行科学的评估,就策划的文本内容、预期实施、操作手段、功能结构等各方面做出客观公正的判断和评价。只有通过科学评估后的策划才能保证其策划的效果及功用。在对会展旅游策划进行评估时,注意一定要从实际出发,认真研究、分析、判断,坚持严格、准确以及内容全面的原则。一般情况下,委托方采用专家评议、企业评审相结合的方法进行评估,通过邀请专家以及召开委托方内部会议的方式对策划的每一个环节进行评估,最终得出总结性的结论。

（五）后续工作阶段:追踪调整协助

会展旅游策划工作不仅体现在会展文本内容的形成上,还会延伸到进一步的具体实施中。策划方案的实施虽然不是由策划方直接进行的,但是在具体实施中,策划方往往还需要通过自身对方案的掌握协助会展旅游组织方完成相关工作以及通过对各阶段实施结果与策划目标进行经常性对比来追踪策划实施情况,协助控制、调整、完善策划方案。

任务三　会展旅游策划书的基本内容

一、封面

会展旅游策划书的封面应该包括以下内容。

（1）会展旅游策划书的标题。力求用最简洁、精练的语言将策划主题体现出来,让使用者一目了然。会展活动策划书标题的表现形式,有直接和间接两种类型。

（2）会展旅游策划活动组织者。

（3）会展旅游策划者姓名。将策划机构或策划小组成员列示出来。

（4）策划书制作时间。年、月、日。

（5）策划书的编号。

封面是一份完整会展旅游活动策划书的首页,有的策划书只有一页纸,因其篇幅短常常省去封面。

二、目录

封面之后就是目录。目录是会展旅游策划书的简要提纲。阅读者通过目录就可以了解策划书的基本框架及内容安排,对整个策划有一个初步的第一印象。为了方便阅读者翻阅,也为了提高策划书的竞争力,策划者应在目录中应列出策划书各个部分的标题及其对应的页码,在标题的设定上要言简意赅,体现该部分内容的中心思想。简单的目录只需列出会展旅游策划书各层次的第一标题;内容较复杂的策划书目录为了方便阅读,往往由多个层次构成,除了第一层次的标题,还需列入构成各层次的段落标题或主要段落标题。此外,千万别出现页码与标题对应错误的情况,这会使阅读者对策划者的能力高低及用心与否产生疑问。

三、正文

1. 策划书的标题

会展旅游活动策划书标题的表现方式,有直接和间接两种类型。

第一,直接表现。所谓直接表现,即以直述的方式表现标题的内容。这样的标题由本次活动的主办单位、活动内容、活动方式及文种构成。例如:"中国重庆第五届山水都市旅游活动策划方案"。

第二,间接表现。所谓间接表现,即以形象生动的笔法,含蓄地表现标题的内容。例如,"魅力山水情——中国重庆第五届山水都市旅游活动策划方案"。

2. 前言

前言主要说明对会展旅游策划的经过,包括概略叙述活动组织者自身信息、旅游产品供需信息和社会背景信息等,或是说明这次活动的背景、目的及意义,并导出可行性结论。内容一般并没有硬性的要求,可以根据实际情况及需要而定。一般包括简述主题的背景;指出方向;设定条件;结尾致辞。在撰写前言时,要注意从实际出发,切忌"大、空、深":夸大其词,内容空洞,故作高深。

3. 组办单位

会展旅游活动的组办单位包括主办单位、承办单位、协办单位、支持单位或赞助单位等,只要有的都要一一列出并写清楚各组织的完整名称,避免可能产生的歧义或者表述不清等问题。通常各单位及单位内部名单的排列顺序需要遵循主次原则,排版美观清晰,便于阅读。

4. 主题词

例如,2010年,广州亚运会"动感亚洲,感动世界"一下子燃起了人们对亚运会的激情。好的主题、好的口号是整个策划的点睛之笔,可以起到形象定位及宣传导向的作用。它需要策划者在策划过程中通过主题提炼、主题描述最终形成一段简短、新颖、独特、有感染力的文字或主题口号,这也是整个策划书的中心所在。

旅游宣传口号作为旅游形象定位的最终表述,主要有资源主导型、古今对接型、历史典故型、感召诱导型、时代艺术型、地方吸引型、"借船出海"型等。如河南省的旅游宣传口号"文化河南、壮美中原",为资源主导型;河北省承德市的旅游宣传口号"游承德,皇帝的选择",属历史典故型;而"世界客都·文化梅州",则为资源主导型与地方吸引型整合相融的宣传口号。

5. 确定时间、地点、参加人员及邀请方式

会展旅游策划书应该写明会展旅游活动开展的时间、地点。对于会议旅游、展览旅游、奖励旅游等参加人员的来源、人数如能做出一定准确程度的预测,应尽可能清晰列出;节事旅游在人员来源及人数方面相对而言较难做出准确程度较高的预测,所以只需要列明调研预估的目标旅游群体来源及人数即可。这些数据能够协助活动组织方做好相关场地、接待、旅游组织及安全措施等安排。

对于不同的旅游参加人员,要做好邀请方式安排。比较正式的是特制请柬或打印邀请函,也可采用电话、传真或电子邮件等,甚至还可以通过媒体宣传,大面积地向特定区域人群发出邀请。

6. 具体会展旅游活动的安排

这是会展旅游策划书主题的具体实施与实现。结合本次旅游策划主题及相关参加人员情况，对会展旅游进行精心安排并在策划书中详细阐述。主要包括以下内容。

第一，来宾接待。要在策划书中对具体接待的规格以及接待过程中所提供的各项具体服务明确阐述，避免歧义。根据实际情况，来宾接待可以沿用统一的标准，也可以根据参加者的不同进行区别接待，并写明相应的接待规格。在策划书中，接待内容应按时间顺序展开，便于组织人员的理解与操作。

第二，旅游行程安排。这部分是旅游的重点内容，也直接关系到会展旅游产品的公众接受度，需要策划者精心安排，紧密结合会展节事活动，体现会展旅游的特色。在行程中要分别体现吃、住、行、游、购、娱六个方面的内容，最好可以通过行程表的形式按时间先后来进行表述。

第三，特殊活动安排。由于特殊活动往往是会展旅游的特色所在，也是整个会展旅游策划的亮点，为了更好地凸显会展旅游产品的优势及竞争力，策划方应该对这部分内容做详细介绍，并采用多种表现方式提高其趣味性及吸引力，从而提升会展旅游策划书的档次及水平。

7. 工作小组及分工

策划书需要将活动的各项任务落实到人。除了要写明总负责人外，其他实际各项工作的执行人员也要列明。如果需要的话可以成立相应工作小组。在确定工作小组之外，还应对各小组进一步明确具体分工，分工时要注意量度适中、覆盖全面，避免职能重复；建立起各小组之间的协调沟通体系。

8. 营销方案

会展旅游是一种预消费产品，消费者不能像传统型的消费活动一样直观地挑选商品并在付款后完成消费。因此购买过程中，会展旅游产品的营销对消费者购买决策的影响显得尤其大；而会展旅游产品的不可移动性，决定了会展旅游产品要靠形象的传播为潜在旅游者所认知，从而使其产生旅游动机，并最终实现出游计划。为了更好地实现营销效果，会展旅游策划书中需要对旅游产品的价格定位、营销渠道选择、推广方式、时间选择、宣传强度等进行明确阐述。

9. 财务收支预算

对于活动的收支细目应该尽可能清楚列出，为了方便阅读与操作，应以表格形式对会展旅游收入及支出按不同类项进行分列，并对所有作业项目分开报价。以手册的制作举例，应按策划费、复印费、照片摄影费、照片租借费、模特费、设计费等不同作业项目逐一报价。

第一，会展旅游收入。其主要来自旅游者所支付的费用、单位及个人的各项赞助、政府拨款以及行业协会资助等。策划者应该计算出各个收入来源占总收入的比例并分项列出，让组织者了解采用该策划方案能赚多少钱。

第二，会展旅游支出。其主要包括会展旅游活动的推广营销费用，餐饮、住宿、交通、游览、娱乐费用，各项活动的场地租金、人力资源费用等，让组织者知道如果采纳该策划方案需要的费用。

会展旅游的收入与支出要根据实际情况与组织方赢利要求保持相对平衡,并且留有适当余地。这一部分也要给出一个为组织者量身定做的愿景描述及项目蓝图。

10. 危机处理

在会展旅游策划书中,策划者应根据对所得信息进行的分析,对可能发生的各种意外及危机情况进行预测,并对发生可能性最大的若干项内容进行阐述。阐述内容包括可能发生的情况、发生的时间地点以及预防与处理措施。

11. 合同的签订

为了保证会展旅游活动的顺利开展,在会展旅游策划书中需要写明会展旅游活动需与哪些机构、单位或个人签订合同,并附上合同样本。

12. 活动效果的检测标准及方法

会展旅游活动的效果是组织方最关注的部分。策划者在策划书的正文部分的最后还应向组织方展示该策划方案的效果如何,会给组织方带来什么益处及投资回报,以及采取怎样的考核指标、选择怎样的评估方式等。在这部分,策划者还应该予以说明或给出计算方法。各项调查表应在策划书的最后附上,提高策划书的可信度与专业度。

四、落款

正文右下方应列明会展旅游策划书的制作机构名称或策划人员名单,注明策划书的完成日期,并加盖公章。

五、附件

附件应该在正文里面一一注明。附件的添加可以使整个策划书更加完整、严谨。附件内容通常有供参考的文献与案例;旅游线路、景点介绍;合同样本;各项调查表;策划实施事项;策划书报名范围及期限;如有第二、第三备选方案,列出其概要;其他与策划内容相关的事宜。

任务四　会展旅游策划书的编写

一、会展旅游策划书编写的基本原则

在进行会展旅游策划时,需遵循以下策划的基本原则。

(1)创新性原则,即先他人一步想到这么做。这是策划的首要原则。

(2)效益性原则。进行旅游策划的目的,就是给旅游企业带来经济效益。因此,在进行旅游策划时,必须要考虑效益性原则。

(3) 可操作性原则。策划书所展现的旅游策划必须具有可操作性，否则，写得再天花乱坠，也只是纸上谈兵。

(4) 逻辑思维原则。逻辑清晰、结构合理、内容明确。

(5) 权变性原则。这是在策划中不可或缺的因素，要考虑到在不可抗力的情况下，如果不能完全按照策划的步骤实施，有变通方法。

二、会展旅游策划书编写的技巧

（一）突出主题

如前所说，主题是策划书的灵魂。写策划书时最重要的就是突出策划主题，不能让太多的目标淹没了它。主题在深层次上也反映了委托方的需求及期望，因此突出主题也意味着更好地表达委托方的心声，满足他们的需求，从而更容易获得肯定。所以，在策划过程中一定要注意时刻关注策划主题，与主题无关的想法就算再精彩也应尽量避免阐述。一个好的策划书一定是策划人员将与主题相关的构想全部有机地浓缩在其中，主题突出、简洁明了。

（二）逻辑清晰

会展旅游策划的目的在于解决会展旅游产品设计及实施销售中的问题，因此，它必须遵循逻辑性思维的顺序原则，基本内容框架结构应该是从宏观到微观、由面到点，重点突出，对重要的依据和手段要详尽描述，让人感觉循序渐进、眉目清楚。对于在策划书中所提出的要解决的主要目标应在策划中根据提出问题—分析问题—分解决问题的构思逻辑说明，并相应给出解决方案。

策划书的另一个基本要求是让人能够在阅读后彻底清楚，所以还应注意以下方面。

(1) 使用逐条列举法来表现。

(2) 将复杂的长句以多个分句或短句代替，方便理解。

(3) 分句与分句之间使用如"因此""而且"等关联词，使文章更通顺。

(4) 列举或分为多个分句时要按适当的顺序排列，使结构更鲜明。

(5) 精心排版，突出视觉效果。

（三）表述准确

策划一经提出，就应以获得最终采用为目标。而获得采用的成功率在很大程度上取决于策划书的文字表述。为了使阅读者更容易明确策划方案，策划者在策划书文字表达上要注意以下两个方面。

(1) 层次性。如标题可以根据具体内容分为多个层次，各层次的标题拟定都应能够表现出每级的内容要点，简洁明确；而正文在分段时应注意不要在一段中表达很多内容，最好只针对某一重点信息加以阐述，否则不但容易模糊策划的主题或主要观点，而且还会导致阅读困难。

(2) 可读性。可读性有三个层次的内容：第一个层次是尽量采用大众化的语言，避免太

过高深的词汇或哗众取宠,文字准确严谨、简洁精练;第二个层次则是在编写时充分考虑阅读者的情况,根据他们的特点进行策划书的编写,如可通过表格、流程图、插图等多种形式来调动读者的阅读兴趣,同时注重版面排列,使策划书方便阅读;第三个层次是创意设计部分,如宣传广告等的设计,可以配以图案,这实际上是将创意形象化,既便于理解又便于记忆。

在策划书中所使用的数据应精确并注明来源,使策划书内容更严谨,更有说服力。此外还要注意策划书的篇幅要适当,不宜过长或过短。

任务五　会展旅游行业职业道德规范

根据社会主义职业道德基本规范和旅游行业职业特点的客观要求,会展旅游行业从业人员在职业活动中应遵循以下职业道德规范:爱岗敬业,遵纪守法;热情服务,宾客至上;诚实守信,公私分明;团结协作,顾全大局;一视同仁,不卑不亢。

一、爱岗敬业,遵纪守法

爱岗敬业,是指热爱自己的本职工作,以恭敬负责的态度对待工作,勤勤恳恳,兢兢业业地履行岗位职责,"专心致志,以事其业"。遵纪守法,是指会展旅游行业从业人员在职业活动中严格遵守国家的法律、法令和有关政策,自觉遵守各种规章制度、条例、守则等职业纪律。

爱岗敬业、遵纪守法是会展旅游从业人员做好工作的前提和基础,是提高旅游服务质量的根本保证,是旅游业取得社会、经济效益的源泉。践行这一条规范必须做到以下几点。

(一)树立正确的择业观,克服职业偏见

社会有分工,职业无贵贱,职业没有三六九等的划分,旅游业从业人员和各行各业的劳动者一样都是社会主义的劳动者,在平凡的工作岗位上兢兢业业,认认真真地做好自己的本职工作就是为社会作贡献,就是为人民服务。因此旅游从业人员要以服务人民为荣,以主人翁的姿态投入到工作中去,做到"干一行,爱一行,钻一行",在平凡烦琐的旅游服务中,尽心尽责,以做好本职工作为最大的乐趣,不断钻研业务,提高服务技能。被称为旅游业"策划奇才"的刘世杰就是热爱工作,不断开拓创新的典型。

(二)坚守工作岗位,具有高度责任心

坚守工作岗位是工作取得成绩的前提,只有守住自己的岗位,做好一颗螺丝钉,才有可能做出业绩。擅自离岗、见异思迁,是工作的大忌,三心二意的人即使在再好的工作岗位上都是碌碌无为的。

职业责任心是敬业爱岗的重要表现。一个人即使有较高的知识水平和较强的工作能力,如果没有一定的责任心,则不但不能把工作做好,甚至会造成重大的失误;而一个责任心较强的人,即使他目前的知识水平还不高,工作能力也不太强,但他完全有可能通过自己的努力和在同事们的帮助下把工作做好,而且他的知识水平和工作能力也一定会在此基础上不断得到提高和加强。

(三)热爱工作对象,具有职业良心

旅游业属于第三产业,它是一项社会服务行业,服务对象是中外旅游者。热爱服务对象就是要全心全意地为中外游客服务,关心和爱护每一位客人。由于面对的服务对象具有复杂性,在性别、年龄、民族、职业、信仰、政治态度等方面存在差异,旅游业从业人员要从游客的具体情况出发,热爱每一位客人,将客人当亲人,为他们提供一流的服务。

职业良心是旅游从业人员的自我认识,是执行职业道德的工具。没有职业良心,就没有职业道德。游客是旅游从业人员的衣食父母,所谓"乘人之车者,载人之患;衣人之衣者,忧人之忧;食人之食者,死人之事"。旅游业从业人员应将客人的利益放在首位,保护客人的人身和财产安全,摆正道德和金钱的关系,不为小恩小惠所动,有一颗职业良心。

(四)执行政策法规,抵制不正之风

旅游行业的政策法规、职业纪律是旅游职业活动的出发点、过程和归宿,是确定从业人员的职业责任和职业规范的重要依据。

旅游从业人员一定要自觉遵守相关的法律法规和规章制度,要以遵纪守法为荣,以违法乱纪为耻。旅行社要遵守《旅行社管理条例》《旅行社管理条例实施细则》等法律法规,旅游饭店要遵守《中华人民共和国食品卫生法》《餐饮业食品卫生管理办法》《中国旅游饭店行业规范》《餐饮业食品卫生管理办法》等法律法规。旅游从业人员要认真学习和遵守相关法律和法规和各种规章制度。

不正之风与遵纪守法是背道而驰的。旅游业中的行业不正之风有价格欺诈,胡乱收费,"宰客";私收回扣,索要小费,蒙骗和刁难旅游者;套购外汇,炒卖炒买,搞非法的牟利活动;不务正业,热衷推销业务之外的旅游商品,降低服务质量;多吃多占,贪污受贿,私分国家和集体财物;搞不正当竞争和地方保护主义,扰乱旅游市场秩序;参与走私,贩黄、贩毒等严重犯罪活动。不正之风直接损害了旅游者的合法权益,降低了产品质量和服务质量,在行业和企业内部造成了分配不公,影响相互之间的团结协作,更造成了旅游市场的混乱,最终导致旅游业的衰退。因此,旅游业从业人员在严于律己的同时,还要有为国家、为人民牺牲个人利益的奉献精神,敢于与一切违法现象和以权谋私等不正之风作斗争,做到"公"字当头,"责"字在先,守身如玉,不为物惑,不为利诱。如饭店行李员不得向客人收要小费,更不能蒙骗和刁难客人,旅游定点商店不能宰客,旅行社不能违反旅游合同或擅自更改旅行路线和项目。

二、热情服务,宾客至上

热情服务是指会展旅游从业人员在工作过程中尊重客人,主动、热情、耐心、周到地关心客人并为他们排忧解难的态度和行为。宾客至上就是视顾客为"上帝",把宾客的利益放在首位,始终如一地为客人着想,努力满足他们在消费过程中正当、合理的各种需求。

热情服务、宾客至上是我国人民的传统美德,是旅游行业的生存之本,发展之道,是旅游从业人员的待客之道和应具备的基本品德。践行这一条规范,必须做到以下两点。

(一)树立服务观念

旅游业是服务行业,服务质量是旅游行业的生命线,是旅游企业的立身之本,因为旅游从业人员正是以服务的形式为社会提供劳动,从而使企业获得经济效益。美国现代酒店之父斯塔特勒有一句名言:"人生即服务",他说:"酒店出售的东西只有一个,只有服务。卖劣质服务的酒店就是劣质酒店,卖好服务的酒店就是好酒店。"因此旅游从业人员一定要树立服务观念,做好服务工作,做到微笑服务、文明服务。

俗话说:"诚于中,形于外",只有对客人真诚,为客人着想,才会有自然、由衷、亲切的微笑。旅游从业人员在职业活动中做到微笑服务,即做到"微笑服务五部曲":笑脸相迎,主动招呼;文明用语,礼貌待客;当好参谋,耐心周到;热情送别,善始善终;奉献爱心,一片真诚。

国际知名的跨国集团——希尔顿酒店的经营理念就是:微笑、信心、辛勤、眼光。它的创始人希尔顿要求员工照此信条实践,即使非常辛苦也必须对旅客保持微笑,就连希尔顿自己都随时保持微笑的姿态。他们将微笑变成了财富。从1919年到1976年,希尔顿旅馆从1家扩展到70家,遍布世界五大洲的各大城市,成为全球范围大规模的旅馆。在美国经济危机爆发的几年中,有数不清的大旅馆倒闭,最后仅剩下20%的旅馆,但是在这样残酷的环境中,希尔顿旅馆的服务人员依然保持着微笑。因此,经济危机引起的大萧条一过去,希尔顿旅馆就率先进入了黄金时代。希尔顿会不断地到分设在各国的希尔顿旅馆视察业务。他每天至少与一家希尔顿旅馆的服务人员接触,他向各级人员(从总经理到服务员))问得最多的一句话是:"你今天对客人微笑了没有?"

(二)树立客人意识

游客是旅游行业的服务对象,没有了客人就谈不上服务,更谈不上企业的生存、发展。因此旅游从业人员一定要牢固地树立客人意识,一切工作以客人为主,一切工作都是建立在为客人服务的基础上,认识到:"客人是我们的上帝,即使他们做错了,也永远是正确的";"客人并不依靠我们而生存,而我们却要依靠客人而生存""客人上门是因为看得起我们,我们为他们服务是理所当然的""客人的需要就是我们的工作"。树立客人意识就是"以客人为中心",把客人的利益放在首位;要尊重客人;想客人所想,急客人所急,提供优质服务。

把客人的利益放在首位要求旅游服务要不断地适应宾客,比如饭店要增加各种便利客人的服务项目,像美国一些饭店为了满足越来越多的人希望不受吸烟危害的要求,专门将部分楼层客房设为禁烟客房,并对禁烟客房彻底装修,更换全部地毯、墙纸、窗帘及床上用品。

尊重客人,一要尊重客人的人格、信仰以及生活习惯。客人在接受服务的时候不仅重视获得有形的物质享受,更重视获得精神上的满足。因此,旅游从业人员需要深入了解东西方文化的特点、价值观念的差异和各地区人群在信仰、习俗上的不同,在提供服务的过程中充分体现出对客人的尊重。倘若无视客人的尊严,触犯客人的隐私,违背客人的禁忌,哪怕旅游服务人员的用意再好,也会适得其反。对于不同国家、民族等的禁忌,旅游服务人员都要记牢,并且在服务前做好准备。

二要注意保护客人的自尊。人往往都有虚荣心,从业人员有时会因经验不足而使客人出"洋相",这是应当避免的。有虚荣心的客人最忌讳说自己"买不起""吃不起"或"住不起"。他们通常都要说些冠冕堂皇的话来掩饰。对此,只能"看穿"却不能"揭穿"。如客人退房时把某件用品顺手带走时,要婉转地提醒客人说房间的某件用品不见了,请协助找一下,而自己得暂时离开,切忌直言不讳地逼客人交出来。这样既完成了工作,又保住了客人的面子。客人也会对你发自内心地感激。

要想客人所想、急客人所急,一要处处方便客人,体贴客人,千方百计为客人排忧解难;二要尽心尽责,竭尽全力,尽善尽美,周到主动服务、细致服务。从业人员要发挥自己的主观能动性、创造性,尽自己最大努力做好分内的事,做到提供的服务比客人预想的好,在服务范围、服务时间、服务项目、服务方式等方面本着"满足客人的需要,方便客人"的宗旨,完善旅游各项服务,让客人享受到完美的服务。

如客房服务员小李在为客人做夜床时发现鞋篓里有一双沾满泥土的脏皮鞋,她立即用湿布将鞋擦干净,并上好油放回原处。连续几天,这位客人都是从工地回来将脏鞋放在鞋篓里,而每次小李也都耐心地擦干净、上好油。这些看起来不起眼的细致服务,正是优质服务的体现。旅游行业流行这样两句话:"旅游服务无小事""优质服务=标准化+服务艺术"。细致周到的服务也正是服务艺术所在。

(三)文明礼貌服务

旅游从业人员在职业活动中做到文明礼貌服务,就要仪表整洁、举止大方、语言亲切、讲究卫生。

旅游行业的从业人员每天要面对来自四面八方的客人,从业人员的仪容仪表会给客人留下深刻印象,它在一定程度上体现了企业的形象,反映出企业的管理水平和服务水平。有位旅游管理专家曾说过:"一进饭店大堂,只要看一下员工的形象,再告诉我客房的数量的话,基本上能评估出这家饭店的营业收入和利润。"从业人员的仪容仪表要做到:在工作岗位上要穿工作服,衣冠容貌要整洁,头发、胡须、指甲不宜过长,并要修理整齐。

举止大方就是不卑不亢,落落大方,态度和蔼,举止端庄,以礼待人,服务的动作幅度不宜过大,动作要轻,坐立、行走都要有正确的姿势,注意克服易引起客人反感的无意识的小动作,如掏鼻孔、剔牙齿、挖耳朵、打饱嗝、打哈欠、抓头、搔痒、搓汗垢、修指甲、伸懒腰等。一般来说,站不能倚门靠壁,坐不能无精打采,走不能小跑或手舞足蹈,走路要轻盈,说话要轻声,操作要轻柔,动作要规范,姿态优美,风度潇洒。

语言文明亲切就是做到"和气""文雅""谦逊"。不讲粗话、脏话,不强词夺理,不恶语伤人。和气就是心平气和,与宾客应对自然得体,语气要关切,语调要柔和,而强词夺理、恶语伤人、盛气凌人、以势压人、颐指气使、高声斥骂都不符合这一要求。文雅就是文明有礼。使用文雅的语言,避免粗鄙的语言,展现从业人员的修养水平。谦逊就是要尊重客人,多用讨论、商量的口气说话,服务征询时多用"请""您",决不要盛气凌人,夸夸其谈,哗众取宠。

语言文明还要求讲好礼貌用语,与客人谈话时应注意五点:第一,说话声音不宜过大,以使对方能听清为宜,尤其注意讲话时不要溅出口沫。第二,不要谈客人忌讳的事情。一般不要询问对方履历、物品价钱、年龄、婚姻状况等,也不要谈疾病等不愉快的话题。第三,与客人谈话要实事求是,不知道的事情不要随便答复或允诺。第四,用好敬语。在接待活动中要得体地称呼客人。在国际交往中一般对男宾称先生,对女宾称夫人、女士或小姐。对外国部长以上的高级官员,按国家情况称"阁下"或"先生"。第五,与客人谈话时,不要总是自己讲,别人讲话时要双目注视对方,注意聆听,不要随便插话。宾客之间交谈时,不要趋前旁听,不要在一旁窥视,更不要插话干扰。

仪表整洁、举止大方、语言亲切的基本要求与《礼记》中谈到的礼的基本要求相符:"不失足于人,不失色于人,不失口于人"。这是指在行为上不失足于人,态度上不失色于人,语言上不失口于人,即都不失礼。如客房服务员不敲门就进入客人房间,造成客人不满,这就是"失足于人";导游员因客人多问了几句就表示厌烦,甚至板起脸孔,冷若冰霜,爱理不理,这就叫"失色于人";接待的工作人员稍不遂心就向客人发脾气、讽刺、挖苦、嘲笑,甚至满口粗话,就便是"失口于人"了。

讲究卫生要求从业人员要严格遵守有关卫生方面的法律、法规,为客人的身体健康提供最大限度的保障,讲究环境卫生、食品卫生以及个人卫生。

讲究环境卫生要求服务员切实搞好各项设施的清洁卫生工作,主要是餐厅、厨房、客房的环境要干净卫生,卫生间要经过严格消毒。

做好食品卫生工作要求从业人员从爱护和关心客人的理念出发,努力在食品卫生方面为客人把好"健康关",把所在企业变成"放心店",确保客人健康、愉快。导游要提醒客人注意饮水卫生、饮食卫生;餐厅要提供干净、卫生的饮水、饮食,餐具要经过严格消毒。厨师要严格遵守有关卫生工作制度和操作规程,把好食品卫生关。

新冠肺炎疫情让人们的生活习惯和观念发生了重大变化,餐饮市场也发生了很大变化:卫生被提到一个空前的高度来重视,尤其是分餐制成为餐饮服务的主流。中餐吃出新观念:分餐制成了餐馆的揽客"招牌"。目前,多数餐馆为客人提供分餐服务或公筷公勺,防止病从口入。客人不再需要你一筷我一勺地从菜盘中取菜,服务员会为你均分每一道美食,既方便又卫生。

服务流程调整:卫生观念渗透服务的每个细节当中,服务从礼节性、劳务性服务转变为礼节、劳务、卫生的全方位服务。

厨房透明机制:厨房卫生被提到一个空前的高度去重视。除硬件方面的环境、消毒、通风外,软件方面的管理,包括员工个人卫生、个人消毒等都受到重视。不少餐馆对厨房卫生明显重视起来,在操作间安装透明玻璃搞"透明机制",让食客一目了然。

注重个人卫生要求食品加工人员工作前、处理食品原料后或接触直接入口食品之前都应当用流动清水洗手;不得留长指甲、涂指甲油、戴戒指;不得有面对食品打喷嚏、咳嗽及其他有碍食品卫生的行为;不得在食品加工和销售场所内吸烟。导游和其他服务人员应当穿着整洁的工作服,厨房操作人员应当穿戴整洁的工作衣帽,头发应梳理整齐并置于帽内。

三、诚实守信,公私分明

诚实守信是指会展旅游从业人员忠诚老实,不说谎话,不弄虚作假,遵守许下的诺言,言行一致,表里如一,做到"言必行,行必果"。公私分明是指会展旅游业从业人员正确处理和摆正公和私利益关系,以国家利益、集体利益为重,不贪图个人利益,不为了个人利益损害集体、国家利益。

诚实守信、公私分明是旅游行业经营原则的具体体现,是树立企业形象的基础,是创造品牌的灵魂,是旅游从业人员应有的思想品质和行为准则,是高尚情操在职业活动中的重要体现。践行这一条规范要做到以下两点。

（一）诚信服务

现代旅游业的经营常常是通过包团、预订的方式来进行的,旅游业要取信于人,重要的一条是能信守合同。在旅游活动中有一些不确定的因素,但旅游企业要尽最大的努力,按时保质保量地履行合同,让我们的服务使客人满意,要以诚实守信为荣,以见利忘义为耻。如旅行社不能任意改变旅游线路、取消某些旅游项目或降低服务标准,否则只会使受到客人的谴责,引起不必要的纠纷,最终有损企业的形象。

广告宣传,恰如其分。做好广告宣传,招徕四方客人,对旅游业来说是相当重要的。但广告宣传一定要实事求是、恰如其分,不得弄虚作假,欺骗和愚弄客人。

实事求是,知错就改。在提供旅游服务的过程中,即使工作人员力求把服务做得尽善尽美,失误往往难以避免,从客人一方来说,也常常会出现一些差错或误解。因此对于纠纷、争议,服务人员应本着实事求是的态度来解决。如果确系服务人员的失误,应主动承担,勇于认错,以诚意赢得客人的谅解;如果是客人的差错,也要设法帮助其解决,使客人感到满意;如果是无法预料的原因,要从主观上多努力,争取对方的谅解和协助。

（二）勇于奉献

要正确处理个人利益和集体利益的关系。个人是企业的一个有机组成部分,个人的荣辱与企业息息相关。如果企业受到损失,那个人的利益也难以保障,正所谓"皮之不存,毛将焉附?"

要正确处理索取和奉献的关系。作为窗口产业,客人对服务人员的要求越来越高,服务人员在工作中要付出大量的体力和精力,有时收入与付出不能成正比,因此要有更多的奉献精神,多付出,不奢求回报,以集体利益为重,树立为人民服务的思想,全心全意地为客人、为企业和为社会服务。旅游行业学习的典范文花枝在生死关头把生的希望让给游客,把死的威胁留给自己;在被抢救的途中,尽管不时陷入昏迷,但她一直紧紧地将装有3万多元团款的挎包抱在胸前。这种将个人安危置之度外,时刻将集体利益至上,不求索取的精神是旅游业从业人员的楷模。

四、团结协作,顾全大局

团结协作是指旅游业内部全体从业人员相互之间的团结友爱,各个工作环节和服务部门之间协同奋斗。顾全大局是指旅游从业人员的一切言论和行为都要从国家、旅游业、企业的大局出发,要识大体、顾大局,从而保证大局不受损害。

团结协作、顾全大局是生产社会化的客观要求,是建立新型人际关系的需要,是提高旅游服务质量的重要保证。践行这一条规范必须做到以下两点。

(一) 团结互助

现代化的旅游业具有较强的综合性和连贯性,旅游者的流动性也较大,要在同一时间、不同空间满足旅游者多种消费需要并提供周到的服务需要多部门、多环节、多岗位的众多旅游从业人员的共同努力来完成。这就要求这些行业和部门齐心协力、和睦相处、以诚相待、相互支持,以实现最佳的经济效益和社会效益,所有从业人员必须团结互助,以团结互助为荣,以损人利己为耻,互相支持,"心往一处想,劲往一处使",共同完成各项任务,达到一加一大于二的效果。

一天,南京金陵饭店的"金钥匙"打电话给广州白天鹅宾馆的"金钥匙",称该饭店一位已赴广州的住客误拿了一位新加坡客人的行李,当新加坡客人发现时,这位客人已经在飞往广州的途中,要求广州饭店"金钥匙"协助寻找。白天鹅宾馆的"金钥匙"立即赶到机场截回被误拿的行李,但当他们回复金陵饭店时,金陵方面告知该新加坡客人已飞赴香港。于是,他们又与香港"金钥匙"联系,香港"金钥匙"接报后,马上到香港启德机场找到该客人并告知他的行李已找到,而这位客人因急于回国要求把他的行李从广州直接寄运到新加坡。根据这一情况,他们立即向新加坡"金钥匙"通报了情况,并通过DHL把此行李寄到新加坡。两天后,新加坡"金钥匙"发来传真,告知这件几经周折的行李已安全送回客人手中。至此,一个中外饭店"金钥匙"携手合作的故事画上了一个完美的句号。

(二) 以大局为重

从业人员在工作中要坚决反对为了个人私利或小集团利益而损害整体利益、全局利益的言论和行为。如在某宾馆的职工食堂里,实习生小刘饭量较大,先后添了两次饭,还觉得没吃饱,又去加饭。一厨师说:"吃这么多!"小刘听后非常不高兴,用家乡话骂了厨师一句,结果两人打了起来,因厨师们人多,实习生人少,小刘吃了亏。他越想越不服气,就和十几个实习生商量,决定罢工。

这一天"国际学术交流会"正好在宾馆召开,就餐客人很多,餐厅业务非常忙。可是没有服务员,这可急坏了店方。于是由宾馆老总出面把部门经理叫出来向小刘赔礼道歉。然而,实习生们还是不上班。无奈宾馆总经理为了使国际学术交流会顺利进行,把所有部门的经理叫出来一起进行服务。事后,宾馆把这位厨师开除了,扣罚了实习生们的工资。

五、一视同仁，不卑不亢

一视同仁是指旅游从业人员在职业活动中对客人不分厚薄，一样看待、同等对待。它要求从业人员不论客人的国籍、种族、身份、贫富等，都友好地相待他们，尊重他们的人格、习惯等，满足他们的正当的服务需求；在任何客人面前不分厚薄，维护他们的合法权益，关心他们的切身利益，真诚地为他们服务。不卑不亢指从业人员在工作中要维护自己的人格、国格，坚持自己的信念，要谦虚谨慎，但不要妄自菲薄；为客服务，但不低三下四；热爱祖国，但不妄自尊大；学习先进，但不盲目崇洋。强调不卑不亢，就是要反对民族自卑感，反对金钱拜物教。

一视同仁是人道主义原则的具体体现，是旅游业的商业性所提出的要求。不卑不亢是旅游从业人员的国格、人格和民族尊严的具体体现。践行这一条规范要做到以下几点。

（一）一视同仁

旅游行业的服务对象尽管来自不同的地方，在社会地位、经济状况、外观衣着等方面有不同，但在服务者的眼中地位应是平等的。来者都是客，服务者对客人不能厚此薄彼，要做到"六个一样"和"六个照顾"。

1）六个一样

高低一样。即对高消费客人和低消费客人一样看待，不能重"高"轻"低"。

内外一样，即对国内客人和境外客人一样看待。

华洋一样，即对华人客人（包括华侨、外籍华人和港、澳、台客人）和外国客人一样看待。

东西一样，即对东方国家（指第三世界的发展中国家）和西方国家（指发达国家）客人一样看待，不重"西"轻"东"。

黑白一样，即对黑种人客人和白种人客人一样看待，不重"白"轻"黑"。

新老一样，即对新来的（第一次来本地旅游者）客人和老（回头客）客人一样看待。

2）六个照顾

照顾先来的客人；照顾外客和华侨、外籍华人和港、澳、台客人；照顾贵宾和高消费客人；照顾黑人和少数民族客人；照顾常住客人和老客人；照顾妇女、儿童和老弱病残客人。

（二）自尊自强

旅游行业从业人员在为外国游客提供服务时，在一定程度上代表着国家和民族。他们的一言一行、一举一动，都直接关系到国家和民族的利益和声誉。因而要培养这样的道德情操：既不骄傲自大、盲目排外、居高临下、盛气凌人；也不自卑自贱、盲目崇洋媚外、奴颜婢膝、拍马逢迎。要谦虚豁达，树立民族自尊心和自信心，决不做有损人格和国格的事情。

（三）谦虚谨慎

会展旅游行业从业人员做到谦虚谨慎但不要妄自菲薄。谦虚，是谦逊虚心、平等待人、尊重他人；谨慎，是作风严谨细致，工作一丝不苟、精益求精、慎重小心。而妄自菲薄，一般表

现为思想上不上进,精神上萎靡不振,行动上畏缩不前,甚至灰心丧气,失去自信心和自尊心。这是过分轻视自己,缺乏实事求是科学态度,没有自尊、自爱、自信的表现。学习先进,但不盲目崇洋;热爱祖国,但不妄自尊大。从业人员要尊重客人的看法和意见。对客人的错误观点不宜直接、正面地驳斥或取笑,而要谨慎、婉转地解释和说明。每个从业人员应该把自己放在一个学习者的角度来担当好自己的角色。多听听客人的意见,并及时给予有效的反馈。而从业人员在处理各种问题和纠纷时,则更加要谨慎细致。只有这样才能给客人带来愉悦感和信任感,从而提高企业的形象,获得客人的尊重。

 实训八

分男女两组对贵州旅游主题活动策划大纲进行讨论,并分别为所在的城市撰写一份旅游主题活动策划书并上台演示。在演示后请全班同学投票选出最佳策划书。

项目九

会展旅游评估

会展与旅游的相互介入是会展旅游经济活动发展普遍联系的外在表征,而对会展旅游进行科学性评估对于会展旅游行业发展具有保障性作用。本项目探究会展旅游满意度和会展旅游评估报告。

任务一 会展旅游满意度分析

一、会展旅游满意度及其评估模型

(一)满意度

满意是对需求是否被满足的一种界定尺度。当需求被满足时,需求者便体验到一种积极的情绪反应,这称为满意,反之则称为不满意。满意是一种人的感觉状态水平,它来源于对一种产品或服务所感知的实际效果与期望的比较。因此,满意水平是感知与期望的函数。

1. 顾客满意

顾客满意(Customer Satisfaction,CS)一词最早出现在 20 世纪 70 年代中期,是指"顾客对其要求已被满足的程度的感受"。它是顾客在接受并充分感受了组织的产品或服务之后,所做出的一种肯定的心理状态,是对产品或服务的主观综合评价。顾客满意主要包括以下三个方面的内容。

(1)产品满意。产品满意包括产品质量、功能、价格、设计、包装等方面的满意。

(2)服务满意。现代产品的概念已经扩大,超越了传统的有形实物范围,思想、策划、服务等作为产品的重要形式也能向市场销售。

(3)社会满意。它是指顾客在对产品和服务的消费过程中所体验到的社会利益的维护,主要指顾客整体社会满意,它要求产品或服务要有利于维护社会稳定,促进社会进步。

2. 顾客满意度

顾客满意度(Customer Satisfaction Degree,CSD)是指顾客的质量感知对其质量预期的满足程度。如果购买和使用后的感知质量超过预期质量,顾客满意度就高;反之,顾客满意度低。

3. 顾客满意度指数

顾客满意度指数(Customer Satisfaction Index,CSI)是以顾客满意程度平均值(或其他数值)为基数编制的用以分析顾客满意程度的指数。因此,顾客满意度指数是一个相对值。顾客满意度指数的测量以顾客满意度指数模型为基础。它是根据顾客对产品和服务质量的评价,通过建立数学模型计算出来的。顾客满意度指数作为测量顾客满意度的一项指标,优势如下。

(1)它使顾客满意这一无法直接测量的心理指标得以量化,便于对顾客满意度进行定量分析。

(2)从顾客满意的角度系统地了解产品和服务的质量,彻底改变了传统的、通过对产品或服务技术指标的检验来评价质量的思路。因为符合质量标准的产品不一定令顾客满意。用顾客满意的观点看,质量应该是顾客满意的质量,质量指标应以顾客满意为评价基础。

(3)顾客满意度指数便于在不同部门、不同行业、不同被调查者之间进行比较。

顾客满意度指数测量模型中的每个指标,都是针对每一个行业的特点,将产品、服务质量的物理属性(如色彩、功率、转速等)转变为可以比较的主观属性(如安全性、方便性),从而实现顾客满意度指数的可比性。因此,只要是使用同一测量模型进行测量,其测量结果就具有可比性。

(二)经典的顾客满意度测评模型

目前,在进行顾客满意度研究时,研究者由于研究目的和立足点不同,提出了不同的顾客满意度测评模型并应用于实践,其中有代表性的模型如下。

1. 日本卡诺顾客满意度指数(KANO)模型

KANO模型是由日本卡诺博士提出的。严格地说,该模型不是一个测量顾客满意度的模型,而是对顾客需求或者说对绩效指标的分类,通常在满意度评价工作前期作为辅助研究模型,帮助企业找出提高企业顾客满意度的切入点。

KANO模型是一个典型的定性分析模型,一般不直接用来测量顾客的满意度,它常用于对绩效指标进行分类,帮助企业了解不同层次的顾客需求,找出顾客和企业的接触点,识别使顾客满意的至关重要的因素。企业在此基础上,应用质量功能展开(Quality Function Deployment,QFD)方法设计出满足顾客需求的高质量产品。

2. 瑞典顾客满意度指数模型

瑞典是世界上第一个采用顾客满意度指数的国家,于1989年构建了瑞典顾客满意度指数(Swedish Customer Satisfaction Barometer,SCSB)模型,对瑞典32个工业行业中的130多家公司的顾客满意度指数进行了测定。

满意度和忠诚度的关系主要源于赫尔希曼的"退出—抱怨"理论,当顾客对某个产品或服务不满意时,将可能产生两种结果:要么退出,不再购买该品牌的产品;要么抱怨,以求得到补偿。因此,提高顾客满意度,将会减少居民抱怨,并且降低居民退出的可能性,即提高居民的购物忠诚度。一般意义上来说,满意度是忠诚度的基础,忠诚度是满意度的延续。有学者利用突变模型研究了交易成本、顾客满意度对顾客忠诚度的影响,指出顾客满意度与顾客忠诚度呈现出非线性作用关系,顾客忠诚度随着顾客满意程度的不同而具有差异,但一般情况下,居民购物满意度与购物忠诚度呈现出正比例关系,满意度是居民购物目的地忠诚度的主要影响因素。

SCSB模型包括抱怨行为与顾客忠诚的关系。尽管两者之间没有绝对的规律可循,但仍然可以为企业的抱怨处理体制提供一些有价值的建议。如果企业处理抱怨得当,就会把抱怨的顾客转变为忠诚的顾客;如果处理不当,抱怨的顾客就会选择退出,停止从企业购买产品或服务。

3. 美国顾客满意度指数模型

美国顾客满意度指数(American Customer Satisfaction Index,ACSI)模型构建于1994年,它是在瑞典顾客满意度的基础之上建立的。研究者对大约200家公司进行调研,并从每家公司的顾客中随机抽取250名作为样本;用15个问题测定模型中的6个结构变量;调研问题分为10个等级,其中价格承受力和抱怨行为除外。模型中,测量变量是最终结构变量的反映。

与SCSB模型相比,ACSI模型最大的区别在于增加了感知质量因素,为决策者提供了重要的信息。由于价值和质量的相关性增强,价格成为满意度一个重要的影响因素;同时,由于质量是价值的一部分,模型将质量和价值直接关联。模型中,顾客忠诚度有两个测量变量:一个是重复购买率;另一个是顾客确定下一次不再购买之前价格可以上涨的幅度(假设顾客可能会重复购买)和顾客确定下次重复购买企业不得不降低价格的幅度(假设顾客不可能会重复购买)。

另外,与SCSB模型相比,ACSI模型还增加了顾客期望的测量方法。ASCI模型主要是利用调查表的会展旅游对变量进行操作,借助计量经济学中的有关方法将此逻辑结构转换成数学模型,继而将有关测评数据输入此数学模型,便能得出准确的测量结果。整个模型是用偏最小二乘估计(PLS)来加以回归的。正是由于ACSI模型建模思路的清晰,ACSI模型多次被借鉴,在国家顾客满意度指数研究中应用得比较广泛。

4. 中国顾客满意度指数模型

中国顾客满意度指数(Chinese Customer Satisfaction Index,CCSI)模型是清华大学中国企业研究中心吸收了上述指数模型的优点并结合我国消费者行为的实际特点构建的。

CCSI模型在ACSI模型的基础上演化而来,也是用PLS法进行回归的一个因果关系模型。和ACSI模型不同的是,该模型取消了"顾客抱怨"潜在变量,由品牌形象、预期质量、感知质量、感知价值、顾客满意度和顾客忠诚6个潜在变量组成。其中,"品牌形象"不仅是"满意度"的前导变量,还是"感知质量""感知价值"和"预期质量"的前导变量。品牌形象是顾客

通过长期积累形成的对某一产品或服务的一般性认识,同预期质量、感知质量、感知价值和顾客满意度呈正相关关系。与预期质量不同的是,品牌形象是一个长期积累的过程,而预期质量则有可能通过短期形成;品牌形象涉及一个组织的方方面面,如组织文化、组织的社会影响等,而预期质量关注的仅是顾客想要购买的产品或服务本身。去掉顾客抱怨这一变量是因为顾客抱怨或组织处理顾客抱怨的过程,应该视为服务的过程,是影响顾客满意度的因素,而不是结果。

二、会展旅游满意度

(一)会展旅游服务的主要对象

会展旅游目前的服务对象以参加会展的相关人员为主。如果会展旅游的对象仅限于参加会展的专业人员,那么受到会展主题所吸引,前去参观会展活动的大量外围受众是否就不是旅游业服务的主要对象呢?2006年(第九届)北京国际汽车展的参观量达到了创纪录的60万人次,在这庞大的群体中,除了部分有购买意图的消费者外,许多都是对汽车充满好奇和喜爱的普通民众。被称为车迷的这部分群体去参观车展与喜爱历史、文物的观众去参观博物馆实际并无任何区别,既然后者被称为博物馆旅游者,前者为何不能被称为车展旅游者呢?

更为典型的是在成都召开的2006中国西部文化产业博览会,由于其主要展览文化艺术、广播影视、新闻出版、文化旅游、网络动漫等内容,比较贴近普通观众的日常生活和娱乐,所以四川遍布全省的20多个分会场及成都主会场在6天当中接待的观众达100万人次之多,各种电影周、演出季、民间民俗文艺汇演等受到当地居民和外来旅游者的喜爱。这上百万的观众实际是受到西部文化产业博览会主题内容的吸引,从而进行相关文化旅游的活动。

这庞大的群体与参加车展、文博展的各路客商、工作人员相比,不仅在规模上,在消费热情上也远远超过后者。毕竟参加会展的行业内人士大多数时间在会展场馆的性质是工作,他们的职责是宣传企业、推广产品,实际上展会结束后参加当地的观光游对他们的吸引力更大。如果将会展旅游者的范围局限为以参加会展的专业工作人员为主,旅游业所能做的无非就是充当会展公司的"行政秘书",帮助会展组织者安排参加会展人员的交通、食宿以及在会展举办地观光旅游等较初级的业务,这必然导致旅游业介入会展业的角度过于狭窄,也会导致行业遗漏受会展主题所吸引的大量外围受众这个潜在的旅游者群体,从而限制旅游业发挥自身设计和组合旅游产品的优势,为旅游业和会展业的全方位结合带来观念上的束缚。所以,从旅游业与会展业的结合角度看,会展旅游的服务对象应当以受会展主题所吸引的外围目标受众为主,参加会展的专业人员为辅。

(二)会展旅游满意度的认知

企业界对顾客满意度的定义有两个特征:一是顾客满意的前因是顾客期望,但他们所说的顾客期望只是一个层面上的期望,没有对它细分;二是顾客满意是一种事后感知和事前期望的差距的主观反映,但是他们所指的差距是一种绝对差距。

顾客容忍理论(Zone of Tolerance，ZOT)是指顾客心理接受跨度，在这个接受跨度中，顾客认为所得到的服务是可以接受的，并且顾客在容忍区内对服务质量变化的感知性不如在容忍区之外的情形。基于ZOT，可以将会展旅游满意度定义为，受会展主题所吸引的会展参与者在享用会展组织者所提供的会展服务的过程中，对服务使用的全部经验累积的整体评价，是受会展主题所吸引的会展参与者对事前期望(包括理想服务的期望和适当服务的期望)和事后感知(包括满意、不满意和愉悦)的相对差距程度的主观反映。即受会展主题所吸引的会展参与者满意的程度，取决于受会展主题所吸引的会展参与者接受某项产品或服务后的感知与受会展主题所吸引的会展参与者在接受之前的期望相比较后的体验，比值越大，会展旅游满意度越高。

三、会展旅游满意度指标体系的建立

(一) 会展旅游满意度指标体系的构建原则

1. 科学性原则

科学性原则指标体系要能科学地反映会展旅游满意度的水平，各项指标必须具有现实和理论依据，剔除没有现实意义的指标项，避免其对整个评价体系的效果产生影响。在制定指标体系时，要因地、因时制宜，要充分考虑指标数据的可获取性和易量化性，各指标的名称要简明且容易理解，各项指标要尽可能达到规范而实用的目的。在指标的选取中要严格地挑选那些关键的和对评价效果有重要作用的指标，以精练的指标体系完整、准确、真实地反映会展旅游满意度的基本状况。

2. 直观易用原则

满意度评估理论认为，直观易用的原则对指标体系的设立有重要指导作用。直观易用原则在指标体系的设计中主要规范以下两点。

(1) 指标内容的设计必须考虑指标值的测量和数据采集工作的可操作性。指标需要具有明确的可操作性定义。在实际操作中，指标体系设计者要运用恰当的方法来化解评价对象理论上的重要性与实际操作的可行性之间的矛盾。在会展旅游满意度评价中，有些方面从定性分析的角度看是重要的且不可或缺的，但是在具体量化时就十分困难，甚至不具有可行性，因而也就无法设计指标。在这种情况下，就需要运用"指标设计技术"，目前研究者比较认可的方法是采用与该方面的发展变化具有一致性或高度相关性的其他可量化指标来进行有效替代。

(2) 考虑评价指标的可靠灵敏性。评价指标需要具有及时反映会展旅游满意度的各方面要素变化趋势且可信度较高的特性，即使在会展旅游满意度的内容发生变化时，指标仍然具有很强的代表性，否则指标体系设计的意义就会大打折扣。

3. 系统性原则

会展旅游满意度本身可看成一个系统，包括会展游客预期、会展游客感知、会展游客感知质量、会展游客忠诚等多个子系统。满意度评估理论认为，在对一个完整的系统体进行评价时,需要从系统的视角出发,运用系统的观点,结合系统的相互关联性和相互制约性来准确地把握系统的真实状况,通过整体上对会展旅游满意度的特性和功能的把握,从会展组织者自身条件评价和会展参与者的认可程度出发,对会展旅游满意度做出完整、准确的分析和评价。由于会展旅游满意度评价指标体系具有系统性特征,需要该指标体系能够准确描述和测量被评价对象的主要情况,完整地包含会展旅游满意度的各因素,尽可能准确地反映其真实的总体满意度水平,体现出会展旅游满意度评价的系统性和完整性。

4. 一般性与特殊性原则

纵观不同领域的服务行业的服务宗旨,其总体的目标基本相同,即"为顾客提供满意的高质量的服务,以期得到顾客的购买忠诚,从而长久地保持企业的效益"。从这个角度讲,会展旅游满意度评价指标体系应体现一致性,即一般性。然而,由于服务业中不同行业的差异性,服务业的满意度评估指标并不能适用于所有服务业,会展旅游满意度的指标体系存在着个别情况,所以在兼顾了普遍性的基础上,应根据所在会展旅游的发展水平和行业设置特点来设立不同的指标体系,这就是指标体系的特殊性。为了兼顾指标体系的普遍性和典型性,先行研究者们认为要注重设计和选取核心指标,不同的指标要从不同的侧面和内容反映会展旅游满意度的变化特征;此外,要通过考察指标对其发展变化的贡献程度来科学地选取反映会展旅游满意度的发展变化规律的核心指标。

(二)会展旅游满意度指标体系的构建步骤

会展旅游满意度评估作为一项系统工程,其满意度评价指标体系的构建需要系统性地分步实现,并按照科学的构建方法逐步地进行。首先通过查阅文献资料获取相关信息,了解前期的相关研究成果;进而通过调查等途径了解会展旅游满意度评价的内容,并就此咨询专家,确定初始的指标体系,再对初始指标体系进行小范围的预试,分析其科学性和适用性,以对其进行修改和完善,最终确定用于会展旅游满意度评价的指标体系。

1. 查阅相关资料

目前会展旅游行业内对于会展旅游满意度评估尚未形成一套完整的评估体系,相关的专家和学者还没有认识到进行会展旅游满意度评价的重要性,因而在进行会展旅游满意度评价指标的设计时,就要查阅相关的文献资料,并以此为借鉴。通过对会展旅游满意度评价理论的文献进行搜集和深入分析,根据满意度评价理论,可以将会展旅游满意度的目标、内涵和途径分解为指标体系的指标层,并通过两者良好的结合来完成会展旅游满意度评价指标体系的构建。

2. 实地调查与走访

会展旅游满意度评估作为一个完整的评价系统,所涉及的对象有会展参与者、会展组织者、会展行业组织和政府等,因而需要从多角度来慎重考虑指标体系的设立。为了达到指标体系设立的科学性和完整性,应对会展旅游满意度进行实地调查,在实地调查会展旅游满意度的过程中,通过对会展参与者、会展组织者、会展行业组织和政府的调查来挖掘有用信息。然而,大多数被调查者都不能完整准确地表述或概括会展旅游满意度的各个方面,加之信息的不对称性的存在,指标体系并不能完全按照上述调查来设立。这就需要采用深层访谈法对信息掌握更为广泛、准确,具有专业性和权威性的专业人士进行咨询,搜集资料。

深层访谈法是一种无结构的、直接的、个人的访问。在访问过程中,调查者深入地访谈一个被调查者,以揭示其对某一问题的潜在动机、信念、态度和感情。与小组座谈会一样,深层访谈法主要也是用于获取对问题的理解和深层了解的探索性研究。通过对专业人士的深度访谈,进一步了解会展旅游满意度的细节及评价内容,合理进行指标的取舍和设置,并对各项指标的实际效用及可操作性进行考察,可以确保会展旅游满意度评价指标体系的科学性和完整性。

3. 初始指标体系的建立

在该步骤中,主要是通过对实地调查和走访所搜集到的材料进行分析和筛选,按照指标体系构建的基本原则,对影响会展旅游满意度的主要因素进行细化和量化,并分门别类,设置指标体系的各个维度,形成初始评价指标体系。

4. 满意度指标体系预测试

初始指标体系确立后,需要对其合理性进行验证,通用的做法是在小范围内进行预测试,即通过编制少量调查问卷进行调查,收集数据进行分析,根据数据分析结果发现问题、修正问题,最终使指标体系具有良好的可操作性和实用性。预测试的主要目的就是剔除指标体系中贡献度低的指标,用贡献度高因子负荷大的剩余指标作为调查指标。从总体中选取有代表性的指标有两种途径:①从指标体系中去分析这些指标之间的关系,找出一部分代表性强的指标;②从数据出发,用数理统计的方法选取一部分代表性指标。

(三)会展旅游满意度评价指标体系的内容

顾客满意度评价指标体系是一个多指标的结构,运用层次化结构设定评价指标,能够由表及里、深入清晰地表述顾客满意度评价指标体系的内涵。通过长期的实践总结,将评价指标体系划分为四个层次较为合理:每一层次的评价指标都是由上一层评价指标展开的,而上一层次的评价指标则是通过下一层的评价指标的测评结果反映出来的,其中顾客满意度指数是总的评价目标,为一级指标,即第一层次;顾客满意度模型中的顾客期望、顾客对质量的感知、顾客对价值的感知、顾客满意度、顾客抱怨和顾客忠诚六大要素是二级指标,即第二层次;根据不同的产品、服务、企业或行业的特点,可将六大要素展开为具体的三级指标,即第三层次;三级指标可以展开为问卷上的问题,形成了评价指标体系的四级指标,即第四层次。由于顾客满意度评价指标体系是依据顾客满意度模型建立的,评价指标体系中的一级指标和二级指标的内容基本上对所有的产品和服务都是适用的。

实际上,建立会展旅游满意度评价指标体系,主要是设定评价指标体系中的三级指标和四级指标。三级指标是一个逻辑框架,在会展旅游行业原则上都是可以运用的。对某一具体会展旅游产品或服务的顾客满意度评价的实际操作中,应该根据会展旅游游客对产品或服务的期望和关注点具体选择、灵活运用。评价指标体系的四级指标是由三级指标展开而来,是会展旅游满意度评价中直接面对会展旅游游客的指标,它是和会展旅游满意度评价问卷中的问题相对应的。

四、会展旅游满意度调查问卷

调查问卷又称调查表或询问表,是以问题的形式系统地记载调查内容的一种印件。问卷可以是表格式、卡片式或簿记式。设计问卷,是询问调查的关键。完美的问卷必须具备两个功能,即能将问题传达给调查对象和使调查对象乐于回答。要完成这两个功能,问卷设计时应当遵循一定的原则和程序,运用一定的技巧。

(一)调查问卷结构

根据会展旅游满意度可测变量指标体系,在文献研究和专家咨询的基础上,问卷设计者可以完成对会展旅游满意度调查问卷的初步设计,其间,还可以邀请高校管理学相关专业的研究人员仔细阅读,认真审核,并对问卷进行预测评。此外,设计者还须综合来自各个方面的反馈意见,对问卷进行多次修改。在问卷编制过程中应遵循以下原则。

(1)问卷调查以方便调查对象为前提,在保证调查准确性的同时,务必使问卷清晰易懂,调查对象容易理解问题含义。

(2)在问卷中明确调查研究的目的和性质,保证保护调查对象的隐私,以期解除他们的心理顾虑,获得准确的数据。在问题的设计和说明词中的表述尽量做到使调查对象相信他们的意见是有价值的。

(3)问卷着眼于调查对象所关心的问题,基本覆盖会展旅游产品和服务的各个方面,在测评会展旅游满意度的同时也可获知会展旅游的薄弱点。

一般来说,一份完整的会展旅游满意度调查问卷由编码、说明词、主体和结束语四个部分组成。一般情况下,当研究设计的问卷样本容量比较小时,操作者没有必要标记编码,问卷由说明词、主体和结束语三个部分构成即可,其中主体部分包括:①会展旅游游客对会展旅游产品和服务的认知度调查,目的是了解会展旅游产品和服务的知晓度,可设计5—10个问题;②会展旅游游客满意度调查,这部分问卷是根据评估内容的可测变量设计的,主要用于了解会展旅游游客对会展旅游产品和服务的满意程度,其数据就是输入测评模型进行计算的原始数据,是整个问卷的重点,可设计20—30个问题;③调查对象身份调查,目的是了解样本特征,区分不同群体对会展旅游产品和服务的不同需求。

(二)问卷量表设计

对于量表设计,数字标度不容易发生由于语义表达的不准确或差异性而造成的误解。一般而言,服务行业的满意度调查都采用李克特量表。李克特量表是评分加总式量表中最常用的一种。它是由美国社会心理学家李克特于1932年在原有的总加量表基础上改进而成的。该量表由一组陈述组成,每一陈述有"非常同意""同意""不一定""不同意""非常不同意"五种回答,分别记1分、2分、3分、4分、5分,每个受测者的态度总分就是他对各道题的回答所得分数的加总,这一总分可说明他的态度强弱或他在这一量表上的不同状态。

李克特量表在形式上与沙氏通量表相似,都要求受测者对一组与测量主题有关的陈述语句发表自己的看法。它们的区别是,沙氏通量表只要求受测者选出他所同意的陈述语句,而李克特量表要求受测者对每一个与态度有关的陈述语句表明他同意或不同意的程度。另外,沙氏通量表中的一组有关态度的语句按有利和不利的程度都有一个确定的分值,而李克特量表仅仅需要对态度语句划分是有利还是不利,以便事后进行数据处理。

1. 制作李克特量表的步骤

(1) 收集大量(50—100个)与测量的概念相关的陈述语句。

(2) 由研究人员根据测量的概念将每个测量的陈述语句划分为"有利"或"不利"两类,一般测量中有利的或不利于会展旅游的陈述语句都应有一定的数量。

(3) 选择部分受测者进行预先测试,要求受测者指出每个陈述语句是有利的还是不利的,并在下面的方向——强度描述语中进行选择。一般采用所谓"五点"量表:①非常同意;②同意;③不一定(无所谓);④不同意;⑤非常不同意。

(4) 对每个回答给一个分数,如从"非常同意"到"非常不同意",有利会展旅游分别为1分、2分、3分、4分、5分,不利会展旅游的分数分别为5分、4分、3分、2分、1分。

(5) 根据受测者的各个题项的分数计算代数和,得到个人态度总得分,并依据总分多少将受测者划分为高分组和低分组。

(6) 选出若干条在高分组和低分组之间有较大区分能力的陈述语句,构成一个李克特量表。如可以计算每个陈述语句在高分组和低分组中的平均得分,选择那些在高分组平均得分较高并且在低分组平均得分较低的陈述语句。

2. 李克特量表的应用

李克特量表的结构比较简单而且易于操作,因此在市场营销研究实务中应用非常广泛。在实地调查时,研究者通常给受测者一个"回答范围"卡,请他从中挑选一个答案。需要指出的是,目前在商业调查中很少按照上面给出的步骤来制作李克特量表,通常由客户会展旅游经理和研究人员共同研究确定。

3. 李克特量表的优势

(1) 容易设计。

(2) 使用范围比其他量表要广,可以用来测量其他一些量表所不能测量的某些多维度的复杂概念或态度。

(3) 通常情况下,李克特量表比同样长度的量表具有更高的可信度。

(4) 李克特量表的五种答案形式使回答者能够很方便地标出自己的位置。

五、会展旅游满意度调查数据整理

(一) 无效问卷的剔除

调研结束之后,便是筛选有效问卷,并剔除无效问卷。无效问卷主要有三种:一是没有填写完毕的问卷。在进行问卷调查时,有些被调查者由于时间仓促或不认真等原因没有将整个调查问卷中的问题全部回答,这种问卷需要在进行统计的过程中剔除。二是明显填写不认真的问卷。有些被调查者并没认真阅读或填写问卷,这种情况大多表现为将所有的问

卷题项都选为某一项。这样的问卷在进行问卷统计时也需要删除。三是在调查过程中,调查人员发现被调查者明显不认真,即被调查者在不到一分钟内填写完了所有的问题,这种情况需要调查人员在当时就在调查问卷上做上记号,最终在问卷统计时予以删除。

(二)问卷数据统计

进行会展旅游满意度问卷数据统计工作,需要借助特殊的数据统计软件,在实践中常用的数据统计软件有Excel和SPSS等,而且大多数据统计软件之间可以通过复制、粘贴的方式进行数据转移。这里就Excel和SPSS两种在研究中常用的数据统计软件进行简要的论述。

1. Excel统计软件

Excel在问卷数据统计中的运用相当广泛,而且为大家熟知,是会展旅游满意度调研初学者的首选软件。Excel是微软公司的办公软件Microsoft Office的组件之一,是由Microsoft为Windows和Apple Macintosh操作系统的电脑编写的一款试算表软件。Excel是微软办公套装软件的一个重要组成部分,它可以进行各种数据的处理、统计分析和辅助决策操作,广泛地应用于管理、统计财经、金融等众多领域。对该软件的掌握应达到以下程度:学会使用Excel的各种自定义功能,充分挖掘Excel的潜能,实现各种操作目标和个性化管理;学会综合运用各种Excel公式、函数解决复杂的管理问题和用Excel处理及分析不同来源、不同类型的各种数据,以及灵活运用Excel的各种功能进行财务数据分析和管理。

2. SPSS数理统计软件

随着会展旅游研究领域对于数理学科依赖性的不断提高,SPSS数理统计软件在会展旅游满意度研究中的运用也越来越广泛。传统的Excel软件难以满足研究者的需求,越来越多的中高级研究者开始使用SPSS数理统计软件。SPSS是世界上最早的统计分析软件,由美国斯坦福大学的三位研究生于20世纪60年代末研制,同时成立了SPSS公司,并于1975年在芝加哥组建了SPSS总部。1984年,SPSS总部首先推出了世界上第一个统计分析软件微机版本SPSS/PC+,开创了SPSS微机系列产品的开发方向,极大地扩充了它的应用范围,并使其能很快地应用于自然科学、技术科学、社会科学的各个领域。世界上许多有影响的报纸杂志纷纷就SPSS在自动统计绘图、数据的深入分析、使用方便、功能齐全等方面给予了高度的评价与称赞。迄今为止,SPSS软件已有30余年的成长历史,全球约有25万家产品用户,分布于通信、医疗、银行、证券、保险、制造、商业、市场研究、科研教育等多个领域和行业。可以说,SPSS是世界上应用最广泛的专业统计软件。

SPSS是世界上最早采用图形菜单驱动界面的统计软件,它最突出的特点就是操作界面极为友好,输出结果美观漂亮。它将几乎所有的功能都以统一、规范的界面展现出来,使用Windows的窗口方式展示各种管理和分析数据方法的功能,对话框展示出各种功能选择项。用户只要掌握一定的Windows操作技能,粗通统计分析原理,就可以使用该软件为特定的科研工作服务。SPSS采用类似Excel表格的方式输入与管理数据,数据接口较为通用,能方便地从其他数据库中读入数据。其统计过程包括了常用的、较为成熟的统计过程,完全可以满足非统计专业人士的工作需要。它输出的结果十分美观,存储使用的则是专用的SPO格式,可以转存为HTML格式和文本格式。对于熟悉老版本编程运行方式的用户,SPSS还特别设计了语法生成窗口,用户只需在菜单中选好各个选项,然后按"粘贴"按钮就可以自动生成标准的SPSS程序,极大地方便了中、高级用户。

　　SPSS for Windows是一个组合式软件包,它集数据整理、分析功能于一身。用户可以根据实际需要和计算机的功能选择模块,以降低对系统硬盘容量的要求,有利于该软件的推广应用。SPSS的基本功能包括数据管理、统计分析、图表分析、输出管理等。SPSS统计分析过程包括描述性统计、均值比较、一般线性模型、相关分析、回归分析、对数线性模型、聚类分析、数据简化、生存分析、时间序列分析、多重响应等几大类,每类中又分好几个统计过程,比如回归分析中又分线性回归分析、曲线估计、Logistic回归、Probit回归、加权估计、两阶段最小二乘法、非线性回归等多个统计过程,而且每个过程中又允许用户选择不同的方法及参数。SPSS也有专门的绘图系统,可以根据数据绘制各种图形。

　　SPSS for Windows的分析结果清晰、直观、易学易用,而且可以直接读取Excel及DBF数据文件,现已推广到各种操作系统的计算机上,它和SAS、BMDP并称为国际上最有影响的三大统计软件。在国际学术界有条不成文的规定,即在国际学术交流中,凡是用SPSS软件完成的计算和统计分析,可以不必说明算法,由此可见其影响之大和信誉之高。

任务二　会展旅游评估报告研究

一、会展旅游评估报告的撰写原则

(一)客观性原则

　　会展旅游评估是在会展旅游发展状况研究的基础上进行的再研究,其结论的得出完全建立在对大量的材料进行科学研究和分析的基础之上。在评估实施过程中,既要对研究报告的编制依据及全部数据进行查证核实,又要根据会展旅游评估的内容和分析要求,深入企业和现场进行调查,以搜集新的数据和材料,以专家的学识确保所有会展旅游资料客观翔实。同时会展旅游评估涉及会展旅游投资的工艺设备、技术物资支持、财务分析以及未来市场预测等多个领域,评估人员必须以宏观理解和掌握相关学科知识为前提,客观公正地评价和处理评估中的每一个细节,并在评估报告中客观公正地表述出来。

(二)科学性原则

　　会展旅游评估对会展旅游行业的发展有重要意义,它的任何失误都可能给企业、给国家带来不可估量的损失,因此评估人员必须持有对国家、对企业高度负责的、严肃的、认真的、务实的精神,以战略家的眼光,将会展旅游置于整个国际国内大市场进行纵向分析和横向比较,使会展旅游的发展状况得到科学合理的评估。同时要使用科学的方法,在评估工作中,

注意全面调查与重点核查相结合,定量分析与定性分析相结合,经验总结与科学预测相结合,以保证相关会展旅游数据的客观性、使用方法的科学性和评估结论的正确性。

会展旅游评估报告的结尾非常重要,它包括两项议题:一是要在上述因素分析的基础上,对会展旅游发展状况做出结论。二是对可行的会展旅游建设提出合理化的改进建议,以保证会展旅游建设的顺利进行;或对不可行的会展旅游指明存在的问题,为会展旅游主办单位改进下一步的会展旅游设计工作提供指导和参考。

二、会展旅游评估报告的撰写过程

会展旅游评估报告是专业评估人员对会展旅游行业发展的研究报告,通过对会展旅游的全面调查、综合分析和科学判断,确定会展旅游行业发展状况的技术经济文书。它是会展旅游主管部门决定会展旅游取舍的重要依据,是投资者向会展旅游提供资本支持的有力凭证,也是会展旅游发展过程中必需的指导性文件。

一般由作为会展旅游评估方的政府或企业部门,组织有关专家,或者授权委托专业咨询公司、意向上为目标会展旅游提供贷款的银行来实施会展旅游评估并制作会展旅游评估报告。会展旅游评估报告有长有短,有繁有简,在结构上一般都包括"编制说明""目录""正文"和"附件"四个部分,具体情况视目标会展旅游的重要程度及难易程度而定。

会展旅游评估报告应有明确的主题、清晰的条理和简洁的表现形式。当一切调查和分析工作结束之后,必须将这些工作成果展示给客户,那么首先需要明确的是报告的结构体系与表达数据的方式。

报告的结构体系应包括调研目的、调研方法、调研范围以及数据分析在内的一系列内容。这种体系基本上在每个同类型的报告中都适用,因此,此处不做更详细的说明,以下内容主要针对数据分析结论的表现方法展开。

数据分析通常是采用图表形式呈现的。图表是最行之有效的表现手法,它能非常直观地将研究成果表示出来。在将调研的分析结果变成令人信服的图表之前,首先要谨记,它只是一种传递和表达信息的工具,使用它的重要原则是"简单、直接、清晰、明了"。每个图表只包含一个信息,图表越复杂,传递信息的效果就越差。在实际操作中,各种表格、组织图表、流动图表、矩阵等可能被运用到报告中,但总的来说,以下图表形式是最常用的:柱状图表、条形图表、饼形图表、线形图表。使用图表的目的在于将复杂的数据变成简单、清晰的图表,让人能够一目了然地了解数据所表达的含义。

选择不同类型的图表来表现不同类型的数据就只需要做到:先明确数据所表达的主题,然后确定可能使用的图表类型。通常研究数据所体现的关系是:频率分布、成分、时间序列、项类或相关性。要表达一个主题明确的数据,可能会有多种图表形式。这就要求主题(图表标题)突出重点,点明主题。在明确了要表达的重点后,就要明确数据间的相互关系,若是表示占频率分布、对比等关系,则除线形图表以外的其他几种基本图表格式都可以使用;在实际工作中可根据具体需要进行选择。

总之,条形图表是应用最广的类型,而柱状图表是用得最多的类型,这两种图表基本占整个报告中图表总数的半数左右;而线形图表和饼形图表的使用则应相对减少。更多的报告是将各种图表综合运用,如线形图表加上柱状图表,或饼形图表加上条形图表。另外,要完成一份合格的报告不能只是单纯地使用图形,还应根据实际情况尽可能地使用一些表格来丰富整个报告形式,使其不致太过单一。一份合格的报告,应该有非常明确、清晰的构架,简洁、清晰的数据分析结果,其中的含义需在实际工作过程中自行体会、加以总结。一份合格的报告不应该仅仅是简单地用图说话,还应该结合项目本身特性及项目所处大环境对数据表现出的现象进行一定的分析和判断,当然一定要保持中立的态度,不要加入自己的主观意见。

另外,通常的会展旅游评估报告都会有一个固定的模式,人们应该根据不同项目的不同需要,对报告的形式、风格加以调整,使会展旅游评估报告有更丰富的内涵。

实训九

1. 尝试性地撰写一个会展旅游评估报告的提纲。
2. 设计会展旅游满意度的调查要点。

参 考 文 献

[1] 曾武佳.会展旅游的后现代性[J].贵州社会科学,2006,(1):12-14.
[2] 陈鸣.论我国会展旅游的发展[J].商业研究,2006(15):159-162.
[3] 陈泽炎.再谈"会议旅游"这件事[J].中国会展(中国会议),2016(6):10.
[4] 崔佳佳.我国城市会展旅游发展的优化对策[J].旅游纵览(下半月),2016(8):174.
[5] 戴光全,张骁鸣.节事旅游概论[M].北京:中国人民大学出版社,2011.
[6] 范智军.信息化视角下的会展旅游业发展路径创新[J].改革与战略,2015,31(11):157-159.
[7] 方璐萍."一带一路"倡议背景下会展旅游融合发展研究[J].齐齐哈尔大学学报(哲学社会科学版),2020(3):65-70,84.
[8] 付业勤,郑向敏.旅游与会展产业的融合:产业价值链分析、路径与对策[J].西北农林科技大学学报(社会科学版),2014,14(2):146-153.
[9] 龚华荣.非遗视角下的闽台节事旅游开发研究[D].泉州:华侨大学,2014.
[10] 龚渝婷.我国会展旅游的市场开发浅析[J].商情,2017(44):50.
[11] 郝庆智.桂林会展目的地形象策划研究[J].中国商贸,2010(26):243-244.
[12] 黄任.区域会展旅游优化策略[J].合作经济与科技,2020(8):50-51.
[13] 贾晓龙,冯丽霞,蔡洪胜,等.会展旅游[M].北京:清华大学出版社,2017.
[14] 贾晓龙.会展旅游实务[M].北京:清华大学出版社,2012.
[15] 荆艳峰.我国会议旅游市场发展现状及趋势[J].中国集体经济,2012(24):140-141.
[16] 李洋.关于会展旅游的概念内涵与市场开发研究[J].农村经济与科技,2019,30(8):175-176.
[17] 刘开萌,肖靖.会展旅游[M].北京:旅游教育出版社,2014.
[18] 刘真明,谢建宏.会展旅游的内涵与运作模式探析[J].中国商贸,2012(17):152-154.
[19] 罗江枫.基于产业链融合的会展旅游竞争力研究[J].旅游纵览(下半月),2020,311(1):36-37.
[20] 马聪玲.中国节事旅游研究:理论分析与案例解读[M].北京:中国旅游出版社,2009.
[21] 潘文焰.节事资源旅游产业化的机理与路径研究[D].上海:华东师范大学,2014:56-69.
[22] 彭顺生.展览旅游属性之理论初探[J].中国商论,2015(14):151-153.
[23] 宋晓漪.对我国会展旅游管理模式的思考[J].现代经济信息,2017(19):367.
[24] 苏英,陈颖.会展旅游[M].上海:上海交通大学出版社,2012.
[25] 孙晓霞.奖励旅游策划与组织[M].重庆:重庆大学出版社,2015.
[26] 陶艳红,王慧元.会展旅游实务[M].镇江:江苏大学出版社,2014.

[27] 田至美,李飞飞.会展旅游业的地理区位及其选择[J].商业研究,2009(7):157-159.

[28] 王金芳.会展旅游项目开发新思路[J].科学大众,2020(1):244.

[29] 王元,石小亮,康万晴.会展旅游发展研究[J].绿色科技,2019(19):241-243.

[30] 吴书锋.会展旅游的开发模式分析[J].江西财经大学学报,2010(6):103-107.

[31] 徐婧月.城市会展旅游发展特征[J].当代旅游,2019(11):365.

[32] 许曦.重庆展览旅游市场开发的实证研究——以2007年春季重庆全国糖酒会为例[J].江苏商论,2010(1):72-74.

[33] 许欣,万红珍.会展旅游[M].重庆:重庆大学出版社,2015.

[34] 许忠伟.节事活动与旅游研究[M].北京:旅游教育出版社,2019.

[35] 闫利娜,林婧.新经济时代的旅游会展管理模式创新[J].当代旅游,2019(11):79,82.

[36] 姚珂.浅谈会展旅游的角色定位与转型思路[J].中国经贸,2017(7):67,69.

[37] 余珂伶.新经济时代的旅游会展管理模式创新[J].度假旅游,2018(10):65-66.

[38] 张晶.关于我国会展旅游管理模式的思考[J].农家参谋,2020(9):192,203.

[39] 张芝敏,宋慧娟,李炼,等.节事策划与管理[M].北京:中国旅游出版社,2017.

[40] 赵红霞,赵宏宇.大力发展正定旅游会展,推动自贸区发展[J].特区经济,2020(4):115-117.

[41] 赵现红.基于游客体验视角的现代节事旅游开发研究——以开封菊花文化节为例[J].地域研究与开发,2014,33(3):117-121,126.

[42] 郑晴云.会展旅游产品体系构建与开发[J].经济问题探索,2008(9):127-132.

[43] 朱运海.会展旅游[M].武汉:华中科技大学出版社,2016.不应该感觉进行预订操作吗？

教学支持说明

高等院校应用型人才培养"十四五"规划旅游管理类系列教材系华中科技大学出版社"十四五"期间重点教材。

为了改善教学效果,提高教材的使用效率,满足高校授课教师的教学需求,本套教材备有与纸质教材配套的教学课件(PPT电子教案)和拓展资源(案例库、习题库视频等)。

为保证本教学课件及相关教学资料仅为教材使用者所得,我们将向使用本套教材的高校授课教师免费赠送教学课件或者相关教学资料,烦请授课教师通过电话、邮件或加入旅游专家俱乐部QQ群等方式与我们联系,获取"教学课件资源申请表"文档并认真准确填写后发给我们,我们的联系方式如下:

地址:湖北省武汉市东湖新技术开发区华工科技园华工园六路

邮编:430223

电话:027-81321911

传真:027-81321917

E-mail:lyzjjlb@163.com

旅游专家俱乐部QQ群号:710568959

旅游专家俱乐部QQ群二维码:

群名称:酒店专家俱乐部
群　号:710568959